이나모리 가즈오

일러두기

- 인명 및 지역명은 국립국어원 외래어표기법을 따랐다. 단, 이미 굳어진 외래어는 관용대로 표기했다.
- 이 책에 수록된 사진은 저자가 직접 촬영한 것이다. 그 밖의 교세라, 일본정부관광국(JNTO) 등에서 제공받은 사진의 저작권자는 캡션에 표기했다.
- 182쪽의 자료는 『이나모리 가즈오 아메바 경영(アメーバ経営)』, 이나모리 공식 사이트(www.kyocera.co.jp/inamori/), 강연집 등을 토대로 저자가 재정리했다.
- 183쪽의 자료는 교세라커뮤니케이션시스템(KCCS) 홈페이지 자료를 토대로 저자가 재정리했다. 2009년 4월부터 2014년 10월까지 아메바 경영 기법을 도입한 37개 병원·요양원 기준으로 한 통계다.
- 208쪽의 '이나모리 회계학의 7대 원칙'은 『이나모리 가즈오의 회계 경영(稻盛和夫の實學)』, 이나모리 공식 사이트, 강연집 등을 토대로 저자가 재정리했다.
- 부록은 이나모리 공식 사이트의 내용을 저자가 한국 기업 현실과 한국어 어법에 맞게 재정리했다.

이나모리 가즈오

위기를 기적으로 만든 혼의 경영

송희영 지음

21세기북스

기업의 존재 이유는 인간의 행복에 있다

'나는 왜 일하는가? 무엇을 위해 총수에게 고분고분하고, 대체 누구를 위해 야간 근무를 마다하지 않는 것일까?'

이런 의문을 던져보지 않은 월급쟁이는 드물 것이다. 가장 흔한 대답은 '먹고살려고'일 것이다. 오로지 밥벌이가 노동의 최종 목표라고 짐짓 둘러댄다.

인류 사회에서 일이란 고대에는 노예에게 부과된 고역이었고, 한때는 신이 정한 규칙을 어긴 인간에게 하늘이 내린 벌이었다. 한국에서도 오랜 기간 피지배 계층에 강요된 의무였다.

산업혁명과 민주화를 거치면서 신분제가 파괴되고 기업이 등장했다. 회사원이 급증하면서 일의 의미도 변했다.

일은 자신과 가족의 행복을 지켜주는 보호막이자 인생을 성공으로 이끌어갈 수 있는 디딤돌로 등장했다. 우리가 회사에 출근하는 이유가 생물체로서 살아남기 위한 최소한의 서바이벌 수단에서 머물지 않게 된 것이다.

직업상 많은 한국 기업인과 회사원을 유심히 관찰했다. 왜 회사에 출근해 일해야 하는지 갈팡질팡하고, 회사가 어디로 가는지 몰라 방황하는 월급쟁이를 다수 만났다.

한국을 대표하는 총수들조차 기업을 경영하는 목적이 무엇인지 뚜렷하지 않다는 것을 자주 느꼈다. 회사 밖 사회를 향해 내뱉는 말과 기업 안에서 하는 행동이 정반대인 사례도 적지 않았다. 총수가 그럴진대 하물며 임직원들은 어디로 달려가는지 제대로 알 리 없다. 쉴 새 없이 터지는 기업 비리는 이런 방황의 산물이 아닌가 싶다.

우리 기업들의 안타까운 현실을 보며 이나모리 가즈오의 경영을 소개하고 싶었다. 그룹 경영권을 자식에게 세습하지 않았다는 점 때문만은 아니다. 그는 호된 꾸중으로 부하의 마음에 상처를 주기 십상이었고 극성스러운 비용 절감 압박으로 사원들의 고개를 절레절레 흔들게 만들곤 했다. 그는 한계를 뛰어넘으려는 집요함 때문에 어쩌면 피하고 싶은 상사다.

그럼에도 불구하고 이나모리는 창업 초기 노동쟁의를 계기로 사원들이 일을 하는 이유를 간파하고 그 깨달음을 경영에 활용했다. 무엇보다 기업의 존재 이유가 다름 아닌 인간에 있다는 철학을 고스란히 행동에 옮겼다. 경영의 목적은 이익 극대화나 기업의 성장이 아니라 사원 행복과 인간의 성장이라고 믿었다.

'이런 총수 밑에서 온몸을 던져 한번 실컷 일을 해보고 싶다.'

이나모리는 마쓰시타 고노스케松下幸之助 파나소닉 창업자와 함께 이런 생각이 들게 해주는 경영인이다. 두 사람은 '경영의 신'으로 칭송받는 기업인이라는 명예를 뛰어넘어 자기 나름의 인간관, 경영 철학을 널리 전파한 인격체로서 존경받는 인물이다. 걸핏하면 사원의 희생을 당연한 일로 여기는 나라에 살고 있어 마쓰시타나 이나모리 같은 기업인이 더욱 간절하고 그리운지 모른다.

이나모리는 마쓰시타처럼 많은 베스트셀러를 남겼다. 그의 저서나 경영

이나모리 가즈오 공식 사진. ⓒ 교세라

비법을 분석한 책은 대부분 국내에 소개됐으나, 일본인의 눈으로 정리한 작품이 절대다수를 차지한다. 한국인 시각에서 쓰인 평전이 드물다는 점에 착안해 도전하게 됐다.

이 책을 쓰기 위해 이나모리의 출생지 가고시마부터 창업의 인큐베이터였던 교토의 곳곳을 더듬어봤다. 그러면서 이나모리의 경영 이념이 어떤 역사적 맥락에서 물줄기가 형성됐고, 어떤 지역 풍토를 배경으로 완성된 것인지 그 발원지를 찾으려고 노력했다.

이 책을 2019년 발간한 『마쓰시타 고노스케』의 후속편으로 함께 읽기를 권하고 싶다. 그러면 인간의 행복을 중시하는 경영이 어떻게 기업 현장에서 작동할 수 있는지 힌트를 얻을 수 있을 것이다. 그들은 타고날 때부터 뛰어난 경영인은 아니었으나 실패투성이 젊은이도 언제든 존경받는 창업자가 될 수 있다는 것을 보여주었다.

이나모리 평전 『마음에 사심은 없다』를 집필한 작가 기타 야스토시北康利 씨는 유익한 취재 대상을 일러주고 자신이 쓰지 않은 뒷얘기까지 보태주었다. 교세라 홍보실 책임자 하라 켄이치原健一 씨는 이나모리 관련 사진과 취재 편의를 제공했고, JAL 본사 홍보실 매니저 미쓰하시 도모코ミツ橋朋子 씨는 JAL 경영 재건과 관련한 취재에 선뜻 협조해주었다. 귀찮은 일을 도와준 조용래 광주대 교수, 이하원《조선일보》도쿄특파원 그리고 현장 출장 취재를 지원한 21세기북스 김영곤 사장과 편집을 맡은 강지은 씨, 안형욱 씨를 포함한 모든 분께 감사드린다.

2020년 봄, 인간의 향취가 물씬 나는 경영인을 기다리며

차례

09 기업가에게 경영은 '수행의 길'이다

01

이나모리 가즈오의
마지막 경영 수업

"입으로는 '종업원을 위한다,
멋있는 기업가 인생을 보내고 싶다'면서도
마음속으로는 '회사 업적을 올리고 싶다'는 욕망을 품고 있으면
사원들이 금방 눈치를 챕니다. '결국 사장 좋으라고
우리가 고생한다'는 불만을 종업원들이
품게 되는 겁니다."

빌 게이츠도 못한 36년 경영 강의

항구 도시 요코하마 부두에는 갯냄새가 없다. 해안 산책길에서 비린 내가 나지 않고 바닷가에 흔한 갯벌조차 보이지 않는다. 그 대신 중형 크루즈 여객선, 관광객용 유람선이 흩어져 정박해 있다. 부산보다 조금 많은 375만 인구를 안고 있는 도시지만, 외국인 관광객도 많이 들르는 곳이다.

2019년 7월 18일 오후 1시 30분. 요코하마 해변에 자리 잡은 국립 컨벤션센터 '파시피코 요코하마' 대형 강당에 4791명이 꽉 들어찼다. 일본 여러 지방에서 많은 사람이 몰려왔다. 거기에 중국을 비롯하여 대만, 미국, 싱가포르, 브라질, 한국, 동남아시아에서 단체 참가자들이 보태졌다. 글로벌 규모의 행사다.

대다수는 중소기업 사장들이다. 이나모리 가즈오稲盛和夫 교세라그

이나모리의 경영 철학을 추종하는 기업인들의 모임인 세이와주쿠 회원들이 2019년 요코하마 세계대회 만찬장에서 교류 모임을 하고 있는 모습.

룹 창업자를 추종하는 제자들이다. 이나모리가 세계적 기업을 키운 비법을 배우려는 제자가 있는가 하면, 그의 경영 철학을 숭배하는 경영인은 더 많다. 이들은 해마다 이곳에 모여 스승 이나모리의 강의를 듣고 대화했다. 항상 수천 명이 자발적으로 모이다 보니 중소기업가들끼리 교류는 자연스럽게 두터워졌다.

이날은 이나모리의 마지막 수업이었다. 최후의 공개 강좌를 듣기 위해 지구 반대편에서도 몰려왔다.

이나모리는 하버드, 스탠퍼드, 와튼 같은 세계 최고의 MBA 강의실에서는 도저히 들을 수 없는 실전 경영 강의를 36년간 계속해왔다. '세이와주쿠盛和塾'라는 간판을 달았던 '이나모리경영스쿨'이 그것이다. 이나모리는 일방적 연설이나 강의에 그치지 않았다. 소크라테스식 문답법으로 기업인이 처한 곤경에 대응책을 제시했다.

이나모리스쿨에는 전 세계 104 지역의 1만 4917명이 학생으로 등록돼 있었다(2019년 6월 말 기준). 중소기업 사장들은 가입비와 정기 회비를 내고 매달 지역 모임에 참석했다. 이들은 지역 모임을 정기적

도쿄 중심지 대형 서점의 서가, 진열대에는 이나모리가 저술한 베스트셀러를 모아놓은 특별 코너가 있다.

으로 개최하지만, 이나모리는 종종 틈을 내 지방 모임에 직접 참석해 주었다. 어느 지방에서 강의하든 회원들이 참석할 수 있었다. 다만 전 세계 제자들이 1년에 한 번 모이는 기회가 요코하마 세계대회다.

자신을 따르는 문하생을 이처럼 많이 거느린 기업인은 세계 어디에도 없다. 마이크로소프트를 창업한 빌 게이츠나 지구상 수억 명의 손에 스마트폰을 쥐여준 스티브 잡스, 페이스북으로 인류 역사상 가장 극적으로 의사소통의 국경을 허물어뜨린 마크 저커버그도 하지 못한 일이다. 록펠러나 카네기처럼 강력한 재벌 기업의 바벨탑을 쌓아 올린 창업자도 생전에 이렇게 많은 제자를 거느리지 못했다.

이나모리는 일본에서 '살아 있는 경영의 신神'으로 추앙받고 있다. 살아생전에 일본에서 '경영의 신'으로 추대된 기업인은 파나소닉의 창업자 마쓰시타 고노스케에 이어 두 번째다.

이나모리(1932년생)는 87세를 맞아 2019년 말 경영스쿨을 공식 폐쇄했다. 더는 정력적으로 강의에 참가하기 힘들다고 털어놨다. 이전부터 경영인 모임을 자기 1대代에서 끝내겠다고 여러 번 말해왔다. 그래서 2019년 요코하마 세계대회는 문을 닫기에 앞서 열린 마지막 공개 강의였다.

이날 마지막 수업이라고 해서 다른 해와 다를 게 없었다. 참석자들은 하루 전부터 위기를 성공적으로 극복한 6개 중소기업 사장의 체험담을 들었다. 그중에는 중국 기업의 성공 사례도 끼어 있었다.

그럴싸하게 들리는 경영학 이론이나 어지럽게 혼돈을 안기는 통계 분석은 없었다. 지루한 논리를 펼치는 대학교수, 전문 용어를 구사하는 명민한 회계사, 경영 컨설팅 회사의 대표는 일절 등단하지 않았다. 발표자 전원이 현장의 중소기업인이었다.

발표자들은 "우리 회사는 이렇게 죽을고를 넘겼다"거나 "사원들과 진심으로 대화하는 것이 최상의 특효약"이라며 직접 경험한 스토리를 털어놓았다. 통계나 이론은 아예 없고 실패와 성공 체험만 발표했다. 도마 위에서 펄펄 뛰는 생선처럼 싱싱한 케이스 스터디가 전부였다.

이들은 입을 모아 '마음의 경영'을 말했다. 사원의 행복을 위해 죽을힘을 다했더니 밝은 길이 보이더라고 했다. 돈보다 사람이었다. 이익보다 앞선 것은 마음이고 행복이었다.

기독교 부흥회나 성당 미사에서 나올 법한 '선한 마음' '행복' 등의 단어가 쉬지 않고 터져 나왔다. 경영인 집회에는 그다지 어울리지 않는 단어들이다. 하지만 이나모리의 제자들은 바른 마음을 갖고 사원들 행복을 위하는 자세로 경영하면 이익은 저절로 얻어진다고 믿는다.

이 때문에 이들은 이나모리 교단의 광신도들이라는 말을 종종 듣는다. 이런 발상은 자본주의의 첨예한 전쟁터인 월 스트리트의 애널리스트들이 보기에는 세상 물정 모르는 순진한 생각이다. 찰나의 실수가 생사를 가르는 전선에서 선한 마음과 사원 행복을 찾는 경영은 한가하기 짝이 없는 허언으로 들린다.

중소기업인들이 이나모리의 주술적인 반복 화법에 휘둘리고 있다는 뒷말이 없지 않았다.

"멋진 광고 카피 같지만 언제 들어도 똑같은 말이다."

이나모리가 그의 경영 이념을 추종하는 세이와주쿠 문하생들에 둘러싸여 열정적인 경영 조언을 하고 있다. © 교세라

"어린아이들에게 하는 도덕 강의에 불과하다."

실제 이나모리스쿨에 입학했다가 실망한 나머지 자퇴한 기업인이 없지는 않다.

그럼에도 불구하고 이나모리 제자는 꾸준히 증가했다. 동아시아를 넘어 브라질, 미국에까지 모임이 생겨났다. 아메바 세포가 분열하듯 지구 위 경영인들 가슴속에서 이나모리 철학의 포교 지역은 팽창을 거듭했다.

"중소기업 사장은 외롭습니다. 사원들은 사장 얼굴만 멀뚱멀뚱 쳐다보고 있지만, 사장은 인맥이 거의 없습니다. 관청이나 은행에서도 도와주지 않습니다. 그렇다고 사원들 앞에서 약한 모습을 보일 수는 없어요. 편안하게 기댈 곳이 없다는 고독함이 중소기업 사장 공통의 직업병이라고요. 이나모리 선생은 우리가 도움이 필요하다고 하소연하면 항상 우리 손을 잡아주셨어요."

이나모리 제자들이 공통으로 하는 말이다. 이나모리는 매달 한두 번 지역별 모임에 참가해 강연하고 이어서 회사별로 경영 상담을 해주었다. 그는 언제나 "우리 중소기업 사장들은 말이야~"라는 말로 시작했다. 제자들의 아픔, 외로움을 함께한다는 동지 의식의 표현이었다.

강연이 끝나면 돌아가지 않고 반드시 함께 식사하고 술을 마시며 따뜻한 경영 조언을 했다. 간혹 2박 3일 일정으로 해수욕장이나 온천에서 합숙하며 토론회와 경영 상담 모임을 열기도 했다.

이나모리는 도움받을 곳 없는 제자들에게 자신의 인맥을 연결해주었고 문하생들끼리 서로 사업을 돕는 상부상조의 네트워크를 적극 권장했다. 드물게는 분쟁을 겪는 제자의 회사에 직접 출동해 해결 방안을 제시하는 궂은일까지 마다하지 않았다.

그는 매년 어려움을 멋지게 뛰어넘은 문하생들을 선정하여 시상식을 개최했다. 반대로 가르침을 제대로 따르지 않는 제자들에게는 "넌 바보냐?"고 직격탄을 날리고, 종종 "당신은 파문이야" "그럴 바에야 자퇴하라"는 서슬 퍼런 호통을 서슴지 않았다.

그런 무료 봉사를 36년간 쉬지 않았다. 그러면서 이나모리스쿨은 어느새 중소기업 사장들에게 컨설팅 회사이자 고민 해결의 장소가 됐다. 고대 그리스 왕들이 아폴로 신전에서 전쟁 승리의 비결을 받았던 것처럼 기업인들은 이나모리로부터 위기 돌파의 신탁神託을 받곤 했다.

이나모리의 철학은 중소기업 사장들에게 효험이 용한 신탁이자, 회사와 사원의 미래를 약속하는 밝은 점괘나 마찬가지였다. 그래서 이나모리즘Inamorism, 이나모리 경영 이념과 이나모리스쿨은 지역, 인종, 종교를 넘어 확장을 거듭해왔다.

문하생들이 떠나지 않는 이유

이나모리의 마지막 강의를 앞둔 순간 초대형 강당에서는 마른기침 소리마저 들리지 않았다. 묘한 긴장감이 강당을 채웠다. 곧 경영스쿨 문이 닫힌다는 아쉬움, 36년간의 추억이 긴장감의 틈새를 메우고 있는 듯했다. 거기에는 스승의 은퇴 후 어디서 경영 조언을 들어야 할지 답답한 불안감도 섞여 있었다.

먼저 스크린에 등장한 인물은 스모 선수 하쿠호白鵬다. 몽골 출신으로 스모 선수의 최고 등급인 요코즈나横綱까지 오른 스포츠 스타다. 그는 동영상 편지로 "6년 전부터 세이와주쿠 모임에 참가했으나 오늘은 전국 스모 대회 기간 중이어서 참석하지 못했다"면서 종강을 못내 아쉬워하며 이나모리의 건강을 기원했다.

이어 3명의 문하생이 무대에 올랐다. 그들은 이나모리로부터 어떤 꾸지람이나 조언을 듣고서 기업을 키우고 경영 위기를 극복했는지 소개한 뒤 감사의 말을 바쳤다. 가고시마에서 호텔을 경영하는 여성 기업인은 "모임이 있을 때마다 조언을 들으려고 (이나모리) 곁에 더 오래 머물러 있고 싶은 불순한 생각을 갖고 있었다"고 고백하며 밝게 웃었다.

아이치현에서 슈퍼마켓 체인점을 하는 다른 한 명은 이나모리로부터 받았던 꾸지람의 편지를 공개했다. 그는 세금을 덜 내고 싶어 이나모리에게 조언을 요청하는 편지를 보냈다. 그랬더니 "자기 욕심만 내는 사람에게는 일체 말하고 싶지 않다"고 거칠게 휘갈겨 쓴 답장이 왔다. 그는 "호된 질책을 담은 편지가 저에게 벼락을 맞은 충격을 안겨주었다. 덕분에 마음을 고쳐먹고 무너져가던 회사를 살려냈다"며 울먹였다.

정작 이나모리는 마지막 강의에 참석하지 못했다. 고령으로 외부 행사에 거의 참석하지 않는다고 했다.

1시간 동안의 종강은 문하생 중 한 명이 대독했다. 강의록은 배포되지 않았다. 참석한 사람들만 현장에서 들을 수 있도록 했다. 스승이 없는 강의실에서 한 명, 두 명 떠날 법했지만 일어서는 사람은 없었다. 오히려 스승의 마지막 당부를 메모하는 모습이 곳곳에서 보였다.

"경영인은 진심으로 종업원의 행복을 위해 사업을 해야 합니다. 멋진 인생을 보내고 싶다면…"

이나모리는 사원의 행복을 먼저 챙기라고 강조했다. 회사의 이익, 주주의 이익은 아예 말하지 않는다.

사원의 행복부터 챙기라고 하면 한국 기업인은 당장 "무작정 노조 편을 들라는 것이냐"고 반문할 것이다. 하지만 이나모리 제자들은 그가 늘 입버릇처럼 하는 말이라고 받아들인다. 이나모리 철학의 기본 전제가 사원 행복이라는 것이다.

이나모리는 거기서 그치지 않았다.

"입으로는 '종업원을 위한다, 멋있는 기업가 인생을 보내고 싶다'면서도 마음속으로는 '회사 업적을 올리고 싶다, 아니면 내가 편하게 살고 싶다'는 욕망을 품고 있으면 사원들이 금방 눈치를 챕니다. '결국 사장 좋으라고 우리가 고생한다'는 불만을 종업원들이 품게 되는 겁니다."

사원들이 사장을 의심하면 회사가 성장할 수 없으니 애당초 불순한 마음을 갖지 말라는 경고였다. 이나모리는 한 발 더 나아가 다그친다.

"자신은 그걸 믿지도 않으면서 사원들에게 열심히 일해달라고 할 수는 없습니다. 종업원을 위해 경영한다는 것을 그저 지식으로 알고

2019년 7월 요코하마에서 열린 이나모리스쿨의 마지막 세계대회 풍경. 이나모리는 종강에서 사원 행복의 경영 철학을 지키라고 강조했다.

있는 정도로는 부족합니다. 사장의 신념으로까지 올려놓고, 실제 경영에서 행동으로 실천할 필요가 있습니다.”

사원 행복의 경영을 온몸으로 행동해야만 그때에야 사원들에게 사장의 진심이 전해진다는 강조였다.

이나모리의 어느 책에서나 읽을 수 있는 그의 신념이다. 이나모리 강의에 자주 참석한 사장이라면 수십 번도 더 들었을 말이다. 그런데도 문하생들은 지루해하지 않고 가만히 앉아 수업을 들었다.

그는 마지막 수업을 당부와 감사의 말로 매듭지었다.

"이렇게 많은 경영인이 종업원 행복을 위해 진지하게 인생철학과 경영 이념을 배우는 단체는 세계 어느 곳에서도 찾을 수 없는 유일한 존재가 아닐까 싶습니다. 오늘 이 자리는 끝이 아니라 여러분에게 새로운 시작입니다. 이제 모임의 문을 닫지만 한 사람이라도 더 행복하게 하려는 여러분의 사명은 변하지 않을 것이라고 믿습니다."

경영학자들은 이나모리의 경영을 '인본주의人本主義 경영' 또는 '인간 존중의 경영'이라고 한다. 하지만 이나모리는 자신의 소신을 종업원 행복, 사원 행복이라고 설명한다.

그는 사원 행복에 최우선순위를 두었다. 사원을 위해 경영하면 기업 이익, 주주 이익은 그다음에 따라온다는 말도 하지 않았다. 회사와 그 주변에 모인 사람들의 행복이 경영의 유일한 목표이자 최종 목표라고 보았다. 기업 이익은 사원 행복을 위한 수단이라는 발상이다.

한국에서는 "우선 회사가 잘되어야 여러분이 행복해질 게 아니냐"고 노조를 설득하는 사장이 다수다. 회사 제일주의, 조직 우선의 기업관이 지배하고 있다. 하지만 이나모리는 "사장은 사원들이 행복해지도록 온 힘을 다해 뛰는 사람"이라고 했고 "회사는 종업원 행복을 위해 존재하는 것"이라고 말했다. 조직 앞에 인간, 기업 앞에 사원을 놓았다.

이나모리는 종강 마지막 대목에서 그동안 단 한 번도 하지 않던 말을 내놓았다.

"여러분이 저에게 이타행利他行을 할 기회를 주셔서 진심으로 감사

합니다."

이타행은 불교 용어로 남을 위해 좋은 일을 하는 것을 뜻한다. 그는 36년간 문하생들에게 자신의 경영 노하우를 말할 기회가 있었다. 그런 기회를 가질 수 있었던 것은 제자들 덕분이라며 오히려 감사의 마음을 표시했다.

종강은 아쉬움을 담은 박수로 끝나지 않았다. 학교 문은 닫혔지만, 문하생들은 간판을 바꿔 지역별 모임을 계속하겠다고 다짐했다.

중국 내 39개 지역에서는 공부 모임을 계속하고 이나모리스쿨 중국 사무국도 아예 해체하지 않는다고 공식 선언했다. 브라질에서는 2020년부터 '라틴아메리카 경영철학연구회'로 간판을 바꿔 모임을 하겠다고 했다.

일본 문하생들은 2019년 말 앞서거니 뒤서거니 지역별로 해산 모임을 했다. 모임 원조 격인 '세이와주쿠 교토'는 2019년 12월 10일 이나모리가 참석한 가운데 해단식을 개최했다.

36년 전 첫 모임에서 이나모리는 이렇게 호통쳤다.

"당신들 말이야, 이 자리 끝나면 술이나 마시러 갈 게 아닌가. 당장 회사로 돌아가서 일하라고. 일을 해!"

창업 멤버들은 당시를 회고하며 이나모리에게 감사의 말을 바쳤다. 교토 모임의 기업인 130명은 새해 들어 '교토 경영숙'이라는 모임을 결성했다.

다른 지역에서도 제각각 다른 이름의 이나모리 경영연구회를 발족하고 있다. 이들은 매월 이나모리가 남긴 강의 동영상을 함께 보거나 그의 저서를 읽고 토론한다. 이나모리 철학을 기업 안에서 계승·실천하겠다는 다짐이다.

돈을 목적으로 일하지 않는다

170여 년 전 요코하마는 논밭을 끼고 있는 한적한 어촌이었다. 듬성듬성 흩어진 주택이 100여 채밖에 되지 않았다.

19세기 중엽 미국의 군사적 압박을 받은 일본은 구석진 곳의 시골 어항 요코하마를 서양 문물의 수입 창구로 내놓아야 했다. 굴욕적인 조건의 개항이었다. 군사 위세에 굴복한 사무라이 정권은 도쿄에서 가급적 멀리 떨어진 어항을 마지못해 열어주었던 것이다. 일본은 미국의 힘에 풀썩 무릎을 꿇었으나 모진 굴욕을 인내하며 나라를 재건하는 기회로 삼았다.

요코하마는 그렇게 일본이 부국강병의 국가로 가는 길에서 일본에 가장 필요한 것을 먼저 수입하는 창구가 됐다. 산업혁명의 물결은 요코하마에 일단 착륙한 뒤 일본 전역에 전파되기 시작했다.

덕분에 요코하마에는 '일본 최초' 타이틀을 보유하고 있는 유적지가 많다. 길을 걷다 보면 일본 최초의 가로등·가로수, 최초의 상하수도, 최초의 일간 신문, 최초의 맥주 공장, 최초의 극장, 최초의 호텔, 최초의 해변 공원, 최초의 사진관이 있었던 표지판부터 일본에서 처음 야구 경기와 테니스 경기를 열었던 장소까지 발견하게 된다.

개항 무렵부터 중국인들이 태평천국의 난 같은 내란을 피해 요코하마에 무더기로 불법 입국했다. 흥미롭게도 중국 난민들은 서양인 행세를 하며 외국인 전용 거주 지역에 거대한 차이나타운을 형성했다. 이제 요코하마 중화가는 전 세계 차이나타운 가운데 가장 넓고 깨끗할 뿐 아니라 음식 맛이 좋은 것으로 평가를 받고 있다.

이나모리는 요코하마에서 생산되는 광둥식 만두 '기요켄岐陽軒 시우마이' 도시락을 즐겨 먹었다. 가격 부담이 가벼운 서민용 만두 요리다.

일본을 경제 대국으로 키운 핵심 산업 몇 가지가 본격적으로 시작된 장소도 요코하마다. 일본의 통신 사업과 가스 사업의 발상지가 이곳이었다. 수송 혁명을 몰고 온 철도 비즈니스는 1872년 요코하마에서 출발해 도쿄 변두리를 연결하는 것으로 시작됐다. 요코하마는 서양 자본주의와 주식회사 시스템의 첫 실험실이었다.

이나모리경영스쿨이 해마다 세계대회를 요코하마에서 개최한 이유는 공식적으로 알려지지 않았다. 요코하마는 하네다 국제공항에서 1시간 이내, 도쿄 시내에서 30~40분 이내 도착할 수 있다는 지리적 이점이 있다. 대형 컨벤션 시설과 호텔을 넉넉하게 갖추고 있는 것도 장점이다.

하지만 일본에는 글로벌 규모의 대형 모임을 개최할 도시가 많다. 교세라 본사가 있는 교토만 해도 수만 명의 방문객을 언제든 수용할 수 있는 도시다. 그런데도 왜 이나모리는 굳이 요코하마에서 세계대회를 개최해왔을까.

전 세계 견학자들에게 이나모리의 경영 철학을 설명할 수 있도록 교세라 본사 부지에 마련된 이나모리라이브러리 빌딩 입구.

이나모리가 서양 문물의 수입 창구였던 요코하마를 이나모리 철학의 설파 장소로 선택한 것은 의미가 크다고 해석할 수 있다. 그가 서양 자본주의가 쓰나미처럼 몰려온 항구에서 '사무라이 경영 철학'을 발신하고 싶었던 것은 아닐까. 주식회사 제도를 수입한 지 150여 년 만에 일본 스타일의 주식회사 경영론을 수출하고 싶었는지 모른다.

아니나 다를까, 마지막 강의에서 이나모리는 자신의 경험담을 털어놓았다. 이나모리가 교세라 미국 법인 임원들을 모아놓고 경영 철학을 설득했던 에피소드였다.

그는 경영 이념을 담은 영문 서적을 배포한 뒤 모든 임원에게 감상문을 제출토록 했다. 본사 임원에게도 종종 요구하는 숙제를 미국인 임원들에게 시킨 것이다.

"샌디에이고에 모여 이틀간 경영 철학을 놓고 세미나를 하기로 했어요. 한데, 시작하기도 전부터 반발하는 겁니다. 제가 나눠준 책에는 '우리는 돈을 목적으로 일하지 않는다'고 쓰여 있죠. 그러나 미국인들은 돈을 벌기 위해 일하는데 무슨 말이냐는 겁니다. 이건 미국 스타일과 전혀 다른 것이라는 거죠. 저의 경영 철학은 세미나 전부터 미국 임원들로부터 완전히 왕따 당하고 있었어요."

이나모리는 세미나 첫날을 종일 자신의 철학을 설명하는 데 사용했다. 진심으로 사원들에게 행복을 키워주는 경영을 하고 싶다고 강조했다. 그와 동시에 구체적인 행동 지침을 하나하나 밝혔다.

"그랬더니 다음날부터는 임원들 태도가 달라졌어요. 하루가 지나니 예일대학, 하버드대학, MIT 박사 출신도 모두가 교세라의 경영 이념이 훌륭하다고 하더라고요."

자신의 경영 철학이 미국인들에게도 먹혀들더라는 말이다.

이나모리와 손정의, 서로 다른 성공 방정식

이나모리는 주주 배당을 늘리는 데 온 힘을 다 쓰는 미국식 경영과는 거리를 두었다. 사업 영역을 무한정 확장하는 문어발 경영을 거부했다. 여러 강연과 인터뷰에서 탐욕스러운 월 스트리트식 돈벌이를 비판하는 발언을 감추지 않았다.

"사자는 배가 부르면 더는 먹이를 사냥하지 않습니다. 하지만 자본주의 세상에서 인간의 탐욕은 사냥을 무한정 계속하는 바탕이 됩니다. 배가 부른 것을 알지 못하면 인간은 언젠가 수습하지 못할 큰 재앙을 맞게 될 것입니다. 어느 정도 배가 부르면 욕심을 버려야 합니다."

손정의 소프트뱅크 회장과의 관계에서도 그의 신념을 짐작할 수 있다. 손정의는 일본에서 최고 인기를 누리는 재일동포 출신 경영인이다. 이나모리, 손정의, 유니클로 창업자 야나이 타다시柳井正는 이 시대 일본 경제계에서 가장 존경받은 경영인 3총사다.

1990년대 중반 손정의가 막 IT 사업에 뛰어들던 시절 손정의는 이나모리스쿨에서 일등 문하생이었다. 당시엔 벤처기업의 기수로 명성이 높던 이나모리의 수제자라는 소문이 나돌 만큼 가까운 사이였다.

손정의는 그러나 이나모리 철학을 따르지 않았다. 소프트뱅크는 주식 상장으로 얻은 이익을 대부분 기업 매수M&A를 통한 확장 경영에 투자했다. 야후와 알리바바에 투자해 얻은 엄청난 이익으로 미국 통신 회사를 인수했고 일본에서도 통신 회사를 만드는 데 쏟아부었다. 그야말로 미국식 무한 확장이었다.

"기업에서는 어디까지나 사람이 먼저야. 조직이 먼저가 아니라는 말이네. 인간의 가치가 가장 앞서야 하는 걸세. 임원과 사원들이 정말 열심히 일해주는 것을 전제로 경영을 해야만 기업의 가치가 장기적으로 유지되는 게 아니겠는가."

이나모리는 수제자 손정의에게 기업의 장기 존속을 바란다면 무리한 확장보다는 자기 체력에 맞는 경영을 해야 한다는 메시지를 몇 차례 보냈다. 이나모리가 강연할 때마다 맨 앞줄에서 눈을 반짝이며 귀를 쫑긋 기울이면서 질문을 던지곤 하던 손정의였다. 그런 만큼 애제자에게 애정 어린 충고를 아끼지 않았다.

손정의는 "충고에 감사드립니다"면서도 다른 길을 갔다. 두 경영인은 5년 안팎 깊은 교류를 유지했지만, 교세라와 소프트뱅크는 전혀 다른 경영 전략을 채택했다.

이나모리의 사원 중시 경영은 평생 흔들림이 없었다. 교세라는 수비적 자세를 유지하며 확장 경영보다는 내실 경영에 충실했다. 반면 소프트뱅크는 풍성한 여유 자금으로 공격적 확장을 거듭한 끝에 폭풍 성장을 이뤘다. 제조업에서 출발한 교세라가 신기술 개발에 집착하는 일본식 경영을 했다면, 소프트뱅크는 돈이 더 큰돈을 만들어내는 미국식 경영 전략을 구사했다.

그 결과 소프트뱅크는 회사 규모 면에서 교세라를 7배 정도 훌쩍 뛰어넘었다. 부자 랭킹에서도 손정의는 일본에서 유니클로 야나이 회장과 1~2위를 다투고 있다. 그러나 이나모리는 개인 재산을 대거 기부해버려 30위 안에 들지 못한다.

최근 들어 두 사람은 사제 관계였다는 사실을 공개적으론 언급하지 않는다. 이나모리가 맨손으로 일어선 기업가의 투혼을 언급하며 간혹 손정의의 성공 사례를 들먹이지만 냉랭한 분위기가 남아 있다.

두 회사는 통신과 태양광 사업에서 부분적으로 경쟁하고 있어 종종 이해관계가 충돌한다. 그러나 그룹의 핵심 사업은 크게 다르다.

손정의는 컴퓨터에서 인터넷, 통신 산업을 거쳐 인공지능까지 시대 흐름을 타며 능수능란한 카멜레온 경영을 지속하고 있다. 소프트뱅크는 거대한 투자 펀드를 설정해놓고 쉴 새 없이 벤처기업에 사업 자금을 공급하고 있다. 이에 비해 이나모리의 교세라는 신소재 산업을 기반으로 소신을 굽히지 않으며 우직한 경영을 고집하고 있다.

이나모리의 경영은 인간의 무한한 힘을 중시하는 반면 손정의의 경영은 돈(자금)의 위력을 더 믿는다고 해석할 수 있다. 이나모리에게 돈은 인간의 행복을 위한 도구지만, 손정의에게 인간은 돈을 벌기 위한 도구인지 모른다.

두 사람의 승부가 어떻게 끝날지는 알 수 없다. 하지만 경영 철학을 따르는 골수 추종자 숫자만큼은 이나모리 쪽이 압도적으로 많다.

이나모리의 사원 행복 경영은 미국식 이익 우선, 주주 우선의 경영과는 딴판이다. 이나모리 경영을 연구한 하버드 MBA의 앤서니 메이요Anthony Mayo 교수도 "사업 성공에 이나모리식 경영이 반드시 필요한 것은 아니다. 다른 방식으로 성공한 사례가 너무 많기 때문"이라고 평가했다.

이나모리 방식을 놓고 실제 기업 현장에서 채택할 것인지 여부를 물어보면 미국 경영학 교실의 반응은 찬성 절반, 거부 절반으로 갈라진다고 한다. 미국 기업인들은 이나모리식 경영에 의외로 거부감이 강하다고 볼 수 있다.

'경영 성인'으로 통하는 중국 내 신드롬

2014년 가을, 베이징의 하늘은 모처럼 맑았다. 미세먼지가 걷히고 패션 디자이너들이 말하는 베이징 블루Beijing Blue 색깔이 하늘에 가득 깔렸다.

도심의 대형 책방은 약 6년 전 2008년 베이징 올림픽 기간에 비하면 경영 서적이 부쩍 늘었다. 입구에 스티브 잡스, 워런 버핏의 책이 얼핏 보이더니 일본 경영인이 쓴 책 하나가 넓은 면적을 차지하고 있었다.

『활법活法』이었다. 이나모리가 쓴 『살아가는 법生き方』(우리나라에서는 『카르마 경영』으로 출판)의 중국어판이다. 이나모리의 인생철학, 사업 이념이 가장 잘 정리된 저서로 꼽힌다.

이 책은 일본에서 2004년 발간된 이래 130만 부 이상 팔렸고, 지금도 해마다 수만 명씩 독자를 늘려가는 스테디셀러다. 기업인, 샐러리맨을 비롯하여 일본 축구 국가 대표 감독과 프로 스포츠 선수들까지 일상생활에서 삶의 지혜를 얻는다는 책이다.

『활법』은 놀랍게도 중국에서 220만 부 넘게 팔려나갔다. 이 책 인기가 워낙 좋다 보니 이나모리의 다른 책들이 같은 이름의 시리즈로 번역돼 『활법 2』 『활법 3』에 이어 『활법 5』까지 나왔다. 『활법』은 해적판마저 여러 권 출현해 100만 부 이상이 뒷골목에서 팔렸을 것이라는 추정이다.

이나모리는 공저를 포함해 44종가량 출판했다. 경영 철학, 경영 비법, 자서전이 40년간 여러 형태로 발간됐다. 그러나 중국에서 공식 발간된 저서는 일본보다 많은 49종이다. 원저를 중국 실정에 맞게 다양하게 제작한 결과다.

중국은 이나모리의 저서가 전 세계에서 가장 많이 팔리는 나라다. 2018년 10월 이나모리의 저서 60권의 전 세계 판매량은 1500만 부를 돌파했다. 일본에서는 565만 부가 판매되었는데, 중국에서는 공식적으로 840만 부 이상 팔려나갔다. 해적판을 포함하면 중국 내 판매량은 1000만 부를 훌쩍 넘을 것이라고 한다. 일본보다 중국 독자가 2배가량 된다는 얘기다.

중국의 이나모리 붐은 단순한 '신드롬Syndrome'을 넘어 '피버Fever' 수준이다. 그의 경영 철학과 경영 이념을 흠모하는 열기가 열병처럼 번지고 있다.

2012년 가을 이후 몇 년간 중국에서는 센카쿠열도를 둘러싼 중일 영토 분쟁으로 인해 반일 운동이 중국 전역을 휩쓸었다. 반일 데모대가 일본 기업 공장과 대리점, 일본제 전자 제품과 자동차를 파괴하고 방화했다. 책방에서는 일본 저자의 번역본이 줄줄이 자취를 감추었다. 그런 가운데 오직 이나모리의 책들만 서점 입구의 가장 넓은 진열대에서 버티고 있었다.

이나모리가 베이징, 항저우, 톈진, 칭다오, 청두에서 강연회를 열면 청중이 연단 위까지 점거하는 현상이 종종 나타났다. 베이징대학과 칭화대학에서 강연할 때는 경찰이 출동해 강연장 안팎을 정리해야 했다. 이나모리가 친중적인 발언을 계속해온 덕분에 중국 고관들은 너도나도 그를 접견하려고 안간힘을 썼다.

중국에서는 2007년 처음 이나모리 철학을 공부하는 기업인 모임이 발족했다. 그 후 37개 지역 이나모리스쿨에는 중국 기업인 7000명이 회원으로 등록했다. 이나모리의 전 세계 문하생 중 거의 절반을 차지하는 숫자다. 다른 어느 나라와도 비교하기 힘든 현상이다.

이 때문에 이나모리스쿨의 폐쇄 방침은 중국에서 먹혀들지 못했다. 교세라 측은 결국 중국 제자들의 요청을 받아들여 이나모리스쿨 중국 사무국만은 그대로 존속시키겠다고 물러설 수밖에 없었다.

"덩샤오핑의 개혁 개방 정책 이후(1978년 무렵) 40여 년간 중국인은 누구나 돈은 많이 벌수록 좋다고 생각했어요. 그 후 큰돈을 벌었지만 정말 행복하다고 느끼는 사람은 적어요. 큰돈을 번 사람은 소수이고 돈을 벌지 못하는 사람이 다수가 됐어요. 돈을 많이 벌어들인 사람도 뭔가 부족하다는 것을 느끼고 있습니다."

요코하마 세계대회에 참가한 중국 기업인의 설명이었다. 1단계 자본주의 실험이 끝나면서 빈부 격차로 인해 정신적 황폐감이 중국 사회를 짓누르고 있다는 말이다. 물질적 성장이 반드시 정신적 행복과 만족을 가져다주지 않는다는 것을 깨달았다. 더불어 노사 분규가 급증해 중국 경영인들의 고민거리로 떠올랐다.

"이나모리 선생은 언제나 '인간으로서 무엇이 바른길인가'를 고민해야 한다고 하셨어요. 회사 이익보다 사원의 행복, 인류의 번영을 앞세우는 이타利他의 경영을 하라고 강조합니다. 함께 잘살아보자는 말입니다. 노사가 한 가족이라는 생각이 정말 절실합니다. 중국은 이런 개혁을 추구해야 한다고 생각하는 기업가가 많아졌습니다."

중국 기업인의 분석이다. 중국에 만연하는 황금만능주의에 이나모리가 각성을 촉구하는 돌을 던진 셈이다. 돈을 뒤쫓지 말고 인간을 먼저 보라는 메시지다.

경영인뿐 아니라 중국 근로자들에게도 이나모리 철학이 필요해졌다. "노동은 악惡이라거나 불행의 씨앗이라는 풍조가 만연합니다. 이나모리 선생의 가르침에는 일하는 것을 성스럽게 여기라는 긍정 마인드가 담겨 있습니다."

중국의 노사 양측에 이나모리가 좋은 영향을 주고 있다는 이야기다.

중국은 2008년 세계 금융위기를 거치고 2010년 세계 2위의 경제대국으로 부상하면서 역사의 한고비를 넘겼다. 자본주의 실험이 다음 단계로 넘어가면서 사회 분위기가 서서히 변하고 있다.

『논어』 같은 중국 고전이 인기를 끌면서 정신적 만족을 추구하려는 성향이 과거보다 강해졌다. 글로벌 금융위기를 통해 미국식 경영에 문제가 드러나자 이나모리 경영에서 새로운 해답을 얻고 싶어 하는 중국 기업인들의 수요가 급증했다.

중국인들이 새로운 경영 철학에 갈증을 느끼던 바로 그 시기인 2008년 이나모리가 중국 국영 CCTV 특별 프로그램에 출연했다. 그후 이나모리 붐은 걷잡을 수 없이 번져나갔다.

이나모리는 복수의 언론과 인터뷰에서 중국 내 열풍을 이렇게 해석했다.

"경제적 성취를 이룬 오늘의 중국인들은 정신적 행복에 굶주리고 있다고 봅니다. 마음속 깊은 곳의 공허함을 메꿔줄 무엇인가가 필요한 시대를 맞았어요. 바로 이런 시기에 저의 철학을 알게 되자 강렬한 인상을 받게 된 것입니다. 중국 기업인들은 이제 훌륭한 도덕관, 즉 인간을 중시하는 기업관을 세우지 않으면 안 되는 시기를 맞았습니다."

세계 최대의 인터넷 쇼핑몰 알리바바를 창업한 마윈馬雲이 이나모리를 존경하는 이유가 여기에 있다. 돈이나 회사보다는 사람을 소중하게 여기는 경영이 최후의 승자가 된다는 생각이다.

이나모리는 "인간을 배려하는 덕치德治는 원래 많은 성인을 배출한 중국이 원조"라는 견해를 자주 밝혔다. 이나모리 철학에는 중국 고전에 담긴 사상과 지혜가 진하게 투영되어 있다는 것이다.

특히 명나라 시대 유행했던 양명학陽明學과 이나모리 철학은 겹치는 대목이 많다. 다른 사람을 더 배려하라는 이타 철학이나 아는 것을 그대로 행동으로 실천하는 것이 더 중요하다는 지행합일知行合—의 정신은 양명학의 핵심이다. 설문 조사에서도 중국 기업인의 96%가 이나모리 철학과 양명학이 깊은 관련을 맺고 있다고 대답하고 있다.

이런 사상적 배경 덕분에 이나모리 철학은 중국인들에게 편하게 먹혀들었을 것이다.

"중국에서는 세계 경영학의 최고봉 피터 드러커Peter Drucker보다 이나모리 인기가 더 높다"는 말이 괜히 나도는 게 아니다. 양명학의 창시자 왕양명王陽明이 공자, 맹자와 함께 유교의 성인 중 한 명으로 꼽히듯 중국에서 이나모리는 '경영 성인聖人'으로 통한다.

모교 후배들의 선택 필수 과목인 이나모리 경영론

가고시마 시내에는 아직도 재래식 노면 전차가 도심에서 2개 노선을 운행한다. 노면 전차가 다닌 지 100년이 넘었으나 차량만 줄곧 현대 식으로 개량됐다. 철로 안팎에는 잔디를 깔아 승객은 마치 잔디밭을 달리는 기분을 즐길 수 있다.

가고시마대학鹿兒島大学 공과대역에서 내리면 곧바로 이나모리회관 이 보인다. 이 건물은 세계적인 건축가 안도 타다오安藤忠雄의 작품이 다. 이나모리가 아버지와 어머니 이름으로 기증한 빌딩이다. 캠퍼스 내 회관 옆길은 '이나모리거리'로 명명됐다.

가고시마대학은 이나모리의 모교다. 이나모리는 강의와 연구용 건 물 세 동을 신축해주고 연구비 지원, 장학 기금 마련에 도움을 아끼 지 않았다.

2018년 경제 주간지 조사에서 이 지방 국립대학은 전국 86개 국 립대학 가운데 외부의 기부금 랭킹에서 도쿄대학, 교토대학에 이어 3위로 떠올랐다. 그해 이나모리가 교세라 주식 100만 주, 76억 엔어 치(2019년 환율로 860억 원 상당)를 쾌척한 덕분이다. 대학 측은 교세 라가 주는 배당금을 매년 1억 엔 이상 받을 것으로 예상하고, 이 돈 을 연구비로 사용할 예정이라고 한다.

캠퍼스 안에는 2019년 12월 대학 창립 70주년을 맞아 이나모리기 념관이 새로 문을 열었다. 기념관은 이나모리가 후배들에게 푸드코 트와 식당을 마련해준 것이다. 기념관 1층 입구는 이나모리 저서들이

이나모리 기부금으로 설립된 모교 가고시마대학의 이나모리회관. 세계적인 건축가 안도 타다오의 작품이다. 부모님 이름으로 헌정했다. © 교세라

이나모리의 기부금으로 설립된 모교 가고시마대학의 이나모리기념관.

장식하고 있다. 이나모리가 평생 마음에 품고 살았던 글귀 '경천애인
敬天愛人'을 담은 장식물은 오른쪽에 보인다. 3층에는 이 대학을 졸업할
때 제출한 논문 복사본과 교세라 창업 시절의 수첩이 전시되었다.

　이나모리는 2005년에도 '이나모리아카데미' 건립에 8억 엔을 헌납
했다. 이곳 정원에는 이나모리 동상이 우뚝 서 있다. 이나모리아카데
미 빌딩에는 이나모리의 졸업 논문 커버와 첫 페이지가 액자 속에 단
정하게 걸려 있다.

대학 졸업 논문은 가고시마 지역 점토粘土를 연구한 내용이다. 점토는 전기가 통하지 않는 절연체絶緣体 제조는 물론 가고시마 도자기 제조에도 쓰이는 흙이다. 가고시마의 유명한 도자기를 만드는 기술과 교세라가 첨단 신소재를 만드는 기술은 같은 과학 원리로 완성된다.

다행히 지도교수가 자신의 서울 경성대학(국립 서울대학교 전신) 동창을 매개로 취업 길을 터주었다. 교토의 애자碍子 제조 회사 쇼후공업松風工業에 취직 원서를 내라고 했다.

애자라는 상품은 이제 사라졌지만, 전선을 철탑이나 전봇대에 고정하는 전기 절연체를 말한다. 당시엔 전기가 보급되면서 도자기 제조 기술로 만든 신종 상품이었다. 애자나 도자기는 유리, 콘크리트, 내화 벽돌과 같이 고온에서 구워 만드는 세라믹 제품의 일종이다.

이나모리는 취직에 성공하기 위해 전공을 바꿔야 했다. 도자기 제조 기술은 대학 4년간 공부해온 유기화학이 아니라 무기화학 분야였다. 취직을 위해 전공을 포기하고 졸업 논문을 도자기와 관련된 내용으로 바꿔야 했다. 그래서 지도교수를 바꾸고 부랴부랴 가고시마 점토를 집중 연구했던 것이다.

그는 집안에서 유일하게 대학을 다녔다. 그런 만큼 번듯한 직장에 취직하는 일에 필사적일 수밖에 없었다. 하루빨리 월급을 받아 가족을 부양해야 한다는 생각이 그의 연구가 가속을 내도록 부채질했다.

취업용 급조 논문 덕분에 취업은 순조로웠다. 도자기 제조용 점토 연구는 단지 우수 졸업 논문으로 칭찬을 받고 취업에 효험만 있었던 것은 아니다. 그것은 결국 그의 인생을 송두리째 바꾼 출발점이 됐다.

이나모리는 졸업 논문을 계기로 도자기 기술을 발전시켜 TV나 컴퓨터, 휴대폰 같은 전기·전자 제품이나 자동차에 들어가는 각종 첨단 부품을 개발했다. 낚싯대, 인공 관절, 임플란트는 물론 인조 보석까지 우리 생활에 필요한 신소재 세라믹 제품을 창조했다. 어쩔 수 없이 작성한 취직용 논문이 교세라라는 글로벌 기업 탄생의 씨앗이 될 줄은 이나모리 자신도 전혀 상상하지 못했다.

교세라를 창업한 기술의 출발점은 바로 이 논문이다. '경영의 신'을 배출한 대학으로서는 자랑할 만한 논문이다. 이나모리는 기회가 있을 때마다 "대학 은사들의 애정 어린 지도로 졸업 논문이 완성되고 취직에 성공할 수 있었다"며 모교에 감사의 말을 잊지 않았다. 논문은 졸업 전 발표회에서 "도쿄대학의 어느 졸업 논문보다 훨씬 뛰어나다"는 호평을 받았다.

이나모리아카데미는 전임 교수와 강사를 5명, 객원 교수를 8명 두고 있다. 이곳에서는 학생들에게 이나모리의 리더십과 이나모리 경영 철학, 이나모리의 벤처 정신을 강의한다. 여기에 양명학과 제왕학 강좌까지 개설돼 있다.

이나모리아카데미의 강좌는 재학생들에게 선택 과목이지만 창업에 관심이 있는 청년들에게는 인기 강좌로 자리 잡았다. 매해 과목마다 수백 명씩 수강 신청이 몰린다.

이나모리 경영학을 전공하는 교수들은 이나모리의 저서를 교과서로 삼고 있다. 이 아카데미는 이나모리 경영 철학을 후배 시대에 대물림하는 역할을 맡은 셈이다.

이곳에는 베트남을 비롯해 동남아 젊은이들이 몰려들고 있다. 강의실 맨 앞 좌석에서 열심히 들으며 메모하는 젊은이 다수가 베트남 아니면 인도네시아 출신이다. 고향에서 기업을 일으키고 싶어 한다고 한다. 가난한 고향을 어떻게 하면 풍요롭게 바꿀 수 있는지 배우려는 것이다. 그들에게는 세상 사람들을 행복하게 만들어야 한다는 이나모리의 가르침이 큰 공감을 일으킨다.

강의는 기업 현장 위주다. 교세라에서 근무한 고위 임원이 강사로 자주 등장하고, 특강은 이나모리스쿨 학생으로 등록된 일본 중소기업 사장들이 맡고 있다.

강좌가 인기를 끌자 2012년부터는 사회인을 위한 코스도 열었다. 6개월 동안 매주 토요일 이나모리의 경영 비법, 철학의 핵심을 강의하는 특별 프로그램이다.

각 대학에 창업 동아리는 많지만 어떤 마음가짐으로 회사를 창업하고 어떤 방식으로 벤처기업을 꾸려가야 할지 가르치는 곳은 매우 드물다. 더구나 불황과 위기에서는 어떻게 대응해야 하는지 현장 체험을 가르치는 대학은 거의 없다.

이나모리아카데미의 강의 내용은 이론과 분석에 쏠린 다른 대학의 창업 강의와 다르다. 현장 실무 위주 강의가 많다. 여기에 기업인의 마음가짐을 특별히 강조하는 인간성 교육에 치중하고 있다.

이나모리 신화는 최근 10여 년 새 극적인 스토리를 덧붙이게 됐다. 도요타자동차나 소니, 유니클로, 소프트뱅크 등 어느 일본 기업의 창업자도 대학에 상설 강좌를 개설한 사례는 없다. 한국도 일부 경영대학원에서 정주영, 박태준, 이병철 등의 경영 방식을 잠깐 강의하는 일이 있지만, 전담 연구 교수를 두고 1년 내내 특정 기업인의 경영론을 강의하는 곳은 없지 않은가.

그는 1990년대까지만 해도 독특한 경영 기법으로 벤처기업을 성공시킨 교토의 이단아였다. 엔지니어 출신으로 각종 전자·반도체 부품의 첨단 기술 개발에서 외곬의 길을 걸어온 끝에 세계적인 수준에 도달한 기업인에 불과했다.

그가 제창한 사원 행복의 경영 철학은 별 관심을 끌지 못했다. 그저 사원들의 열정을 끌어내기 위한 유혹성 구호라는 해석마저 없지 않았다. 더구나 대학에서 그의 경영 기법과 철학을 강의한다는 것은 상상할 수조차 없었다.

도쿄의 주요 경제 단체 부근에는 얼씬거리기조차 힘들었다. 이 때문에 그를 '떠돌이 사무라이'라고 부르는 언론인이 적지 않았다.

그러나 통신 사업에서 거대한 NTT를 상대로 잇달아 시장 쟁탈에 성공하면서 전국적 인물로 부상했다. 2000년대 들어 자신의 경영 철학과 경영 기법을 담은 책이 연속으로 베스트셀러 대열에 올랐다. 2008년 글로벌 금융위기를 계기로 미국식 경영을 비판하는 목소리가 커졌고 인화人和를 중시하는 일본의 전통 기업관이 새삼 각광을 받게 됐다. 이때부터 이나모리의 철학과 경영 기업은 급속도로 팬덤을 형성하기 시작했다.

이나모리는 1990년 이후 20년 가까이 장기 불황에 허덕이던 일본 경제계에 큰 용기를 주었다는 평가다. 사원과 한 가족처럼 지내며 회사를 키우는 가족주의 경영이 틀리지 않다는 것을 이나모리가 강조했기 때문이다.

이나모리 경영에 대한 평가는 JAL이 가장 극적인 전기를 선물했다. 그는 2010년 2차 세계대전 후 최악의 도산이라던 JAL의 경영을 맡아 2년 8개월 만에 주식 시장에 다시 상장했다. 사망 선고를 받은 일본의 상징 기업을 부활시킨 것이다. 이를 계기로 이나모리는 '살아 있는 경영의 신' 자리를 확고하게 굳혔다.

02

야쿠자가 될 뻔한
가고시마의 엔지니어

"면접을 보기 전에 대기실에서
응시생 네다섯 명과 얘기해보면 친척이 그 회사
임원으로 있는 응시생이 있는가 하면 죄다 무슨 연줄이
있더라고요. 나 같은 시골 촌놈은 없었어요.
면접 대기실에 있는 것만으로도 열등감이 생기더라고요.
한번은 가고시마 시내에 있는 야쿠자 사무실
앞까지 갔어요. 여기라면 나를
받아주지 않을까 생각했죠."

승부사 기질은 타고나는 것이다

가고시마에 가면 먼저 눈앞에 닥치는 풍경이 사쿠라지마(앵도櫻島)다. 해발 1000미터가 넘는 봉우리들이 우람하게 버티고 있다. 이름은 섬이지만 100년 전 화산 대폭발로 육지와 연결됐다.

사쿠라지마는 매일 하루 몇 번씩 잿빛 연기나 화산재를 뿜어내는 활화산이다. 간혹 대형 폭발이 일어나면 비행기 운항이 중단되곤 한다. 이곳 TV는 수시로 화산 활동과 바뀌는 바람의 방향을 예보하고 중계한다.

아이들은 화산 폭발 징후가 있으면 플라스틱 안전모를 쓰고 등하교한다. 시민들은 아파트 창문에 화산재가 방 안으로 들어오지 못하게 막는 차단 장치를 달고 산다.

화산재를 쉴 새 없이 뿜어내는 화산과 함께 60만 시민이 살고 있

1년 내내 연기나 화산재를 뿜어내고 있는 가고시마의 상징인 활화산 사쿠라지마의 모습.
© JNTO

다. 이처럼 많은 인구가 언제 목숨을 잃을지 모를 위험을 감내하며 살아가는 도시는 세계 어디에도 없다.

이나모리가 가고시마 시내 고등학교에 다닐 때의 일화다. 어느 날 국어 선생님이 수업 중 문득 "나는 매일 사랑을 한다"고 고백했다.

여성과의 사랑을 말하는 게 아니었다.

"저 웅장한 자태와 뭉게뭉게 피어오르는 연기를 보아라. 나는 사쿠라지마의 뜨거운 열정을 부러워한다. 젊은이라면 저기 저 사쿠라지마처럼 한없이 타올라야 한다. 너희는 결코 희망을 잃어서는 안 된다."

2차 세계대전에서 일본이 연합군에 참패한 직후였다. 시가지는 미군 폭격기의 공습으로 초토화됐다. 상실감이 학생들 뼛속까지 스며들어 있었다. 국어 선생님은 제자들에게 활화산 같은 용기를 강조했다. 일본이 밑바닥에서 일어서야 한다는 당부였다.

이나모리는 국어 수업 중 한 컷의 로맨틱한 장면을 평생 잊지 못했다. 그는 "국어 선생님의 말씀이 희망과 용기를 주었다"고 자서전에 썼다. 인터뷰에서도 종종 이 수업 시간을 거론했다. 청소년 시절부터 활화산 같은 열정으로 인생을 살겠다고 다짐했다는 얘기다.

가고시마 사람들은 일본의 상징 후지산보다 사쿠라지마를 편애한다. 활화산이 무서워 떠나겠다는 주민은 거의 없다. 인간의 힘으로 감당하기 힘든 리스크를 오히려 삶의 의지를 굳게 다지는 자산으로 활용하고 있다. 가고시마 출신과 대화를 하다 보면 사쿠라지마를 마치 수호신처럼 생각한다는 인상마저 받는다.

가고시마 사람들을 공격하는 또 다른 자연재해는 태풍이다. 가고시마는 태평양에서 만들어진 대형 태풍이 본토로 가기 전에 먼저 강한 직격탄을 날리는 표적이 되곤 한다. 태풍에 적응하려는 듯 거리에는 빌딩 옥상에 홀로 서 있거나 돌출된 간판이 그다지 보이지 않는다.

험난한 자연환경은 가고시마 사람을 강인하게 만들었다. 버럭 화를 잘 내기도 하지만 민첩하고 강건한 기질을 갖고 있다. 구차스러운 말보다는 행동을 중시하고 위계질서를 따진다. 친구 집에 가면 어른에게 먼저 인사를 올리고 나서 친구와 어울려 노는 풍습이 남아 있다.

심지어 남성 우위의 마초 의식이 여전히 퍼져 있다. 잠들어 있는 남편의 베개 머리 위를 지나가지 않으며 아들과 딸의 빨래를 따로 하는 주부가 적지 않다고 들린다.

자연 재난은 주민을 한데 묶었다. 주민들 결속력은 어느 지역보다 강하다. 도쿄에서 명함을 건네며 "저도 가고시마입니다"라고 고향을 밝히면 형제를 만난 듯 반가워하는 것도 가고시마인의 풍토다.

그러면서도 한데 모여 음식을 먹으며 고구마 소주를 즐기는 낙천적인 성향을 보인다. 화산, 태풍을 오랜 세월 함께 겪다 보니 기질이 그렇게 굳어졌다. 가고시마 사람들의 기질이 뚜렷하게 드러나는 공간은 역시 전쟁터다. 그들은 무자비하고 용맹한 전사로 변한다.

조선 시대 실학자 정약용은 이렇게 평했다.

"일본 사람들이 다 잔혹하지 않지만, 오직 사쓰마薩摩, 가고시마의 다른 이름 사람들은 본래 별종으로 성질과 기력이 특수하며 목숨을 가벼이 여기고 살상을 좋아한다."

임진왜란, 정유재란에서 가고시마 사무라이들을 겪어본 뒤 내린 평가였다. 피해자로서는 당연히 잔인한 인종이라고 말할 수밖에 없지만, 일본 측에서 보면 용맹스러운 군대였다. 이순신 장군의 목숨을 앗아간 해전도 사쓰마 군대가 일본 측 주력 부대였다.

일본 검객 세계에서도 사쓰마 사무라이는 특별했다. 사무라이들 사이에 전설처럼 전해진 격언이 있다.

"사쓰마 하야토의 첫 칼은 무조건 피하고 봐야 한다."

사쓰마 하야토薩摩隼人는 가고시마 남자를 부르는 애칭이다. 가고시마 검객의 첫 칼을 피하지 못하면 그대로 죽는다는 경고다.

동영상을 보면 가고시마 고유의 검법(자현류自顯流)이 얼마나 혹독한 수련 과정을 거치는지 짐작할 수 있다. 원숭이 비명 같은 괴성을 지르며 쉬지 않고 나무 기둥이나 나무 다발을 목검으로 내려친다. 가고시마 검도는 현재 일본 경찰청을 비롯한 많은 검도장의 훈련 과정에 들어가 있다.

단칼에 승부하는 가고시마의 기질은 가고시마 검도에 스며들어 있다. '강한 놈을 상대할수록 절대 지기 싫다'는 치열한 승부사 근성을 느낄 수 있다.

가고시마의 향토 기질은 이나모리의 경영에서 중요한 고비마다 나타났다. 도요타자동차, NTT 같은 최강의 경쟁자와 싸워 승리를 끌어왔고, GE 같은 글로벌 기업과 기술 싸움에서도 상대를 굴복시켰다. 대적 상대가 크고 강할수록 그는 더 거세게 도발했다.

이나모리는 활화산과 태풍 속에서 태어나 가고시마 특유의 풍토에서 자랐다. 대학을 졸업한 뒤에야 고향을 떠났다. 인간으로서 본능적 행동 방식이나 경영인으로서 마음가짐은 대부분 고향 땅에서 배웠다.

사이고 다카모리를 닮고 싶은 꿈

이나모리 출생지는 가고시마 시내를 관통하는 고쓰키천甲突川 서쪽 약사마을이었다. 고쓰키천은 강이라고 부르기에는 부족하고 개천보다는 큰 물줄기가 흐른다. 폭은 줄잡아 30~40미터 안팎이다.

고쓰키천 주변에는 일본 근대화 시발점인 메이지유신을 이끈 혁명가들의 출생지가 몰려 있다. 유신 혁명의 주인공 사이고 다카모리西鄕隆盛와 오쿠보 도시미치大久保利通가 바로 여기서 태어났다. 일본 해군의 아버지라는 인물, 러일전쟁에서 승전보를 올린 장군의 출생지가 반경 1.5킬로미터 안에 다 포진해 있다. 이들은 1868년 메이지유신 혁명을 주도했을 뿐 아니라 일본이 신흥 대국으로 부상하는 과정에서 나라의 기초를 다진 공로자들이다.

숱한 위인을 배출한 가고시마의 긍지는 대단하다. 한 일본인 친구는 "가고시마에 가면 메이지유신 얘기를 함부로 꺼내지 마라"고 경고했다.

"사이고 다카모리 얘기를 한번 잘못 꺼내면 최소한 30분간 역사 강의를 들어야 한다."

그만큼 오늘의 일본을 건설한 영웅들의 고향이라는 프라이드가 강하다는 농담이었다.

고쓰키천 주변에는 유신 혁명의 원적지라는 사실을 강조하는 산책 도로와 기념관, 시민 공원이 조성돼 있다. 시민 공원 언저리를 걷다 보면 큰길이나 골목길에 이곳 출신 영웅들의 동상, 탄생 유적지, 기념탑, 위령비가 줄지어 등장한다.

2018년에는 메이지유신 150년을 기념하는 화려한 이벤트가 1년 내내 이 주변에서 이어졌다. 경제 대국의 발판을 마련해준 영웅을 가장 많이 배출한 명당이라고 자랑하는 듯했다.

이나모리는 사이고 다카모리의 출생지, 오쿠보 도시미치의 출생지에서 도보로 10~20분이면 도착하는 이웃 동네에서 태어났다. 이나모리가 태어난 집은 과거 하급 사무라이들이 집단으로 살았던 지역의 사무라이 주택이었다.

이나모리는 어린 시절 쟁쟁한 혁명가들이 놀던 고쓰키천에 첨벙 뛰어들어 자맥질했나. 형과 함께 새우나 민물고기를 잡았다. 개천의 포획물을 자랑스럽게 집에 가져와 어머니가 만들어준 향토 요리를 먹곤 했다.

위인들 흉내를 내느라 목검을 들고 다니며 친구들과 사무라이 전쟁놀이로 하루를 보냈다. 초등학교에 제출한 서류에 아버지 직업을 '백성百姓'이라고 쓰는 것을 보며 "왜 우리 집은 사무라이가 아니냐"고 투정하며 분한 마음에 울었다고 한다. 백성이란 일본에서 농부나 평민을 말한다. 그는 무사武士 집안이기를 기대했다.

이나모리는 교토에서 다국적 기업을 키우면서도 출생지의 유별난

가고시마 시내에 세워진 영화 〈라스트 사무라이〉의 주인공이자 이나모리가 평생 스승으로 숭배한 사이고 다카모리의 동상. © JNTO

풍토와 고쓰키천의 추억을 못내 잊지 못했다.

그는 타향에서 월급쟁이를 하며 외로울 때면 동요 같은 유행가 「고향ふるさと」이라는 노래를 즐겨 불렀다. 창업 후에는 술좌석에서 사원들과도 이 노래를 자주 불렀다. 심지어 이나모리스쿨 모임이 열릴 때는 문하생들과 함께 「고향」을 부르며 뒤풀이 회식을 마무리했다. 이 노래는 이나모리스쿨의 교가 같은 역할을 했다.

고향을 그리워하는 이나모리의 향수는 그토록 강했다.

이나모리는 고향 위인 중에서 누구보다 사이고 다카모리를 가장 존경했다.

"일생을 세고동西郷どん처럼 살고 싶어요."

'세고동'은 가고시마 사람들이 사이고 다카모리를 부르는 애칭이다. 2018년 메이지유신 150주년을 맞아 NHK가 사이고 일대기를 1년 내내 드라마로 방영한 후에는 이 애칭이 전국으로 퍼졌다.

우리나라에서는 『료마가 간다』는 베스트셀러 덕분에 사카모토 료마坂本龍馬가 유신의 주인공이라는 인식이 퍼져 있다. 사이고는 한반도 침략에 앞장선 '정한론征韓論'의 주창자로 알려져 인물평이 좋지 않다. 그가 정말 정한론을 앞장서 주장했는지는 역사학자들 사이에 견해가 다양하다.

어쨌든 일본에서 사이고 다카모리는 300년 지배해오던 구체제(바쿠후幕府)를 무너뜨린 뒤 새로운 국가를 건설하는 과정에서 일등 공신이었다. 하시만 최후에는 유신 혁명 이후 기득권으로 등장한 거대 권력을 상대로 죽음의 내란을 일으켰다. 톰 크루즈가 주연한 영화 〈라스트 사무라이〉(2003)는 그를 모델로 삼아 만든 작품이다.

"세고동은 목숨을 버리고 명예를 버렸어요. 돈도 버리고 벼슬도 버렸죠. 모든 것을 포기해버린 사람은 거칠 것 없는 삶을 사게 되는 겁니다."

그런 사이고가 이나모리의 우상이었다.

이나모리는 사이고가 개인적 출세나 영달을 바라지 않고 평민을 위한 국가 건설이라는 대의명분만 추구했다고 평가했다. 밑바닥 백성들이 편안한 삶을 누리도록 하겠다는 순수한 마음에서 돈과 명예를 버리고 유신 혁명을 주도했고, 똑같은 마음에서 최후의 반란을 일으켰다는 것이다.

사이고의 반골 정신, 사욕을 버리고 오로지 백성의 행복을 좇았던 대의명분이 고쓰키천에서 어린 이나모리의 뱃속에 깊숙이 새겨졌던 것일까. 기업 경영부터 정치 참여에 이르기까지 이나모리는 대의大義를 따라 기득권 권력과 싸우는 모습을 보였다.

"나의 성공은 어머니로부터 받은 선물"

'고무라사키' 라면집은 고쓰키천에서 걸어서 10여 분이면 갈 수 있었다. 이나모리가 고향에 내려가면 아버지와 함께 들렀던 단골 식당이다.

"어머니와 마누라는 라면을 싫어했지만, 아버지가 고무라사키 라면을 무척 좋아하셨어요. 한 사발에 1000엔이니까 교토 라면 600~700엔보다 훨씬 비싸죠. 너무 비싸니 이번엔 가지 말자고 하셨지만 제가 가자고 해서 결국엔 가곤 했답니다."

이나모리의 회고다. 가고시마는 1인당 라면 전문 식당이 가장 많은 도시로 유명하다. 라면 가격도 가장 비싸다.

고무라사키 라면은 3대가 70년간 한자리에서 영업했다. 구마모토에도 고무라사키 라면이 있지만, 가고시마 고무라사키 라면은 돼지뼈, 닭 뼈를 삶은 엷은 국물에 흑돼지 편육이 쫄깃하다. 한국인 입맛에는 조금 짜지만, 채소가 듬뿍 들어 있어 간식이라기보다는 한 끼의 건강식이라는 인상을 준다.

고무라사키 점포는 학교 부근 뒷골목에 흔한 라면집처럼 허술하지 않다. 번듯한 레스토랑처럼 인테리어가 무척 깔끔하다.

이나모리 부자는 1층 한가운데 주방을 둘러싼 식탁(다이)에 앉아 셰프를 보면서 그릇을 비우거나 2층 좌석에서 라면을 즐겼을 것이다. 그리고 글로벌 기업 총수가 된 뒤에도 동네 가게에서 서민과 똑같은 외식을 했다.

이나모리는 4남 3녀 일곱 형제 가운데 둘째 아들이었다.

이나모리가 평생 아버지와 함께 자주 찾았던 가고시마 시내 단골 라면집 고무라사키 점포 모습.

아버지는 동네에서 작은 인쇄소를 운영했다. 인쇄소는 어머니, 삼촌들까지 가세한 영세 자영업이었다. 부자라고 할 수는 없고 드물게 온천에 가족 여행을 가고 육식을 즐기는 수준의 생활이었다.

2차 세계대전 말기 미국의 대규모 공습으로 집과 인쇄소가 단숨에 폐허로 변했다. 온 가족이 널빤지로 비바람을 막고 잠들거나 굶주림 속에서 피난 생활을 전전해야 했다. 다른 집이라고 별반 다를 건 없었지만 이나모리 가족은 졸지에 빈곤층으로 전락했다.

아버지는 밀조 술을 만들어 몰래 팔기도 했으나 곧 그만두었다. 어머니는 은행 돈이나 사채를 빌려 인쇄소를 다시 하자고 채근했지만, 아버지는 이자 부담을 걱정하며 한 발짝도 움직이지 않았다.

그 와중에 이나모리가 고등학교에 진학하겠다고 하자 아버지는 말단 점원으로 취직하라며 아들의 뺨을 때렸다. 아버지는 아들에게 공부하라는 잔소리를 단 한 번도 하지 않았다. '책은 돈이 되지 않는다'는 지극히 현실적인 생각이 아버지를 지배했다. 꿈같은 미래보다 당장 오늘 밤 한 끼를 걱정하는 고지식한 아버지였다.

아버지의 성격을 알 수 있는 에피소드가 있다. 이나모리가 성공한 후 아버지에게 매달 용돈을 보내드렸다. 아버지가 사망하자 동네 은행의 여성 창구 직원이 가장 먼저 문상객으로 찾아왔다. "고인께 평소 큰 신세를 졌습니다."

이나모리가 의아한 표정을 짓자 은행원이 털어놓았다. 아버지는 대기업 총수가 보낸 용돈을 꼬박꼬박 그 은행에 맡겼던 것이다. 여자 행원에게 아버지는 소중한 예금주였다.

이나모리는 아버지를 "돌다리도 짚어보고 건너지 않는다"고 평가했다. 인쇄소를 굴릴 때도 재료를 넉넉하게 사두는 법이 없었고 차입금을 극히 싫어했다. 현찰 거래를 기본 원칙으로 삼았다. 이나모리는 "재고나 차입금을 거부하고 무리한 확장을 하지 않는 경영 원칙은 아버지로부터 물려받은 듯하다"고 했다.

아버지는 푼돈일지라도 허투루 쓰지 않고 수주한 일감을 항상 제날짜에 납품하는 깐깐한 일꾼이었다.

반면에 어머니는 나이가 들면서 파친코에서 시간을 보내는 일이 잦은 타입이었다.

"파친코에서 쓸 용돈을 아버지가 주지 않는다고 어머니가 불평해 몰래 용돈을 넣어드린 적이 잦았어요."

어머니는 긍정적인 성격으로 집안에 활기를 불어넣는 편이었다. 먹을 것이 없으면 귀한 기모노를 냅다 내다 팔았고, 부동산 투자에도 일가견이 있었다. 농촌에서 생산된 농산물과 공산품을 교환 판매해 차익을 남기는 수완을 보였다. 시골에서 올라온 친척이 팔리지 않는 농산물을 들고 오면 재고가 남을 줄 알면서도 몽땅 사주었다.

아버지가 깐깐하게 따졌다면 어머니는 대범하면서 정이 많고 배려심이 깊었다. 이나모리는 83세 나이(2015)에 어머니의 은혜를 회고한 책 『고테양こてゃん』을 발간했다.

이 책에서 그는 한번 울기 시작하면 3시간을 줄곧 울고 키우지도 않을 토끼 새끼를 사달라고 무작정 떼를 쓰던 응석받이 시절을 털어놨다. 엄마 치마폭에서 떨어지지 못하던 약골이었다. 골목대장 노릇을 하며 정당한 일로 싸우고 오면 어머니는 일절 꾸중하지 않았다. 억울한 일로 싸움에서 지고 돌아오면 "옳다고 생각하는 것이라면 왜 울면서 돌아오는 거냐"고 꾸짖고 나선 빗자루나 목검을 쥐여주며 "때려눕히고 오라"고 내쫓았다.

어머니는 의義를 중시하면서 남에게 잘 베풀었다. 이나모리는 어머니를 사무라이 정신을 갖춘 여성으로 평가했다. 상재商才와 사무라이 혼을 함께 지녔다고 했다. 이나모리는 "어머니야말로 전지전능한 신神과 동의어"라고 했다.

그 책은 기업가로서 성공이 어머니로부터 받은 선물이라는 극진한 사모곡이었다.

성공한 사업가가 부모로부터 무엇을 물려받았는지 평가하는 일은 지극히 주관적일 수밖에 없다. 총수들의 자서전을 보면 부모로부터 받은 핏줄을 강조한 나머지 부모의 공을 과장해 포장하는 사례가 적지 않다.

이나모리가 부모의 역할을 실제보다 부각한 측면이 없지는 않을 것이다. 그러나 없는 일을 꾸미거나 지나치게 과장했다고 할 수는 없다. 이나모리는 회사 경영의 경우 아버지처럼 낱낱이 따지며 내실 있게 했다. 돈을 번 후에는 어머니처럼 모교와 지역 사회에 기부금을 아끼지 않았다.

이나모리가 어린 시절 가정 형편은 넉넉하지 않았다. 끼니를 때우지 못하던 극빈층은 아니었지만 온 가족이 온갖 수단을 동원해 의식주를 가까스로 감당했던 다른 집과 다르지 않았다.

세상에는 부모의 편향된 성격과 복잡한 가정사로 인해 괴팍스러운 행동을 일삼는 총수가 적지 않다. 부자간, 형제간 다툼과 송사가 끊이지 않는 재벌가도 여럿이다.

하지만 숱한 고난과 실패를 겪으면서도 이나모리 부모의 자녀 사랑은 따뜻하고 풍족했다. 부자가 1000엔짜리 라면으로 외식을 즐길 만큼 의사소통이 자유로웠고 분위기가 단란했다.

이나모리 형제들은 나이가 들어서도 2세들과 어울려 온천 여행을 즐겼다. 형제간 우애가 좋았다는 것을 짐작할 수 있다.

가족 간에 애정과 신뢰가 충만했던 덕분에 이나모리의 성격과 기업가 행적에는 구김살이 없다. 집안의 화목한 분위기가 교세라가 사원 행복을 중시하는 가족주의 경영을 계속하는 데 플러스로 작용했을 것이다.

어린 이나모리를 강인하게 만든 가고시마 교육

이나모리가 다녔던 니시다초등학교西田小學校에는 설립 144주년 간판이 걸려 있었다.

'강하게, 바르게, 아름답게'.

학교 건물에 고정된 간판은 어린이들에게 강하게 자라라는 것을 가장 강조하고 있었다. 아이들이 교문에 들어서면 학교 위치와 면적을 표시한 좌표축 기둥과 마주친다.

'동경 130도 31분 37초, 북위 31도 35도 22초, 표고 88미터, 면적 15450평방미터'.

활화산이 대폭발하거나 큰 지진이 발생하면 지형이 언제 어떻게 변할지 알 수 없는 땅이다. 그런 불확실성에 항상 대비하라는 뜻일까. 학교가 지구상에서 어디쯤, 얼마만 한 크기로 자리 잡고 있는지 머릿속에 넣어두라고 가르치는 듯했다.

학교 후문에는 '자강학사自彊學舍'가 자리 잡았다. 자강학사란 동네 주민들에게 검술, 유도, 한문, PC, 주판을 가르치는 도장이다. 가고시마 전통의 향토 교육 장소다. 남녀 불문하고 다닐 수 있고 학생들에게는 방과 후 학원 기능을 담당한다.

마을 선배가 후배를 단련시키는 가고시마 특유의 전통은 지금도 고스란히 남아 있다. 일요일에는 검도, 화요일엔 체조와 합기도, 수요일엔 습자(한자 쓰기), 목요일엔 합기도를 오후 4시부터 6시까지 가르친다는 안내가 붙어 있다.

이나모리는 가고시마에서 초등학교부터 대학까지 마쳤다. 그는 학교 수업 외에 자강학사에서 단련받은 향토 교육의 추억을 자랑스럽게 말했다. 학교와 자강학사에서 사무라이식 강훈련을 받았다는 것이다. 그것을 통해 강인한 정신력을 키우며 승부 본능을 갈고닦았다는 자부심이 대단했다.

'아무리 어려운 상황에서도 살아남아야 한다.'

'아무리 버거운 상대를 만나도 이겨야 한다.'

이런 생존 본능, 승부 근성을 어릴 적부터 배우며 키웠다. 가세가

이나모리가 다녔던 가고시마 시내 니시다초등학교 전경. 2019년 개교 144주년을 맞았다.

기울자 이나모리는 중학생 때는 신문 배달을 했고, 대학 재학 중에는 야간에 건물 경비원으로 아르바이트를 했다. 주목을 끄는 경험은 고교생 때 했던 종이봉투 장사다.

아버지 인쇄 공장에서 곁눈질한 기술로 가족과 동네 아줌마들을 모아 제과점용 종이봉투를 만들었다. 그때는 비닐봉투가 개발되지 못했었다.

이나모리는 자전거를 타고 돌며 제과점에 종이봉투를 납품했다. 사업이라고는 할 수 없는 떠돌이 행상 수준이었다.

처음에는 수업이 끝나면 정처 없이 가가호호 방문 방식으로 팔았다. 그러다 시내를 7개 지역으로 분할해 요일별로 각 지역을 공략하는 요령이 생겼다. 현장을 직접 찾아가 세일즈한 덕분에 생생한 시장 정보가 입수됐다. 대량 구매처 몇 군데를 파악했다.

시장을 발로 뛰는 것이 얼마나 중요한지를 피부로 깨달았다. 종이 봉투 수요는 점점 늘었고 얼마 지나지 않아 조수를 채용해야 할 만큼 번성했다. 조수에게는 요즘 가치로 보면 경차 한 대 값을 들여 신형 자전거를 사줄 수 있었다.

이나모리는 훗날 "고교 시절 종이봉투 행상이 내 사업의 원점"이라고 했다. 사장이 직접 발로 뛰면서 시장 정보를 수집하고 거래처를 설득해야 한다는 것을 몸으로 체득했다. 봉투 사업은 대학 진학을 앞두고 형을 비롯한 가족에게 넘겼지만 작은 장사에서 짜릿한 성공 체험을 맛본 셈이다.

엄마 치마폭에서 좀체 떠나지 못하던 울보가 강인한 남자로 성장하는 과정에서 가고시마의 향토 교육은 좋은 자양분이 됐다. 공식 교육 기관인 학교 교실이나 비공식 도장인 자강학사에서는 사쓰마 하야토(가고시마 남자)의 기본자세로 3가지를 강조했다.

'싸움에서 지지 말라.'

'거짓말하지 말라.'

'약자를 괴롭히지 말라.'

3계명은 남자가 지켜야 할 행동 지침이었다. 무엇보다 신뢰와 의리를 강조했다. 모두가 사무라이 정신의 기둥을 이루는 내용이다.

이나모리는 초등학교에 다니면서 자강학사에서 20킬로미터 떨어진 절(묘엔사妙円寺)까지 도보 순례를 두 번 했다. 절까지 왕복하려면 꼬박 하루가 걸리는 길이다. 과거에 무사들이 무거운 갑옷을 입고 행군하던 훈련용 코스를 어린아이가 도전했던 것이다.

한겨울에는 학교 강당에 모여 『충신전(주신구라忠臣藏)』 특별 수업을 들었다. 이 책은 사무라이 47명이 주군主君의 원수를 갚으려고 거사한 스토리를 담고 있다. 무사들은 억울하게 죽은 보스의 원수를 처단한 뒤 자신들도 집단으로 할복자살했다. 일본에서는 우리나라 『춘향전』처럼 널리 읽히는 작품으로 영화, 연극, 드라마, 뮤지컬의 단골 소재다.

가고시마에서는 사무라이들이 충성심으로 거사한 12월 14일이면 대부분 학교와 자강학사에서 『충신전』 낭독회를 한다. 이나모리는 "매번 맨발로 추운 강당에 무릎을 꿇고 앉아 밤중까지 교장 선생님의 직강을 들었다"고 했다. 사무라이 정신이 머리에 새겨질 수밖에 없는 교육이었다.

그가 살던 동네에는 사무라이 후손이 많이 살고 있었다. 그는 어린 마음에 친구들에게 "우리 조상도 사무라이"라고 둘러댔지만, 친구늘 집에서 흔히 보는 대대로 내려온 칼 같은 증거물이 있을 턱이 없었다. 친구들이 똘마니 무사의 아들이라고 놀리면 분한 마음을 정말 참기 힘들었다고 그는 고백했다.

"지기 싫어하는 나의 오기는 어린 시절 놀림받던 경험에서 나온 것인지 모른다."

가고시마 사회 밑바닥에 흐르는 신분 차별을 견디면서 오히려 승부 근성을 키웠다는 말이다. 차별에 반발감을 품고 있으면서도 그는 최후의 사무라이 사이고 다카모리를 닮고 싶어 했다.

이나모리는 경영에서 결정을 내리기 전 항상 '내가 지금 인간으로서 올바른 일을 하고 있는가' '동기는 선한가' '사심은 없는가'라고 자문하는 습관을 갖게 됐다. 고향의 유별난 사무라이 교육 덕분인지 모른다.

교세라는 가고시마에 공장을 3개 지었고 호텔과 골프장, 리조트를 운영하고 있다. 이나모리는 가고시마현과 가고시마시에도 적지 않은 기부금을 쾌척했다. 고향에서 진 빚을 갚고 싶었기 때문일 것이다.

가고시마현은 2019년 10월 이나모리에게 '명예현민名譽縣民 1호' 칭호를 선물했다. 타향에서 성공한 기업 총수에게 고향 사람들이 월계관을 씌워주었다.

"지금도 고향에 가면 어린 시절의 놀이터 고쓰키천에 뛰어들어 새우와 은어를 잡고 싶어요."

명예현민 증서를 받은 이나모리의 답사였다. 천진난만하던 시절 몸에 익힌 고향의 토속 사무라이 정신을 잃지 않고 있다는 애향심의 표현이었다.

연속 실패의 청년, 야쿠자 사무실 문 앞까지 갔다

이나모리가 두 번이나 낙방한 중학교는 니시다초등학교 바로 옆에 있었다. 좁은 길 건너편의 이 중학교는 당시 가고시마의 최고 명문으로 꼽혔다. 지금은 고등학교로 간판이 바뀌었다. 이나모리는 가고시마 넘버원을 뜻하는 '제1중학교'에 입학하고 싶었다.

그는 초등학교 졸업반 담임의 미움을 샀다. 담임 선생님이 잘사는 집 아이를 편애한다고 생각해 이나모리와 그의 패거리들이 그 아이를 왕따시키며 괴롭혔다. 담임의 총애를 받는 그 아이가 교실의 권력자로 군림한다고 여겼다.

그러던 중 이나모리 패거리가 그 친구 얼굴에 흉한 상처를 내고 말았다. 아이 엄마가 학교에 쫓아왔고 이나모리는 담임에게 불려가 주먹세례를 실컷 받았다.

"선생님이 그 애만 편애하셨잖아요."

말대꾸는 더 호된 매질을 불러왔다. 결국 해 질 무렵까지 벌을 받고 어머니가 호출됐다.

담임은 이나모리 앞에서 어머니에게 폭언했다.

"우리 학교 개교 이래 가장 불량한 놈입니다. 이런 자식은 학교를 졸업시킬 수 없어요."

어머니는 머리를 조아리며 그저 죄송하다는 말로 사죄할 뿐이었다.

"선생님이 그 애만 편애하잖아요."

이나모리는 그 아이를 괴롭힌 이유를 어머니에게 그렇게 말했다. 좁은 교실의 강자에 대한 의협심의 발로라는 주장이었다. 이나모리 부모는 그 일로 이나모리를 일절 꾸중하지 않았다.

부모는 아들을 용서했지만, 담임은 뒤끝이 있다는 것을 어린 제자에게 보여주었다. 명문 학교 진학에 절대적인 성적이나 생활기록부가 엉망일 수밖에 없었다. 결과는 낙방이었다.

왕따당하던 그 친구는 두 번째로 꼽히는 중학교에 진학한 반면 자신은 같은 초등학교 고등과(지금의 중학교 과정)에 머물렀다. 자기보다 뒤떨어진 친구들이 명문 학교 교복을 입은 모습을 길거리에서 자주 마주쳤다.

다음 해 다시 제1중학교에 도전했다. 이번에는 새로운 담임 선생님이 적극 추천해주는 열성을 보였다. 그러나 또 낙방했다. 골목대장으로 패거리를 거느리며 으스대던 그에게는 큰 충격이었다. 시험 운이 없다는 좌절감이 온몸을 감쌌다.

때마침 그는 폐결핵 증상으로 치료를 받아야 했다. 삼촌 둘과 그의 부인이 잇달아 폐결핵으로 목숨을 잃자 죽음의 공포가 집안을 감돌았다. 이웃들은 이나모리네 집이 폐결핵 소굴이라고 수군거렸다. 열두 살의 나이에 투병하면서 입시 공부를 했으니 준비가 제대로 될 리 없었다.

이나모리의 진학 실패는 여기서 끝나지 않았다. 대학 진학에서 다시 낙방의 쓴맛을 보았다.

중학교에서 고등학교에 갈 때는 아버지에게 뺨을 맞고 며칠간 집에 들어가지 못했다.

"고등학교를 졸업하면 꼭 취직하겠습니다."

학비를 걱정하는 아버지에게 그렇게 약속했다. 하지만 고교 졸업반 담임 선생님은 그에게 반드시 대학에 가야 한다고 했다. 두 번이나 집에 찾아와 "돈이 없으면 장학금으로 공부하면 된다"고 부모를 설득했다.

봉투 장사를 하다가 졸업반에서 모처럼 공부에 몰두했더니 성적이 의외로 좋았던 것이다. 선생님은 제자를 학교의 우수 인재로 보았다. 이나모리의 성실한 학업 태도에 명문 학교 진학률을 높이려는 욕심까지 가세했는지 명문 오사카대학 의과대학 약학 전공에 원서를 내라고 권했다. 폐결핵으로 고생한 이나모리도 약학을 전공하고 싶었다.

"가고시마에서 초만원 기차를 타고 종일 시달려서 그랬는지 과로한 나머지 제 실력을 내지 못했어요. 보기 좋게 낙방했죠."

의과대학 입시에 실패한 뒤 곧바로 오사카대학 공대에서 입학시험을 봤으나 또 실패했다. 그는 고향에 돌아와 가고시마대학 공대에 입학할 수밖에 없었다. 유기화학을 전공했다. 안정적으로 돈을 벌 수 있는 약사가 될 꿈을 꾸고 있었기 때문이다.

청년 이나모리의 실패와 좌절은 거기서 끝나지 않았다.

그는 가고시마대학 도서관에서 공부에 심취했다. 제과점에서 팥을 끓이거나 백화점 야간 경비원으로 아르바이트를 계속했다. 수입 중 일부는 가난한 집안에 생활비로 보탰다. 지도교수로부터 "학업 면에서나 인간 됨됨이나 가장 뛰어난 학생"이라는 평가를 들었다.

문제는 취업이었다. 졸업 무렵은 일본 경제가 침체해 취직자리가 나지 않았다. 채용 인원수가 줄어든 데다 지방 대학 출신이라는 학벌이 결정적인 취약 요건이었다. 전공을 살려 석유 회사, 제약 회사, 화학 회사에 계속 응시했으나 줄줄이 낙방이었다. 삼십 번이나 취직 시험에 낙방한 중국 회사 알리바바의 창업자 마윈의 청춘을 떠올리는 대목이다.

도쿄에서 경제 부처 고관으로 일하는 친구의 친척 집에도 찾아갔다. 취업 청탁을 하려고 친구와 함께 무작정 찾아갔다. 하지만 "뭐 하러 여기까지 왔느냐"는 호통을 듣고 헛걸음한 채 후퇴해야 했다.

훗날 주간지 《닛케이비즈니스日經ビジネス》 인터뷰에서 이렇게 털어놨다.

"지금도 잊지 못해요. 면접을 보기 전에 대기실에서 응시생 네다섯 명과 얘기해보면 친척이 그 회사 임원으로 있는 응시생이 있는가 하면 죄다 무슨 연줄이 있더라고요. 나 같은 시골 촌놈은 없었어요. 면접 대기실에 있는 것만으로도 열등감이 생기더라고요."

그에게는 출세한 친척이 없었다. 허접스러운 평민 집안, 지방 대학 졸업, 가고시마 사투리, 가난 등 마이너스 스펙들이 쉴 새 없이 그를 괴롭혔다. 때로는 꾀죄죄한 옷차림 때문에 면접관이 점수를 주지 않는다는 생각이 들었다.

"한번은 가고시마 시내에 있는 야쿠자 사무실 앞까지 갔어요. 여기라면 나를 받아주지 않을까 생각했죠."

이나모리는 대학 시절 가라테로 체력을 단련했다. 격투기 경기도 즐겨 구경했다. 취업 전선에서 좌절한 끝에 급기야 가라테 기술을 활용한 조직폭력배 생활까지 고민했던 것이다.

청춘 시절의 불운과 실패는 여기서 끝나지 않았다. 가까스로 취직한 쇼후공업에서는 낭패가 계속됐다.

우선 월급이 제때 나오지 않았다. 자금난으로 도산 직전의 회사였다. 사원 기숙사의 방바닥과 창문은 바람구멍투성이였다. 동네 마트에 가면 상점 주인이 "그 회사 다니면 언제 길바닥에서 나돌게 될지 몰라"라고 혀를 찼다.

"젊은 사람이 결혼은 어떡하나."

위로, 동정이 아닌 악담을 들었다.

사원들의 사기나 회사 분위기는 엉망이었다. 몇 달이 지나니 4명의 입사 동기가 사표를 내고 사라졌다. 2명만 남았다. 이 둘은 어느 날 길바닥에 나뒹굴던 전단지를 보고 함께 자위대 입대 시험을 보았다. 둘 다 합격했으나 이나모리는 호적등본을 제출하지 못해 전직하지 못하고 주저앉았다. 형이 "교수님이 소개한 회사에 어렵게 입사했는데 어떻게 그곳을 박차고 나가느냐"며 호적등본을 보내주지 않았다.

모든 게 불만스러웠다.

"그런 현실을 벗어나지 못하는 자신이 초라해졌습니다. 나들 잘나가는데 왜 나만 이 모양 이 꼴인가, 하루하루 버티기도 힘든데 어떻게 내일을 생각하나. 그렇게 암담해하며 나 자신을 비하했어요."

이나모리의 회고다.

막막한 현실을 끝없이 원망했다. 잇단 시험 낙방에 이어 지도교수 덕에 겨우 취직한 회사마저 사정이 엉망이었다. 최악의 절망감이 그를 감쌌다.

성공한 위인이라면 누구나 한 번쯤은 맛보는 인생에서 가장 쓴맛을 23세의 가고시마 청년이 타향 교토에서 삼키고 있었다. 고향 땅에서 몸에 밴 사무라이의 용맹스러운 감투 정신이 슬슬 고갈되고 있었다.

03

한 가지 기술에
목숨을 걸다

"100% 성공했습니다. 교세라는 신기술을
개발하면서 지금까지 한 번도 실패하지 않았습니다.
우리는 어떤 제품이든, 어떤 사양(스펙)이든 주문을 받으면
반드시 성공시킵니다. 성공할 때까지 실험을 계속
하기 때문에 결국은 성공하거든요."

교토의 풍토 '1인 1기' 송곳 전략이 교세라의 창업 기풍

교토에 가는 관광객이라면 누구나 찾아가는 핫플레이스가 니시키 시장이다. 니시키 시장의 전통 메인스트리트에는 채소, 반찬, 조미료부터 문방구, 부채 같은 생활용품까지 다양한 상품을 파는 가게가 130여 곳 들어서 있다.

이제는 장난감 가게까지 입주해 얼핏 보면 어수선한 느낌을 준다. 하지만 니시키 시장에는 400년 전통의 시장답게 역사가 오래된 점포가 많다.

이요마타伊豫又라는 고등어 스시집은 1617년 개업한 이래 한자리에서 400년 넘게 영업하고 있다. 잘해야 20명 정도 들어갈 수 있는 좁은 식당이다.

몇 가지 요리가 있지만 베스트셀러이자 스테디셀러는 제주도 앞바

다에서 잡은 30센티미터짜리 월척으로 만든 고등어 초밥이다. 식탁 손님보다는 테이크아웃용으로 포장해가는 손님이 더 많다.

이요마타는 창업자 후손 20대가 대를 이어 식당을 꾸려왔다. 맛으로 보거나 지명도로 보거나 체인점을 내기에 넉넉한 자격을 갖추었지만 이요마타는 이곳 시장통만 고집하고 있다.

교토 장사꾼에게는 "화살을 2개 갖지 말라"는 말이 전해지고 있다. 첫 화살이 빗나갈 것에 대비해 예비 화살을 준비하지 말라는 뜻이다. 한 개의 화살로 승부해야 한다는 외길 승부를 강조한 장수 비법이다.

이요마타는 고등어 스시로 400년을 생존했다. 이를 위해 최상급 고등어와 그 고등어에 맞는 최고의 쌀을 스시에 사용한다. 점포를 늘리지 않고 메뉴를 다각화하지 않으면서 살아남으려면 시대가 바뀌어도 최상품을 내놓지 않으면 안 된다. 후손은 누구든 최고의 맛을 내는 고등어 스시를 만드는 데 필사적으로 매달릴 수밖에 없다.

이요마타에서 몇 발자국을 걸으면 450여 년간 부엌칼을 만들어온 아리츠구有次가 있다. 미국, 유럽의 셰프들이 교토에 오면 반드시 들르는 가게다.

"유명한 셰프는 아리츠구 칼 몇 개쯤 갖고 있어요."

그곳에는 영어와 프랑스어로 설명하는 종업원이 배치돼 있다.

아리츠구에는 냄비, 주걱 같은 부엌 용품도 있지만, 전문가용부터 가정용까지 500여 종의 주방 칼을 만들어낸다. 전문가용은 도미 살을 베어내는 칼, 고등어 머리를 자르는 칼, 소갈비 살을 떼어내는 칼,

돼지 목살을 저미는 칼, 복어 전용 칼 등 용도별로 세분화되어 있다. 왼손잡이 셰프용 부엌칼은 여기서 만들어내기 시작했다.

아리츠구 바로 건너편에 부채가게 마이센도舞扇堂가 보인다. 창업 1200년이 넘게 외곬으로 부채를 팔고 있다. 선풍기에 이어 에어컨을 집집마다 설치한 시대지만 마이센도는 여전히 부채를 팔고 있다.

마이센도는 실크로 부채 날개를 만들거나 교세라가 개발한 인조 진주로 부챗살을 장식한 고급 부채를 생산하고 있다. 한 개에 수십만 원짜리 제품이 적지 않다.

교토에는 1000년이 넘은 가게가 최소한 5곳 있다. 100년 이상 영업하고 있는 가게는 1100곳을 헤아린다. 부채 외에 기모노, 불교용품, 한약방, 인절미 꼬치구이 가게가 1000년 넘게 영업 중이다. 일본 전체에 100년 이상 장수 기업이 2018년 3만 개를 넘었지만, 그중 교토는 장수 기업 숫자에서 톱 자리를 유지하고 있다.

니시키 시장과 교토 왕궁 사이에는 장수 점포가 대거 포진해 있다. 600년 이상 소바를 팔고 있는 혼케 오와리야本家 尾張屋와 오래된 여관들이 자리 잡고 있다. 잇포도 찻집—保堂 茶輔에서는 300년 넘게 한곳에서 손님들에게 전통차 마시는 법을 가르쳐주고 있다.

니시키 시장 부근에서 하루 동안 해묵은 식당, 찻집, 제과점을 차례로 들르다 보면 어느덧 수천 년의 역사가 쌓인다.

'600년 소바집에서 소바 한 그릇, 300년 전통 찻집에서 녹차 한 사발, 400년 고등어 스시집에서 스시 여섯 점, 450년 부엌칼집에서 칼 한 자루…'

이런 식으로 세월을 보태가는 것이 교토 여행에서 맛볼 수 있는 묘미다.

교토는 1200년간 일본의 수도였다. 기나긴 세월 동안 축적된 장수 기업의 경영 비결은 대대로 이어지고 있다.

교토에는 "기생(게이샤)은 1인 1예—人—藝, 장인은 1인 1기—人—技"라는 말이 있다. 기생은 춤이든 노래든 한 가지 독특한 재능을 갖춰야 하고, 기술자는 한 가지 기술을 파고들어야 한다는 뜻이다.

교토 사람들은 오래전부터 자기 나름의 독창적 재능과 기술을 다듬지 않으면 살아남기 힘들다는 인식이 강했다.

"교토 사람이나 교토 기업은 옆 사람이나 경쟁 회사를 모방하지 않습니다. '나는 나만의 길은 간다'는 정신입니다. 영합하지 않죠."

한 가지에 집중한다는 점에서 이를 교토의 '송곳 전략'이라고 말하는 경영인도 있다. 송곳으로 한 점을 찌르듯 계속 파고들어 구멍을 뚫는 경영이다. 이나모리가 배운 교토의 기업가 정신이 바로 이것이다.

그는 다른 교토 기업들처럼 고품질·저코스트의 대중적인 범용 제품보다는 고품질·고가격 제품을 만들고 싶어 했다. 남들이 할 수 없는 독창적인 상품을 제조하면 높은 가격에 팔 수 있다는 전략이다.

이나모리가 모델로 삼은 교토 기업을 간단히 살펴보자. 와코루는 여성용 속옷에 사활을 걸었다. 사회가 서구화되면서 여성이 가슴을 크게 보이고 싶어 한다는 심리를 읽고 신형 브래지어를 속속 개발했다. 이어 팬티·란제리 등 오로지 여성용 속옷으로 승부를 걸었다.

호리바제작소堀場製作所는 세계 자동차 계측기 시장의 8할 이상을 장악하고 있다. 독일 폭스바겐 디젤 자동차가 배출 가스를 속여 팔 았다는 사실도 호리바제작소의 정밀 계측기가 적발했다.

교토 기업이 '나만의 기술'에 집착한 결과 평범한 기업 연구원이 노벨상을 받는가 하면, 세계 시장에서 50% 이상 독과점 점유율을 과시하는 제품이 교토 기업에서 대거 생산된다. 교토 기업 주식에만 집중 투자하는 사모 펀드가 도쿄와 뉴욕에 적지 않다. 다수의 교토 기업이 독창 기술로 내실 있는 경영을 하고 있기 때문이다.

이것이 이나모리가 교토에서 배운 가장 핵심적인 경영 기법이었다.

'나의 독창 기술로 나만의 길을 가야 한다.'

용맹스러운 가고시마 기질 위에 교토 특유의 경영 마인드가 스며들고 있었다.

"지금 맡은 일에 몰두하자"는 결심의 순간

전자 부품 분야의 선두주자 무라타제작소村田製作所는 지금도 교토에서 큰 공장을 가동하고 있다. 이나모리가 3년 8개월여 근무했던 쇼후공업은 원래 무라타 공장 근처에 있었다. 당시에는 무라타와 쇼후공업이 경쟁 업체였으나 이제 쇼후공업의 흔적은 찾기 어려웠다. 이나모리가 입사할 무렵 경영난과 경영진 내분을 겪다가 도산한 것이다.

이나모리는 가까스로 취직한 회사에서 인생의 전환점을 마련했다. 망해가는 회사에서 엔지니어로서 신기술을 익혔고 창업의 결단을 내렸다. 게다가 평생의 내조자까지 얻었다. 침몰하는 난파선에서 주인 없는 보물을 손에 쥐고 멋진 신세계로 탈출한 격이었다.

이나모리가 배치된 부서는 파인 세라믹fine ceramic 개발을 담당했다. 그는 전자 제품에 들어가는 각종 신소재 부품을 개발하는 업무를 맡았다. 점토를 연구한 졸업 논문이 그의 부서를 결정했다.

자위대 입대 실패로 회사 입사 동기 가운데 홀로 남았다. 부모님은 아들이 교토의 번듯한 회사에 취직했다며 환송회와 축하연을 열어 뿌듯한 기분을 주변에 과시했다. 가족들의 기대를 생각하면 쉽게 고향에 돌아갈 생각을 품을 수 없었다.

그는 퇴로가 막혔다는 것을 직감했다. 모든 잡념을 버리고 일에 몰두하기로 했다. 이불부터 옷, 취사도구, 소형 난로까지 몽땅 기숙사에서 공장으로 옮겼다. 공장 안에서 먹고 자며 신제품 연구에 깊이 빠져들었다.

세라믹 기술은 주부들이 찰흙을 소재로 취미를 즐기거나 도공들이 예술로 여기는 도자기 제조 기술과 똑같다. 하지만 파인 세라믹 기술은 화학적 원료를 합성하여 전기나 극한 온도에 잘 견디고 단단한 신소재를 창조하는 기술이다. 다만 첨가물이나 굽는 온도나 식히는 과정은 다르다.

공장은 3D 조건을 몽땅 갖추고 있었다. 화학 분말 가루를 온몸에 뒤집어쓴 채 시제품을 수천 도의 가마솥에 넣고 온도에 따라 시제품이 어떻게 변하는지 밤새워 관찰하는 일을 반복해야 했다.

"작업복은 물론 얼굴, 머리까지 온통 분말 가루투성이였어요. 피로에 지쳐 제 몸이 가루가 되어버린 느낌이 들곤 했지요. 3D 공장에서 가장 힘든 일을 그때 실컷 했던 것 같아요."

힘들 때면 대학 전공을 살려 멋진 정유 회사나 제약 회사에 갔어야 한다는 원통한 생각이 들었다. 실험이 끝나도 실험 도구를 씻기 싫었다. 월급이 제때에 나오지 않는 회사에서 동기 부여가 전혀 되지 않았다.

'이대로 살 수는 없다.'

최악의 밑바닥에서 그의 마음이 움직였다. 지금까지 갖고 있던 부정적인 생각을 말끔히 떨쳐버리고 마음가짐을 바꿔야겠다고 결심했다.

그가 폐결핵을 앓고 있던 무렵 이웃집 운전기사의 아내가 이나모리에게 책 한 권을 선물했다. 『생명의 실상』(저자 다니구치 마사하루谷口雅春)이라는 종교 서적이었다. 저자가 속한 종교 단체는 요즘 '일본회의'라는 우경화 정치 단체까지 서느린 세력이 되었지만, 당시만 해도 신흥 불교 종파로서 신도를 점차 늘리고 있었다.

초등학교 고등과 어린아이에게는 어려운 책이었다. 그 책에서 이나모리가 잊지 못한 대목이 있다.

"우리 마음속에는 재앙을 끌어당기는 자석이 있어 주위로부터 칼, 총, 재난, 질병, 실업 등 모든 것을 끌어당기고 있다."

삼촌들이 폐결핵에 걸렸을 때 누구보다 조심했던 사람이 이나모리였다. 환자를 바로 곁에서 보살피던 아버지와 형은 멀쩡했던 반면 삼촌 방을 피해 다녔던 이나모리만 결핵에 걸렸다. 결핵을 걱정했던 것이 도리어 재앙을 불러왔다는 후회가 들었다.

"『생명의 실상』은 마음가짐에 대해서 생각하는 계기가 되었습니다."

폐결핵을 걱정하는 마음이 폐결핵을 불러왔다는 결론이었다. 고된 공장 생활에서 그는 자신의 마음가짐을 다잡았다. 부정적인 마음으로는 불행과 재난밖에 얻을 게 없다. 오늘의 고난을 이겨내려면 긍정적인 마음으로 고쳐먹지 않으면 안 된다고 사고의 틀을 전환했다. 한 권의 불교 서적이 3D 공장의 젊은 엔지니어를 일으켜 세웠다.

그는 밤마다 조수들을 불러 모았다. "파인 세라믹이란…"이라며 세라믹 기술을 개발해야 하는 의미를 강의했다.

"더럽고 고된 작업이지만 도쿄대학이나 교토대학에서도 하지 못하는 실험을 우리가 하고 있는 거야. 아무도 하지 않는 연구여서 우리 실험으로 세계적인 논문이 탄생할 거야."

조수들에게 힘든 실험을 반복시키면서 대학교수보다 더 세계적 수준의 연구를 하고 있다는 자부심을 심어주었다. 이는 훌륭한 일을 하고 있으니 힘을 내라고 자기 자신을 격려하는 셀프 마취 과정이기도 했다.

대의명분을 중시하는 가고시마의 향토 교육은 여기서 힘을 발휘했다. 의미 있는 실험을 하고 있다는 마음가짐이 이나모리 팀에 활기를 불어넣었다. 밤새우며 실험하는 날이 계속됐다.

"독립투사라도 된 것처럼 그 연구에 목숨을 바칠 각오가 섰어요. 무리하면서 시작한 일이 어느덧 열의로 바뀌고 일과 사랑에 빠지더군요."

고통스러운 반복 실험에도 자부심이 가득해졌다. '나 아니면 어느 누구도 할 수 없다'는 긍지까지 생겼다고 한다.

자부심으로 뭉친 이나모리 팀이 드디어 신소재 개발에 처음 성공했다. 구형 TV의 브라운관에 반드시 필요한 부품(U자 켈시마)을 국산화한 것이다.

엔지니어로서 첫 작품이었다. 그가 GE, 필립스 같은 회사와 똑같은 수준의 부품을 일본에서 처음 개발했다. 이나모리에게는 인생에서 처음 성공한 창조물이었다.

때마침 TV 수요가 폭발적으로 증가하고 있었다. 이나모리 팀 덕분에 회사는 파나소닉에 부품을 대량 납품해 자금난에서 한숨 돌릴 수 있었다. 이 부품이 부족해 TV를 더 만들지 못하던 거래처 파나소닉이 누구보다 기뻐했다. 회사는 자금 면에서 숨통을 텄다고 좋아했다. 팀원들은 파인 세라믹이라는 첨단 분야에서 신제품을 창조했다는 긍지로 어깨가 으쓱 올라갔다.

"쓰레기장에도 학이 날아드는구나!"

이나모리의 상사인 아오야마 마사지靑山政次 부장은 이나모리 팀의 성공을 망해가는 회사에 반갑게 찾아온 귀한 학에 비유했다. 그는 이나모리의 굳은 집념과 기술자 재능을 단번에 파악했다.

그는 나이가 서른 살이나 많은 대선배였다. 이나모리가 부하들을 이끌고 신기술 개발 실험에 전념하는 모습을 가까이서 지켜보았다.

아오야마는 이나모리의 매력에 흠뻑 빠졌다. 그때부터 아오야마는 이나모리가 사업하는 과정에서 자기 인맥을 총동원해 길을 활짝 터주는 역할을 맡았다. 주요 길목에서 교통정리를 해주는 후원을 아끼지 않았던 것이다.

이나모리가 쇼후공업에 사표를 내자 아오야마도 동반 사표를 던졌다. 열성적으로 이나모리의 창업을 도우며 공동 주주이자 동업자가 되었고, 교세라 2대 사장에 취임했다. 아오야마는 또 아들까지 교세라에 입사시켜 이나모리를 돕게 했다.

하지만 그 누구보다 기뻤던 사람은 이나모리 자신이었다. 시험 낙방, 취직 실패, 전직 실패로 열등의식과 낭패감에 찌들어 있던 청년이 드디어 자신과의 싸움에서 대승을 거두었다. 첫 성공 체험은 기술자로서 인생을 승부할 수 있다는 자신감을 안겨주었다.

창업 자본금 300만 엔 중 이나모리 지분은 고작 10%

일본에는 기업인을 많이 배출한 지역이 몇 군데 있다. 일본 경영학계 조사를 보면 시즈오카 서쪽에 있는 하마마쓰, 히로시마 동쪽 빈고후추備後府中, 교토 남쪽 지역이 꼽힌다. 기업가 탄생의 3대 명당이라고 할 수 있다.

하마마쓰에서는 혼다자동차와 스즈키 오토바이, 야마하 피아노가 나왔다. 빈고후추는 섬유, 가구 산업에서 수많은 기업인이 탄생했다. 여기에 도요타자동차그룹, 마루베니의 창업자를 배출한 시가현滋賀縣까지 보태면 기업인 명당은 4곳이 된다.

교토가 '기업가 명당' 중 한 군데로 꼽히는 이유는 몇 가지가 있다.

우선 교토의 선배 기업인은 후배 기업을 지원하는 전통이 있다. 배짱이 맞으면 사업 자금부터 공장 부지 확보, 마케팅 활동을 적극 도와준다. 일본에서 창업 기업인을 돕는 벤처캐피털 회사가 가장 먼저 출범한 곳이 교토다.

둘째, 교토에는 성공한 기업이 포진해 있는 데다 역사가 오랜 기업이 많다. 창업하려는 젊은이들에게 롤 모델이 될 만한 우량 기업이 즐비하다. 이들의 경영 노하우가 후배 창업자들에게 교과서처럼 쓰인다.

셋째, 초보 기업인을 단련시키는 까다로운 고객층이 두텁다. 뛰어난 기술자도 웬만한 기술로는 살아남기 힘들다. 독창 기술이 없으면 세계 시장은커녕 좁은 교토 안에서조차 인정받을 수 없다. '세계 유일World Only One 기술'이 교토 기업의 특징이 아닌가.

게다가 교토는 기업인들끼리 끈끈한 네트워크를 형성하고 있다. 업종별, 직급별 모임이 활발하다. 교토대학을 비롯한 상위권 대학이 많아 인재를 넉넉하게 공급해주는 것도 큰 장점으로 꼽힌다.

이나모리의 고향에는 이런 기업가 배출 시스템이 없다. 오래된 가게가 드물뿐더러 다른 기업인 명당들처럼 섬유 산업이나 상업이 번창했던 적이 없었다. 수천 번을 넘는 강연회에서 이나모리는 고향의 선배 기업인을 거론한 적이 거의 없다. 가고시마는 기업하기에는 척박한 풍토다.

이나모리는 개성과 독창성을 앞세우며 까다롭게 구는 교토에서

교토에 있는 교세라 본사 빌딩. 건물 왼쪽 벽과 지붕에 태양광 패널이 설치돼 있다. © 교세라

사업을 시작하는 행운을 누렸다. 고향을 떠난 덕분에 기업가를 키우는 양질의 인큐베이터에서 자신의 꿈을 단련시킬 수 있었던 셈이다.

가고시마 청년에게 교토는 무척 이질적인 사회다. 가고시마 사람들은 속마음을 쉽게 터놓고 대화하지만, 교토 사람들은 진심(혼네本音)을 감추는 성향이 어느 지역보다 강하다. 외부에 공식적으로 피력하는 의견(다테마에建前)만 듣고서 상대방의 마음을 제대로 파악하지 못해 당황하는 일이 잦았다.

가고시마 사투리에 핀잔을 주고 노골적으로 "가고시마를 싫어한다"고 말하는 술집 주인도 있었다.

"교토 사람들은 의사 표현을 분명하게 하지 않아요."

교토에서는 상대방의 본심을 잘 파악해야 한다고 이나모리는 말한다.

그가 자주 드는 사례는 인사치레의 식사 권유다. 이나모리가 사업 얘기를 하다 보면 해 질 녘까지 시간이 흘러가 버리는 경우가 가끔 있었던 모양이다.

그럴 즈음이면 상대방은 "시장하실 텐데…, 간단히 함께 국수라도 말아 드실까요"라고 식사를 권한다. 이런 식사 제의는 '이제, 그만 돌아가 주세요'라는 뜻이다. 이를 눈치 없이 "감사합니다"라며 받아들이거나 "식사까지 신세를…"이라고 밥상을 기다리면 촌뜨기가 되고 만다. "이렇게 시간이 흘러버린 줄 몰랐네요"라며 곧장 일어서는 게 최적의 처신이다.

"교토 사람이라고 하려면 적어도 3대는 살아야 한다."

이렇게 텃세를 부리는 토박이가 적지 않은 곳이 교토다.

이나모리는 껄끄러운 교토 인심에 적응하면서 회사의 가장 큰 수입을 좌우하는 생산 라인을 책임지고 있었다.

은행 관리 아래 새로 부임한 사장은 전철로 출퇴근했다. 이나모리는 자신감에 넘친 나머지 "제가 돈을 더 벌어 사장님께 승용차를 사 드리겠습니다"라고 호기를 부리기도 했다.

그러나 월급쟁이 생활은 경영진 교체를 계기로 3년 8개월 만에 끝났다. 새 사장과 함께 들어온 상관이 이나모리의 자존심에 상처를 내고 말았다.

히타치가 발주한 신종 TV 부품의 개발에 연달아 실패하고 있던 참이었다. 반복된 실험에도 만족할 만한 물건이 나오지 않아 이나모리는 스트레스를 잔뜩 받고 있었다.

신임 부장이 이나모리에게 말했다.

"자네 능력으로는 무리네. 다른 사람에게 시키겠네."

이나모리 팀이 하지 못 하는 일을 다른 기술자가 성공할 리 없으니 기다려달라고 요청했지만 막무가내였다.

"아니야. 우리 회사에는 교토대 공대를 나온 직원이 몇 명이나 있네. 그들에게 맡기겠네."

부장은 가고시마대학 출신 촌뜨기에게 명문 교토대학을 들이댔다. 학벌을 신기술 개발의 실패 이유로 꼽는 유치한 인신공격이었다.

이나모리는 여러 강연에서 "온몸에서 피가 역류하는 듯 화가 치밀어 올랐다"고 그 순간을 털어놨다. "더는 제가 필요 없다는 말씀이니 회사를 떠나겠다"고 통보했다. 공장장과 사장이 몇 번씩 찾아와 말렸으나 가고시마 사나이가 불의의 선제공격을 당한 뒤 뽑은 칼은 칼집으로 다시 돌아가지 않았다.

그는 곧 창업을 결심했다. 신소재 기술 개발에 자신이 있었다. 엔지니어로서 자기만의 기술로 인생을 승부해보고 싶었다.

거래처인 파나소닉 담당자는 이나모리 팀이 만든 부품이라면 따지지 않고 구매하겠다고 즉석에서 약속했다. 품질이 좋은 데다 파업

중에도 납품해준 덕분에 신뢰가 두터워진 것이다.

상관인 아오야마 마사지 부장과 이나모리 팀원 6명이 뒤를 따르겠다고 나섰다. 그들이 믿는 것도 오직 하나, 이나모리의 신기술 개발 능력이었다.

창업 결심 후 이나모리는 교토 특유의 기업가 양성 시스템 속에서 교세라를 설립했다. 이나모리의 기술을 높게 평가한 아오야마 부장의 교토대 공대 동창을 소개받았다. 미야기富木전기라는 회사의 전무였다.

설립 자본금 300만 엔 가운데 200만 엔은 미야기전기와 그 회사 임원들이 댔다. 나머지 100만 엔은 아오야마 부장과 이나모리가 내기로 했지만, 결혼 비용 6만 엔까지 미야기전기에서 빌린 판에 이나모리 수중에는 현금이 없었다.

"이나모리는 기술을 출자하는 것으로 합시다."

무형의 재능을 중시하는 교토 풍토가 이나모리를 살렸다. 이나모리의 파인 세라믹 기술과 생산 노하우를 현물 출자로 인정했다. 아오야마가 35만 엔, 이나모리가 30만 엔, 나머지 35만 엔은 함께 혈판장을 썼던 창업 동지들 몫으로 돌아갔다.

이나모리는 이때부터 지분을 창업 동지들에게 배분했다. 실질적으로 이나모리가 창업자였으나 창업 시점 그의 지분은 고작 10%에 머물렀다.

독창적 기술을 평가해준 것은 좋았으나 공장을 건설할 돈이 없었다. 미야기전기의 낡은 창고에 세 들기로 했다.

미야기전기는 자본금 제공에 이어 경영진 파견, 경영 지도까지 맡아주었다. 교세라 사장은 미야기전기 사장이 겸임했다. 아오야마의 동창이 물심양면으로 왕초보 창업자를 지원했다. 이나모리가 은행 돈을 빌릴 때는 자기 집을 담보로 제공해주었다. 이나모리의 열정에 반했다지만 가족의 보금자리를 선뜻 내준 것은 도박이었다.

그는 가끔 이나모리를 술집에 불러내 술을 마셨다. 손님에게 술을 매개로 대화하는 방법을 가르쳐준 것이다.

기술 개발이나 제품 생산, 경영 전략에는 간섭하지 않았다. 신기술 개발부터 판매, 자금 관리까지 이나모리에게 맡겨두었다.

미야기전기는 교세라의 든든한 엔젤Angel 투자자이자 경영 컨설턴트였다. 금융 거래나 영업 현장에선 믿을 만한 후견인이었다. 선배 기업으로서 후발 벤처가 성장하도록 옆에서 한껏 도왔다.

미야기전기의 후원은 이나모리가 34세가 될 때까지 8년간 계속됐다. 하지만 이나모리가 독립 행보를 선언하자 깨끗이 뒤로 물러섰다. 전형적인 교토 기업다운 처신이었다.

공동 창업자나 마찬가지였던 아오야마(1902~1999)는 처음부터 미야기전기 측과 투자자들에게 "회사 경영의 모든 것은 이나모리에게 맡겨두자"고 했다. "이나모리라는 사람은 자유롭게 하고 싶은 일을 하도록 해줘야 성과가 난다. 이나모리 하는 일에 간섭하면 오히려 회사가 풀리지 않을 것"이라고 말하며 병풍 역할을 해주었다.

아오야마는 훗날 교세라 투자에서 얻은 큰 이익금으로 교토에 근사한 클래식 홀을 기부했다. 그는 또 개인 돈으로 클래식 음악 재단을 설립했다. 재단은 지금도 젊은 학생들에게 장학금을 제공하고 클래식 연주자를 지원하며 클래식 발전에 기여하고 있다.

우장춘의 딸과 결혼하다

이나모리 출생지의 바로 옆 마을은 코라이초高麗町다. 고려마을이다. 가고시마 중심지를 형성하는 동네인 코라이초는 메이지유신에서 활약한 오쿠보 도시미치 같은 일본 우국지사들이 여럿 배출된 명당이다.

고려교(코라이바시高麗橋)라는 다리는 가고시마 중앙역에서 도보로 8분 정도면 도착한다. 수백 년간 이곳에 있던 옛 돌다리는 역사 유적으로 안전한 곳에 보존해두었다. 현재 설치된 고려교는 홍수에 대비해 새로 건설한 것이지만 여전히 고려교로 불렸다.

가고시마에는 160년 역사를 자랑하는 제과점 아카시야明石屋 점포가 공항부터 시내 곳곳에 많다. 이 일본 제과점에서는 지금도 고려떡 (현지인들은 '코레모치'라고 한다)을 팔고 있다. 고려떡 생김새는 카스텔라를 닮았다. 맛을 보면 우리나라 전통 백설기에 양갱 맛을 가미했다는 느낌을 받는다. 아카시야 본점은 가고시마 중앙역 앞 동쪽에 자리 잡고 있다.

고려라는 단어는 도쿄 부근에서는 '코마'라고 읽지만, 가고시마에서는 '코라이' '코레'로 발음한다. 일본에서 '고려'는 조선 시대에도 한국을 지칭하는 단어였다.

가고시마 시내를 가로지르는 고쓰키천에 설치된 고려교. 이 다리 바로 옆 동네가 고려마을(코라이초)이고 정유재란 때 끌려간 한국인 도공들이 이곳에서 한때 집단 거주했다.

가고시마의 유명 제과점들이 판매하고 있는 고려떡. 카스텔라 맛이 나는 백설기 종류다.

울산대학교 일본어일본학과 노성환 교수의 연구를 보면 임진왜란, 정유재란을 통해 사쓰마 사무라이 부대는 한반도에서 수많은 포로를 납치해갔다. 전쟁에 동원된 노동력을 벌충하려고 한국 젊은이를 대거 끌어갔다. 어린 소년, 소녀를 데려다 집안에서 노비로 썼다. 당시 가고시마에만 3만 700명이 넘는 한국인 포로가 있었다는 기록이 남아 있다고 한다.

잡혀간 선비 중에는 학식 덕분에 사무라이로 등용된 사례가 있었고 현지 최고 권력자의 측근 자리에 오른 인물도 있었다. 강제로 끌려간 도공 가운데 이 시대에 가장 유명한 집안이 세계적인 도예가로 이름을 떨치고 있는 심수관沈壽官이다.

심수관 가문이 대대로 도자기를 구워온 요窯는 미야마美山에 있다. 가고시마 중심지에서 전차로 20분 안팎이면 도착한다. 미야마에서 만들어진 조선 도자기는 일본 왕실까지 납품됐다.

미야마의 신사(다마야마 진자玉山神社)에서는 현지 주민들이 한때 단군을 모시는 제사를 지냈다고 현지 지방 정부가 발행한 관광 팸플릿에 적혀 있다. 이곳은 수백 년간 한국 출신 도공들을 위한 전용 거주 지역이었다.

미야마의 도공들은 왕실용·귀족용 백자와 흰 그릇을 전담 생산했다. 한동안 모든 주민이 한복을 입었고 외부 인사와 결혼조차 금지됐다. 도자기 기술을 보존하려는 권력자의 뜻에 따라 도공들은 각별한 보호를 받았다. 이곳 도공의 후예 중에는 일본 외교부 장관을 지낸 인물 도고 시게노리東鄕茂德, 한국 이름 박무덕까지 배출됐다.

가고시마 시내의 고려마을(코라이초)은 원래 조선 포로들이 집단 정착했던 지역이었다. 시내 고려마을의 조선인 가구가 훗날 대거 미야마로 강제 이주됐다. 미야마의 산천이 도공들의 고향 전라북도 남원과 닮아 영구 정착지로 선택했다고 한다.

다만 가고시마 시내에 남아 일본인 행세하며 살고 있는 후손들이 적지 않을 것으로 추정된다. 이 때문에 가고시마에는 아카시야처럼 고려떡을 파는 제과점들이 이곳저곳에 뿔뿔이 자리 잡고 있는지 모른다.

가고시마 시내의 고려마을은 이나모리가 태어난 이후 학창 시절

뛰놀던 동네다. 성장기에 줄곧 한국을 의식할 수밖에 없는 입지다.

가고시마는 오랫동안 서양과 무역 거래를 해왔다. 중앙 군부 정권은 쇄국 정책을 펴고 있었던 반면 가고시마의 문은 열려 있었다. 외국의 좋은 문물을 빨리 흡수하려는 개방적 풍조가 다른 지역에 비해 두드러졌다. 기독교를 가장 먼저 받아들인 지역 가운데 한 곳이다. 예를 들자면 가고시마 사람들은 서양식 총(조총, 화승총) 제조 기술을 어느 곳보다 빨리 수입하여 임진왜란에서 조선 왕조를 초토화하는 데 앞장섰다.

이런 풍토에서 성장한 덕분인가. 이나모리와 한국인 혈통의 부인 아사코朝子의 만남은 처음부터 순조로웠다. 신부 아버지 우장춘이 한국 성씨를 쓰는 데다 한국, 일본에서 이중 국적을 가지고 있었지만, 이나모리 집안에서 결혼에 반대하거나 꺼림칙하게 여기는 가족은 없었다.

아사코는 '한국 근대 농업의 아버지' 우장춘 박사의 넷째 딸이다. 우장춘은 도쿄대학을 졸업한 일본의 종묘학자였다. 유전자 조작을 통해 식물 종자를 변형하는 연구에 일생을 바쳤다. 요즘 용어로 설명하자면 바이오 테크놀로지 분야의 선구자였다.

우장춘의 아버지 우범선은 민비 암살에 가담한 죄로 조선 왕조가 파견한 자객에게 살해됐다. 우장춘은 일본인 어머니로부터 애국심에 넘치는 조선 선비의 아들이라는 자부심을 갖도록 교육을 받았다. 히로시마에서 열심히 공부한 끝에 공무원이 됐지만 17년간 승진하지 못하는 차별을 받았다.

우장춘은 답답한 나머지 히로시마를 떠나 교토의 종묘 회사로 옮겼다. 마침 우장춘의 교토 집은 이나모리가 취직한 쇼후공업 근처였다. 우장춘은 일본인 부인과의 사이에 딸 넷에 이어 아들 둘을 두었다. 넷째 딸은 우장춘이 나팔꽃(일본어로 아사가오朝顔)을 한참 연구하던 시기에 태어났다고 해서 아사코라고 작명했다.

우장춘은 한국 정부의 부름을 받고 1950년 부산에 들어왔다. 일본 최고 수준의 농학자는 대대적인 귀국 환영 행사에서 "아버지의 조국에 뼈를 묻겠다"고 약속했다.

거국적 환영에 보답하려는 듯 병충해에 약하고 생산량이 적은 배추, 무, 고추 등 한국 재래종 종자를 전면 개량했다. 제주도에는 귤 농장과 유채밭을 개발하라고 했고, 강원도에는 유명한 감자와 고랭지 채소를 보급했다. 씨 없는 수박은 원래 일본 학자가 개발한 상품이었으나 우장춘의 논문에서 힌트를 얻어 성공시켰다는 평가였다. 우장춘은 재래종만 고집하는 한국 농민들에게 종자 개량의 필요성을 설득하려고 일부러 씨 없는 수박을 한국에 처음 선보였다.

우장춘은 부산에서 9년 5개월간 홀로 기러기 생활을 하며 한국 농업을 혁신적으로 바꿨지만, 위궤양으로 61세에 생을 마감했다. 넷째 딸이 이나모리와 결혼한 다음 해였다.

이나모리는 1996년 서울에서 나를 만났을 때 우장춘을 이렇게 회고했다.

"장인어른을 한 번 뵙고 여러 가지 얘기를 활발하게 나눴어요. 과학자로서 실험 정신이 투철한 분이라는 인상이 깊게 남아 있어요."

전공은 달라도 실험 정신에 투철한 과학자끼리 배짱이 맞았다는 말이었다.

우장춘은 교토의 가족을 한국에 부르지 않았다.

"자식들이 일본인으로 살기를 바랐던 게 아닌가 싶어요."

우장춘 셋째 딸이 일본 언론 인터뷰에서 내놓은 해석이다.

우장춘은 자신은 우 씨 성을 끝까지 지키면서도 자녀들에게는 일본 성을 붙여주었다. 우장춘은 김옥균, 우범선을 비롯한 19세기 친일 개화파 인사들의 망명 생활을 돌봐준 스나가須永 집안에 아이들을 입적시키고 스나가 성씨를 쓰도록 했다. 아버지의 비극을 잊지 못한 나머지 한국인 피가 25%로 묽어진 후손에게 일본인으로 살라는 유언을 그런 방식으로 남겼는지 모른다.

아버지가 한국 농업을 개조하는 동안 아사코는 이나모리 팀에서 근무했다. 대학을 나와 이나모리의 상사 아오야마 부장 아내의 소개로 입사해 온갖 잔심부름을 해주었다.

공장에서 숙식을 해결하던 이나모리 책상에 어느 날 점심 도시락 하나가 놓여 있었다. 도시락은 다음 날, 그다음 날에도 올라왔다. 정성이 담긴 다양한 반찬이 별미였다. 이나모리 팀장은 공장에서 밥 한 공기, 된장국, 장아찌로 끼니를 때우고 있었다. 팀장에게 보내는 아사코의 마음 씀씀이가 도시락이었다는 것을 며칠 뒤에 알았다.

아사코는 이나모리를 종종 집에 초대해 어머니가 마련한 집밥을 함께 먹었다. 힘들 때면 공장 모퉁이에서 「고향」 노래를 홀로 부르던 청년에게 그처럼 따스한 배려는 없었을 것이다.

이나모리가 한국 근대 농업의 아버지 우장춘 박사의 넷째 딸과 결혼한 뒤 예식장에서 찍은 기념 사진. © 교세라

회사 노조는 파업을 자주 했다. 이나모리가 개발한 파인 세라믹 신제품은 주문이 몰렸으나 파업으로 납품할 수 없는 위기가 닥쳤다. 이나모리는 팀원들을 설득해 파업에 참여하지 않았다. 팀원들과 함께 생산 라인에서 먹고 자며 납품 물량을 생산했다.

노조는 '회사의 간첩' '경영진의 노예'라며 인민재판식으로 이나모리를 공격했다. 때로는 돌멩이로 공격하는 행패가 벌어졌다. 이나모리는 피가 흐르는 머리를 붕대로 감싸며 생산을 계속했다.

"우리가 납품해야 사원들이 월급을 받을 수 있다."

이나모리 팀이 생산한 부품은 공장 담 너머에서 대기하던 아사코가 파나소닉으로 운반했다. 결혼 전부터 사업 내조가 시작된 셈이다.

회사의 효자 제품을 개발한 공로로 이나모리는 승승장구했다. 신제품을 대량 생산하는 체제에 맞도록 공정을 개조하고 팀원을 채용할 권한까지 위임받았다. 기술자로서 일에 푹 빠지고 있었다. 동시에 아사코와 사랑에 빠졌다.

"프러포즈는 따로 뭐…."

이나모리는 아사코로부터 기술자다운 약속을 받아냈다.

"아무도 나를 따라오지 않는다고 해도 오직 당신만은 나를 응원해줄 수 있겠소?"

자신을 믿고 무조건 지지해달라는 부탁이었다. 파업을 거부한 이나모리를 지원했던 것처럼 평생 지지해달라는 것이었다. "당신만은 오로지 내 편이 되어달라" "나만 사랑해달라"는 식의 부탁은 여성 쪽에서 나오기 십상이지만, 야심 가득 찬 엔지니어는 정반대로 나왔다.

결혼을 통해 충성스러운 지지자를 한 명 확보하려는 듯 무턱대고 승낙을 압박했다. 아사코는 그저 울면서 고개를 끄덕였다고 한다.

쇼후공업 사표가 수리된 다음 날 이나모리는 결혼식부터 올렸다. 빌린 돈 6만 엔으로 예식을 치른 뒤 신혼부부는 밤 10시 교토 역에서 가고시마로 가는 열차의 3등 침대칸에 올라 첫날밤을 보냈다.

"아사코는 평생 불평이라는 걸 하지 않았어요. 뭘 사달라고 한 적도 없고요."

3등 침대칸 신혼여행마저 투덜대지 않았다는 말이다.

'당신은 당신 하고 싶은 일을 맘껏 하세요.'

아사코의 메시지는 이런 것이었다. 이나모리가 집안일에 신경을 쓰지 않도록 잔소리나 잡음을 일절 넣지 않았다. 덕분에 이나모리는 세 딸의 학교에 단 한 번 간 적이 없다.

이런 아내는 기업인에게 커다란 축복이다. 회사 일에만 집중할 수 있기 때문이다.

말년에 들어서자 이나모리 입에서는 아사코 칭찬이 잦아졌다. 《슈칸 아사히週刊朝日》인터뷰에서는 이렇게 자랑했다.

"집사람은 회사 차를 전혀 타지 않았어요."

이나모리가 승용차로 출근하는 길에 마트 앞에서 내려주겠다고 제안해도 타지 않았다. 우장춘이 교토 가족의 생활비로 받은 이승만의 특별 보너스를 실험 기자재 구입에 지출한 것과 똑같은 처신이다. 우장춘은 어머니 별세 후 들어온 부의금으로는 부산광역시 온천동에 우물을 파고 이를 동네 사람들에게 개방했다. 아사코는 아버지처럼 공과 사 구분이 분명했다. "오늘의 제가 있는 것은 절반이 아내의 공적입니다."

TV에 출연해 아내 칭찬에 몇 분씩 할애했다. 성공한 일본인은 공식 인터뷰에서 아내 자랑을 거의 하지 않는다. 하지만 이나모리는 어머니 복에 이어 아내 복까지 타고났다고 말하고 싶은지 모른다.

리더의 헌신이 없다면 조직의 행복도 없다

이나모리는 일본 군가를 여러 사람 앞에서 자주 불렀다. 가미카제神風 특공대 군가였다. 그의 사춘기는 2차 세계대전 말기와 겹친다. 감수성이 예민할 때 배운 군가를 그는 회사 내부 행사나 이나모리스쿨 모임에서 서슴없이 불렀던 것이다.

가고시마 역에서 기차로 1시간 거리 미나미큐슈南九州市에는 2차 세계대전 때 죽음을 무기로 미군과 싸웠던 특공대 유적지가 있다. 지금은 '치란知覽특공평화회관'이라는 간판을 달고 있다.

치란은 오래전부터 일본 전통 녹차를 대량 생산하는 특산지로 유명하다. 그런 지역 이미지와는 딴판으로 치란특공평화회관은 일본 육군 소속 자살 특공대가 주둔했던 비행장이다. 폭탄 250킬로그램가량을 실은 가미카제 전투기가 여기서 대거 발진했다. 회관에는 특공대원이 타고 나갔던 전투기가 전시돼 있다.

치란특공대에서만 439명의 군인이 전투기와 함께 미군 함정에 뛰어드는 '필사必死 작전'의 희생자가 됐다. 오키나와를 점거한 미군이 본토에 상륙하지 못하게 막는 최후의 진지가 가고시마였다.

치란특공대 전사에게 출격은 곧 죽음이었다. 목숨을 내놓은 그들을 격려하기 위해 가족과 친구들은 흰 보자기나 손수건에 혈서를 써주었다.

부대원들끼리 전투 의욕을 부추기는 혈서를 쓰고 손도장을 찍은 보자기를 가슴에 안고 전투기에 오르는 병사가 적지 않았다. 가미카제 특공대 기념회관에서 그들이 남겨놓은 메모나 유서를 보면 어린 특공대원들의 비극에 눈물을 머금거나 아니면 분노할 수밖에 없다.

"내가 죽으면 몇 명이 울어줄까."

"어머니 불효자를 용서해주세요. 씩씩하게 출격하겠습니다."

"돌로 만든 무덤은 무거우니 나무로 만들어주세요."

자살 부대 군인들은 죽음을 앞두고 어깨에 감당하기 힘든 짐의 무게를 느꼈던 듯하다.

이나모리는 특공대를 찬양하는 「애마 행진곡」 같은 군가도 자주 불렀다.

"치란(특공평화회관)에 가면 가슴이 뭉클해지고 눈물이 난다."

이나모리가 문하생들을 대상으로 한 강연에서 밝힌 감회다.

가미카제 군인들은 영문도 모른 채 국가가 강요한 행동 지침에 따랐을 뿐이다. 하지만 그들의 각오는 이나모리 소년의 마음속에 깊이 자리 잡고 있었던 모양이다. 창업을 앞둔 청년에게 자살 특공대의 마음가짐이 무엇보다 절실했을 것이다. 생명을 걸겠다는 피의 서약 같은 각오다.

작가 기타 야스토시는 은행원, 증권맨으로 월급쟁이를 하다가 이제는 집필과 강연에 전념하고 있다. 도쿄 긴자의 호텔 카페에서 만난 그는 "교세라 창업 멤버들의 결의가 무척 인상적이었다"고 했다.

기타는 2019년 발간한 이나모리 평전 『마음에 사심은 없다思い邪なし』의 첫 페이지에서 창업 전야 피의 서약 모습을 생생하게 재현했다. 책에 따르면 이나모리는 자신을 따라 퇴사하는 창업 동지들에게 혈판장을 제안했다. 종이 위에 맹세를 적고 이나모리부터 손가락을 면도칼로 베고 이름을 썼다. 구시대적 제안에 모두 말없이 따랐고 피의 서명을 마쳤다.

기타는 이 대목을 "마침내 모두가 완성한 혈판장을 이나모리가 머리 위로 높게 들어 올렸다. 그것이야말로 교세라 설립의 결단식이었다. 이 7인의 '마음'이 대하의 첫 물방울이 된 것이지만, 그것은 물이 아니라 맹세의 피 한 방울이있다"(양준호 번역)고 썼다.

혈판장을 만드는 자리에서 자살 특공대 얘기는 나누지 않았지만, 창업의 각오는 목숨을 걸겠다는 것만큼 비장했다.

"기업가는 목숨을 걸고 사업해야 한다."

이나모리는 교세라 창업 때 다진 이 각오를 이나모리스쿨 제자들에게 매번 강조했다. 수주부터 가격 결정, 마케팅, 자금 관리까지 좋은 게 좋다는 식으로 대충 회사를 경영해서는 안 된다는 경고였다.

가미카제 특공대는 나라를 위해 목숨을 흔쾌히 바쳤다. 대의명분도 좋았고 그들의 마음가짐은 더 바랄 게 없었다. 하지만 일본은 미국 식민지가 되고 말았다. 군인들은 순수한 마음으로 목숨을 헌납했으나 지도자의 전략과 전술이 잘못되는 바람에 모두 패자가 됐다.

이나모리는 치란 특공대의 참담한 실패에서 깨달은 점이 있었을 것이다. 그것은 사원들이 아무리 몸과 마음을 바쳐 일해도 리더가 바른 길을 가지 못하면 한꺼번에 동반 추락할 수밖에 없다는 사실이다.

치란에서는 누구라도 리더의 사명감을 다짐할 수밖에 없다. '조직원의 죽음이 헛되지 않으려면, 나아가 조직원이 행복하려면 리더가 현명하지 않으면 안 된다'고 말이다. 치란에서 흘린 이나모리의 눈물은 교세라의 단단한 경영 관리 체제(아메바 경영)와 빈틈없는 회계 방식(이나모리 회계학)을 창안하는 데 큰 영향을 주었을 것이 틀림없다.

그는 창업 후 무엇보다 인격이 훌륭한 리더 육성에 정열을 기울였다. 내실 경영을 하지 않으면 가미카제 특공대원들처럼 집단 몰락할 수 있다는 위기감을 항상 가졌다.

이조 백자 같은 완벽성 추구로 IBM 대량 납품에 성공

교세라 본사가 있는 후시미伏見 지역은 예로부터 일본 정종, 즉 사케 회사가 많은 곳이다. 지하수가 워낙 좋았다. 유명한 사케 '월계관月桂冠' 브랜드의 본사와 박물관이 후시미에 있다.

월계관 사케 박물관을 구경하고 택시를 타면 10분 안에 교세라빌딩에 도착한다. 영화 〈게이샤의 추억〉(2005)으로 유명해진 관광지 후시미 이나리伏見稲荷 신사도 멀지 않다.

교세라 본사 2층은 파인 세라믹 쇼룸이다. 교세라 초기 제품부터 소혹성 탐험 우주선이나 해저 1만 1000미터까지 침투하는 잠수선처럼 극한 조건에서 견디는 신소재 부품이 전시돼 있다. 파인 세라믹이 무엇이고 신소재가 얼마나 무궁무진하게 개발될 수 있는지 쉽게 공부할 수 있는 공간이다.

이 쇼룸에서 교세라가 1960년대 최대의 컴퓨터 회사 IBM에 납품한 반도체 패키지는 그다지 눈길을 끌지 않는다. 요즘에는 쓸모가 없는 구형 IC 패키지인 데다 수천 가지 제품 가운데 하나로 전시돼 있다. 표면이 매끄럽지 않고 꾀죄죄하다는 인상마저 준다. 하지만 이 IBM용 패키지는 교세라를 세계적인 기업으로 키운 최초의 효자 상품이다.

교세라는 반도체 칩을 외부 충격이나 습기로부터 보호하는 패키지뿐 아니라 반도체와 전자 제품에 들어가는 신제품을 속속 개발했다. 대부분 독자 기술로 성공시킨 부품이었다. 이 때문에 세계 전자 산업이 성장하고 반도체 산업이 호황을 누릴수록 교세라는 승승장구했다.

IBM에 처음 납품한 반도체 패키지 개발 과정을 보면 이나모리의 기술자 집념을 고스란히 느낄 수 있다. 이나모리의 『왜 일하는가働き方』라는 저서를 보자.

IBM은 기존 기술을 훨씬 뛰어넘는 고성능 정밀 제품을 주문했다. 그때까지의 발주 서류는 도면 한 장에 제품 사양仕様을 써넣는 정도였

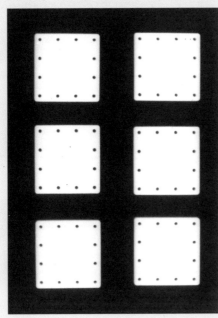

교세라 창업 초기 회사의 성장을 촉
발한 IBM 대형 컴퓨터용 반도체 기
판과 IBM 컴퓨터. © 교세라

으나 IBM 주문서에는 책 한 권 분량에 다양하고 복잡한 사양이 가득 담겨 있었다. 경쟁 업체들은 모두 만들 수 없다고 고개를 저었다.

후발 주자인 이나모리는 흔쾌히 주문을 수락했다. 그는 먼저 주문을 받아온 뒤 사후에 기술 개발에 돌입하는 영업을 하고 있었다. 그러지 않으면 막 창업한 무명의 중소기업에 주문이 들어오지 않았기 때문이다. 지명도가 빈약한 일본의 중소 업체를 믿어주는 IBM이 고맙기도 했다.

고마운 마음과는 달리 신기술 개발은 좀체 성사되지 않았다. 시제품을 납품했으나 번번이 불량품으로 퇴짜를 맞았다.

이나모리가 직접 실험에 뛰어들어 공장에서 숙식을 해결했다. "드디어 성공했다"고 소리치는 순간 꿈에서 깨는 촌극까지 벌어졌다. 교세라 기술력을 총동원해 드디어 주문받은 패키지 20만 개를 6개월 만에 납품했다.

"그때까지 고생한 것을 생각하면 20만 개 부품 하나하나가 목숨보다 귀하다는 기분이었어요."

가진 힘을 다 쏟아넣었다. 그럴 수밖에 없었다. 주문량이 워낙 많았던 데다 IBM과 거래를 트면 미국에서 지명도를 확보하면서 회사가 단번에 도약할 수 있었기 때문이다.

그러나 20만 개 전량이 또다시 불량품 판정을 받고 교토로 반송됐다. 목숨 걸고 만든 제품을 폐기해야 할 판이니 맥이 빠지고 허망했다.

"IBM이 우리를 골탕 먹이려고 이러는 게 아니냐"고 불평하는 사원이 있었다. "더 시도하는 건 무리"라며 엔지니어들이 일손을 놓았다. 납품 실패로 회사 전체가 침체했다. 회사 밖에서는 교세라 기술력의 한계를 걱정하는 소문이 돌았다.

"저 역시 힘들었지만, 저만은 우뚝 서야 했어요. 힘겨운 일일수록 제가 먼저 이겨내야만 했어요. 제가 가장 빨리 일어서야 회사가 일어설 수 있잖아요."

불량품을 회수해오던 날 그는 한밤중 회사로 나갔다. 다들 퇴근한 뒤여서 공장은 컴컴했다. 개발팀 근처를 지나가는데 어디선가 울먹이는 소리가 들렸다. 개발팀 기술자 몇 명이 멍하니 선 채 울고 있었다. 수만 번 실험 끝에 납품했지만, 실패로 판정이 나자 지칠 대로 지친 표정이었다.

"오늘은 그만 돌아가게. 내일 더 좋은 제품을 만들면 되지 않겠나."

이렇게 다독였으나 움직이지 않았다. 그들에게 특별히 해줄 말이 없었다.

"이 제품을 개발하면서 신께 기도를 드렸는가?"

위로의 뜻을 담아 물었다.

"신께 기도를 드리냐뇨?"

"부품이 만들어지는 순간순간마다 잘되게 해달라고 절실한 마음으로 기도를 드렸는가?"

기술자들을 책망하는 말이 아니었다.

어깨가 축 처진 그들을 위로하려고 건넨 말이 의외의 반응을 불러왔다. 직원들은 "신께 기도드려라"라는 말을 몇 번 중얼거리더니 그중 한 명이 밝은 표정으로 대답했다.

"그것이었어요. 사장님. 그겁니다! 한 번 더 처음부터 다시 해보겠습니다! 내일부터는 신이 우리 곁에 있을 겁니다! 사장님, 그렇죠?"

다음 날부터 개발팀은 지금까지와 다른 각오로 IBM 대형 컴퓨터용 패키지에 재도전했다. 그들은 정성을 쏟고 쏟아 숱한 장애를 이겨냈고 마침내 우수한 제품을 완성했다.

새 제품을 들여다본 IBM 임원은 놀라움을 감추지 못했다. 그렇게 단기간 내 그토록 월등한 부품이 나올 줄 생각하지 못했던 모양이다. IBM 임원은 그 자리에서 2500만 개를 발주했다. 연간 매출이 5억 엔 안팎이던 회사에 한꺼번에 1억 5000만 엔 주문이 성사된 것이다. 그 무렵 IBM 대형 컴퓨터는 전 세계 시장을 휩쓸고 있었다.

"인간의 능력은 무한하다!"

이나모리가 은연중 내뱉은 감격의 한마디였다. 깊이를 알 수 없는 인간의 잠재 능력을 평가한 이 말은 이나모리의 경영 어록에 단골로 등장한다.

첫 출하를 하던 날 전 사원이 공장 문 앞에서 만세를 불렀다. 인간의 무한한 능력을 증명했다는 자축이었다.

교세라는 IBM 납품을 위해 24시간 3교대로 주문 물량을 매달 100만 개씩 생산해야 했다. 이나모리는 공장에 머무르며 2년 4개월 만에 완납에 성공했다.

IBM 거래 성공으로 교세라의 기술력은 실리콘밸리에서 유명해졌다. 그동안 거래를 꺼리던 일본 대기업들도 교세라를 다시 보기 시작했다. '무서운 벤처기업'이라는 평판이 퍼지기 시작했다.

'몸이 부서질 정도로 제품에 마음이 스며들게 했는가? 누구에게 도 뒤지지 않을 노력을 그 일에 쏟아부었는가?'

이나모리가 기술자들에게 던졌던 위로의 말은 결국 이런 뜻이었 다. '당신의 노력을 보니 당신을 도와주고 싶은 마음이 절실해진다'고 신이 손을 내밀 정도로 무한한 집념을 보여야 한다고 그는 말했던 것 이다.

IBM 납품 스토리는 신기술에 대한 이나모리의 유별난 애착과 집 념을 보여준다. 이나모리가 창업 15년쯤 되던 해 어느 대기업의 쟁쟁 한 연구원들 앞에서 강연했다. 강연이 끝나자 질문이 이어졌다. 교 세라 연구 개발의 성공률이 얼마나 되는지 묻는 질문에 그는 이렇게 큰소리쳤다.

"100% 성공했습니다. 교세라는 신기술을 개발하면서 지금까지 한 번도 실패하지 않았습니다. 단 한 번도요."

강연장은 순식간에 웃음바다가 되었다.

"100%라는 건 말이 되지 않아요. 그 말을 믿으라는 겁니까."

대부분은 박사학위를 가진 과학자들이었다. 과학 기술 실험이란 언제나 성공을 보장할 수 없다는 것을 잘 알고 있다.

"우리는 어떤 제품이든, 어떤 사양(스펙)이든 주문을 받으면 반드 시 성공시킵니다. 성공할 때까지 실험을 계속하기 때문에 결국은 성 공하거든요."

교세라도 몇 건의 기술은 완성하지 못했다. 하지만 교세라의 평범 한 기술자들은 성공할 때까지 포기하지 않고 실험을 계속했다.

교세라 창업 초기 이나모리가 사용했던 책상. IBM에 반도체 패키지를 대량 납품하는 데 성공한 뒤 '생각하라Think'는 IBM의 사훈을 책상에 올려놓고 연구 개발에 몰두했다.

"더는 안 된다고 포기하는 순간이 바로 다시 시작해야 할 출발점이라는 겁니다."

이나모리는 입버릇처럼 그렇게 말했다. 포기하지 않는 근성이 실패를 성공으로 전환한다고 믿었다.

그는 '최선Best'이라는 단어를 좋아하지 않았다. 그저 최선을 다하는 것으로 성공을 보장할 수 없다고 생각했다.

"아무리 좋은 최고의 상품이라고 해도 조그만 흠이 생기면 곧 쓸모가 없어집니다. 따라서 기술자는 모름지기 '완벽Perfect'을 추구해야 합니다. 그것이 장인 정신입니다."

기술자들이 개발한 제품의 색깔이 흐릿하면 퇴짜를 놓곤 했다. 언제인가 반도체 부품을 개발해놓고 보니 어쩐지 색깔이 탁하게 보였다. 잿빛이 섞인 것이다.

"색깔은 이래도 성능은 더 나아졌습니다. 이 부품은 전자 기기 안에 들어가기 때문에 밖에서 보이지 않습니다."

기술자들이 이나모리에게 설명했다.

"아니야, 성능은 좋을지 몰라도 색깔이 이래서야…."

기술자들은 사장이 성능이 아니라 색깔로 괜히 트집 잡는다고 보았다.

"사장님도 기술자이시니 논리적으로 말씀하셔야 합니다. 색깔은 성능과는 아무 관계가 없습니다."

성능이 중요하다는 반박이었다.

이나모리 대답은 단호했다.

"세라믹 제품은 원래 순백색이어야만 하네. 이건 성능은 좋을지 몰라도 완벽한 제품은 되지 못하네. 순백색이 나와야 비로소 완성되는 거야."

그가 대학 졸업 논문을 쓰려고 연구한 점토부터 백색 도자기용이었다. 조선백자 같은 색깔이 완전무결한 최상품이라고 믿었다.

고향 가고시마에서는 오랜 세월 동안 흰색 도자기라야 최상품 대우를 받았다. 검은색 도자기는 서민용으로 쓰였고 지배자는 미야마산 백자를 사용했다. 조선 도공들이 만든 백자 같은 색깔 감각이 이나모리 머릿속을 지배했다.

그의 완벽성 추구는 사무실 공간 정리에서도 드러났다. 이나모리는 평생 서류나 책을 책상의 모서리 각도에 맞춰 가지런히 놓았고 모든 실내 가구를 벽과 나란히 배치했다. 부하들에게는 사무실에 책상을 여러 개 배치하려면 이쪽 벽에서 저쪽 벽으로 먼저 실을 놓은 뒤 줄을 맞춰 책상을 놓으라고 했다.

그는 뭐든 반듯하게 정리하는 습관을 고집스럽게 유지했다. 괴팍스러워 보이는 그의 완벽주의는 제조업 현장에서 완성도 높은 기술력의 밑거름이 되었다.

04

불황 속에서 빛나는
'1센티 경영법'

"교세라는 5년 후, 10년 후를 내다보기보다
오늘 하루를 5년, 10년처럼 열심히 경영합니다.
오늘을 충실하게 보내면 내일이 보입니다.
올해를 충실하게 보내면 내년이 보이죠."

무엇보다 사원이 행복해야 한다

교토 왕궁御所에서 5분 정도 서쪽으로 걸으면 니시진西陣이라는 동네
가 나온다. 500여 년 전부터 기모노와 고급 비단 옷감을 생산해온
섬유 산업이 중심지다. 왕실과 귀족들에게 고급 옷, 액세서리를 납
품해온 역사 덕분에 지금은 일본 전통 의류와 공예품의 본거지가 되
어 있다.

니시진은 20세기에 들어서 다른 역사를 쓰기 시작했다. 일본 공산
주의 운동의 중심지로 부상했다. 러시아에서 사회주의 혁명이 성공
하자 니시진을 중심으로 노동 운동이 불타오르더니 1922년 일찌감
치 붉은 공산당 깃발이 올랐다.

교토대 좌익 교수, 진보 학생들이 사회주의 이념을 전파하며 혁명
의 꿈을 키우기 시작했다. 비좁은 골목 판잣집에서 기모노, 장식품

을 납품하고 품삯을 제대로 받지 못하던 니시진의 하층 근로자들은 노동조합을 결성했다. 노동 운동가를 양성하는 학교가 세워지고 파업과 데모가 이어졌다.

좌파 조직과 비밀 노동 단체들이 지하에서 암약하던 세월이 20년 이상 이어졌다. 항거 집단에는 경술국치를 전후로 건너가 니시진 빈민층을 형성한 재일 한국인들이 적지 않게 참여했다.

교토는 정치적 좌파 도시로 꼽힌다. 2차 세계대전 종전 이후 좌파 또는 혁신 계보 인사가 교토시 시장직을 30년 가까이 장악했다. 지금도 교토 시의회는 공산당이 두 번째 많은 의석을 차지하고 있다.

"일본 공산당은 니시진에서 탄생했다."

이런 말이 나돌았다. 교토 도자기 공방의 노동자들은 니시진 섬유 산업 노동자들과 함께 투쟁하는 일이 잦았다. 이 때문에 "니시진과 도자기 공방이 공산당을 출산한 모태"라고도 한다.

격렬한 노동 운동은 수많은 교토 기업에서 전개됐다. 좌파 정치가 도시 행정을 지배하면서 기업 활동을 제약하는 규제가 늘었고, "자본가를 타도하라"는 목소리가 높아졌다.

좌파 정치와 극심한 노동 운동은 교토 기업과 기업인을 더 튼튼하게 단련시켰다. 교토 기업들에는 사무라이의 300년 군사 정권 아래서 살아남은 생존의 지혜가 축적돼 있었다.

교토 기업 중에는 세계 최고 기술로 큰돈을 벌고도 본사 빌딩을 짓지 않은 곳이 많았다. 번드르르한 외형 성장으로는 더 큰 파업과 심술투성이 규제를 초래할 뿐이었다. 경영 내용을 사원에게 공개하며 내실을 다져야만 생존할 수 있다는 무언의 합의가 이뤄졌다. 기업인들 간 유대는 좌파 정치 속에서 더 끈끈해졌다.

1960년대 초반 일본 전국에서는 공산당과 좌파 노동 단체 주도의 파업이 극심했다. 그 바이러스는 교세라에 예외 없이 뿌려졌다.

교세라 창업 2년 만에 고졸 출신 사원들이 돌연 회사에 요구 조건을 들이밀었다. 일당으로 지급하던 임금을 매달 고정급으로 해달라는 것과 매년 임금 인상과 보너스를 보장하라는 내용이었다.

창업 첫해부터 흑자를 내고 있었으나 주문 물량이 들쑥날쑥 안정되지 않은 때였다. 이나모리 이하 모든 기술자가 낮에는 공장을 돌리고 밤에는 신기술 실험으로 땀을 흘리고 있었다. 남의 공장에 세 들어 있는 영세 공장에 불과했다. 어느 날 수주가 끊기면 공장 문을 닫아야 하는 처지였다.

고졸 사원은 니시진 노동자의 자녀가 많았다. 이들이 매일같이 야간 근무에 이어 공휴일과 주말에도 출근해야 하는 신생 회사의 근로 조건을 곱게 받아들일 리 만무했다. 분말 가루 뒤범벅인 3D 공장에서 불만이 폭발하는 게 당연했다.

"요구 조건을 받아주지 않으면 전원이 한꺼번에 퇴사하겠습니다."

이나모리는 그들의 요구가 어처구니없다고 생각했다. 해마다 임금 인상과 보너스까지 약속하라는 요구는 사원의 먼 장래까지 책임지라는 것이 아닌가. 다음 달 월급을 보장하기 힘든 판에 10년 후, 20년 후 삶까지 확약해달라니.

이나모리의 창업 동기는 '내 기술로 인생을 승부해보겠다'는 순수한 것이었다. 쟁의가 발생하기 전에는 고졸 사원들도 자신의 창업 동기를 따르고 있다고 낙관했었다. 온 사원이 기술자 혼魂으로 뭉쳐 한 배를 타고 한 방향으로 가고 있다고 생각했다.

그러나 그건 착각이 가미된 희망 사항에 불과했다. 고졸 사원들은 요구 조건을 관철하겠다고 단체 행동에 나섰다. 그렇다고 그들을 탓하고 있을 수만은 없었다. 대치가 장기화하면 납품을 제때 할 수 없고 수주가 끊기면서 자금난이 덮칠 수밖에 없었다. 창업 2년 만에 도산 위기가 닥친 셈이다. 자신의 착각을 한탄하고 배신감을 호소해본들 쟁의가 끝날 턱이 없다.

이나모리는 맨 앞에서 투쟁 집단과 맞서기로 결심했다.

그때만 해도 그는 교세라에서 공식 직함이 기술부장 겸 이사였다. 이나모리 위에 전무와 사장이 있었으나 실질적 창업자로서 책임을 지겠다는 각오로 사태 수습에 돌입했다. 노무 담당 간부에게 처리하라고 미루지도 않았다. 이는 리더가 맨 먼저 칼을 뽑고 달려나가는 가고시마 사무라이 부대의 전투 방식을 닮았다.

이나모리는 고졸 사원 전원을 자기 집으로 데려갔다. 좁은 시영 주택에서 비공식 협상을 벌였다. 보수를 고정급으로 해달라는 요구는 전면 수용했다. 채용 때 약속을 했지만 실행하지 못하고 있던 근로 조건이었다.

다만 해마다 임금 인상과 보너스는 도저히 약속할 수 없다고 거부했다.

"나도 죽을힘을 다해 일하겠다. 불확실한 미래를 약속할 수 없다고 솔직하게 말하는 사람과 대충 약속해주고 지금의 사태를 서둘러 덮는 사람 중에서 누구를 선택할 거냐?"

자신의 진심을 믿어달라고 설득하기 시작했다. 술과 식사를 곁들이며 사흘 밤과 사흘 낮이 흘렀다.

그러자 한 명, 두 명 마음을 열더니 최후에는 주동자만 남았다. 그는 니시진 공산당 조직 핵심 간부의 아들로 매일 밤 아버지와 그 동지들의 투쟁 논의를 들으며 자랐다. 자본가를 적대시하는 성향이 누구보다 강했다.

'왜 나의 마음이 전해지지 않는 것일까.'

이나모리는 분하고 답답했다.

이나모리는 최후통첩을 했다. 주동자를 설득하지 못하면 그의 구호에 맞춰 언제든 파업이 회사를 삼킬 수 있었기 때문이다.

"만약 내가 어설픈 경영을 하거나 사리사욕을 추구하면 나를 칼로 찔러라!"

목숨을 내놓은 도박이었다. 약속을 어기면 자기를 찌른 사람을 원망하지 않는 사무라이 정신의 발로였다.

'나를 찔러도 좋다'는 제안이 주동자의 마음을 흔들었다. 그가 이나모리 손을 잡고 울기 시작했다. 사흘 밤낮 대화 끝에 마침내 진심이 통한 것이다.

목숨을 건 대화의 효력은 파업을 막는 데 그치지 않았다. 대주주들은 기술자인 이나모리의 리더십에 감탄했다. 사원들은 창업자가 목숨까지 걸고 회사를 끌어가겠다는 확신을 갖게 됐다.

1982년 새해 경영 방침 발표회 직후 이나모리가 사원들과 간담회 겸 회식 자리를 갖고 자신의 구상을 설명하고 있다. © 교세라

고졸 사원들의 집단행동이 이나모리에게는 더 큰 깨달음을 선물했다.

"사원들의 요구 조건을 들으며 사원들이 가족의 미래까지 회사에 기대하고 있다는 것을 알았습니다."

최고 경영인은 사원과 그 가족을 위해 무한 책임을 져야 한다는 의무감을 갖게 된 것이다.

그는 당시 고향의 가족에게 월급의 20%가량을 생활비로 송금하고 있었다. 하지만 이제 자기 가족의 안락한 생활을 책임지기 전에 사원들 가족의 장래를 맡아야 했다. 처음에는 어처구니없다는 생각이 들기도 했지만, 그 임무를 포기하면 사장으로서 자격 미달이라는 판정을 받을 수밖에 없다는 것을 알았다.

이나모리는 노동 쟁의를 계기로 기술로 승부하겠다는 결기만으로 회사를 끌고 갈 수 없다는 것을 절감했다. 조직의 리더로서 어떤 마음가짐을 가져야 할지 터득했다. 그들을 빨갱이라고 비난하거나 접촉 자체를 거부하지 않고 터놓고 진심을 말했다.

그리고선 그는 다시 태어났다. 경영인으로서 사명감을 터득했다.

"전 직원의 물심양면의 행복을 추구한다."

그는 협상 타결 다음 날 사원들을 모아놓고 그렇게 선언했다. 사원들의 행복이 교세라 경영의 목적지라는 공식 선포였다.

사원 행복의 이념은 세월이 흐르면서 구체적 행동 지침으로 발전했다. 회사는 훗날 이를 '교세라 필로소피Philosophy'라는 작은 수첩으로 제작, 모든 사원의 호주머니에 넣어주었다. 항상 가슴에 간직하고 일하라는 말이다.

필로소피 수첩은 회사와 경영진이 사원들에게 약속한 서약서이 자, 종업원들 상호 간의 맹세를 담은 신사협정 같은 것이다. 그때부터 교세라 필로소피는 교세라의 건국 선언문이나 헌법 같은 의미를 갖게 됐다.

"사원 얼굴을 보며 경영해야 한다."

교토 기업들 사이에 전해져 내려온 격언이다. 오너 사장은 수시로 종업원 얼굴을 마주하며 그들의 애로와 불만을 자기 귀에 담아 들으라는 당부다.

이나모리는 그때부터 경영 내용을 전부 공개했다. 오너는 사원을 가족처럼 생각하고 그에 맞춰 행동해야 한다고 믿었다.

그는 노동 쟁의를 맞아 회피하거나 샛길로 돌아가지 않았다. 집요한 직접 대화를 통해 정면 돌파로 승부했다. 그런 끝에 경영인이 가야 할 바르고 현명한 길을 발견했다.

조직 내 의사소통 원활하게 만드는 '콤파' 문화

교세라 본사 빌딩 한쪽 벽은 태양광 패널이 깔려 있다. 이나모리의 집 지붕에도 태양광 패널이 얹혀 있다. 교세라는 1차 오일 쇼크 이후 태양광 신기술 개발에 40년 이상 투자해왔다. 전자 제품, 자동차, 휴대폰에 필수적인 고성능 첨단 부품은 교세라 기술을 보여주는 자랑

교세라 본사 빌딩 안에 있는 대형 다다미 회의실. 교세라 임직원들이 수시로 식사를 겸한 술좌석을 열고 허물없이 의사소통하는 장소로 활용하고 있다.

서다.

본사 빌딩 12층에는 교세라의 최첨단 이미지와 전혀 어울리지 않는 방이 하나 있다. 다다미가 100개 깔린 대형 룸이다. 유명한 온천 여관이 단체 손님들에게 내놓는 초대형 다다미 식당 같은 느낌을 준다.

이런 방은 미국 회사라면 상상할 수조차 없고 일본이라 할지라도 대기업 빌딩에서 찾을 수 없다. 서울 한복판 삼성그룹 빌딩에 초대형 온돌방을 꾸몄다고 가정해보면 이 방이 얼마나 이색적인지 짐작할 것이다.

태양광 빌딩의 다다미방은 교세라 임직원들의 친목 모임 겸 단합회 장소로 활용하는 공간이다. 교세라 사원들은 여기서 술과 음료수를 마시며 음식을 나눠 먹는다. 술을 곁들인 식사를 하며 대화를 나눈다. 부서별로 직급별로 송별회, 자축회, 환영회 같은 모임이 잦아 이 다다미방에는 예약이 밀린다. 이나모리는 이곳에서 사원들과 자주 술잔을 주고받았다. 사원 얼굴을 보며 그들로부터 불만과 애로 사항을 직접 들었다. 자신이 하고 싶은 말도 그 자리에서 건넸다.

이나모리는 교세라에 독특한 회식 문화를 정착시켰다. 친목을 겸한 회식 모임에는 몇 가지 원칙을 고수했다. 회삿돈으로 회사 근처 식당에 퍼질러 앉아 '부어라 마셔라' 하는 한국식 회식과는 전혀 다르다. 교세라는 사원들이 1000~2000엔씩 갹출해 회식 모임을 연다. 이는 일본 대학생들이 각자 비용으로 부담 없이 모임과 놀이를 즐기는 것과 같은 식이다. 일본 학생들은 이런 회식 겸 간담회를 영어 '컴페니company'를 줄여 '콤파コンパ'라고 한다. 콤파는 말하자면 일본식 영어다.

교세라 콤파에선 맥주나 정종 같은 가벼운 술을 마시되 술을 마시지 못하는 사원은 청량음료를 마시면 그만이다. 음식은 샤부샤부나 스키야키로 정해져 있다. 하나의 냄비에서 전골 요리나 찌개를 완성해 하나의 국자로 나눠 먹는다. 한솥밥을 먹는 한 가족이라는 인식을 갖게 하려는 메뉴다.

교세라 콤파에서는 임원이나 간부가 요리를 만들어 부하들에게 나눠주는 역할을 맡는다. 아랫사람이 윗분 요리를 챙겨 올리지 않는다. 직급이 높은 사람이 부하에게 먼저 접근하며 말문을 틔우려는 배려다.

사무실과 회의실에서는 대개 지시와 명령이 앞서지만, 다다미방에서는 부하의 불평불만이 솔직하게 터지기를 기대한다. 친목 모임에서 상사가 고압적 자세로 지시나 훈계를 남발하면 어느 부하가 그런 곳에 다시 가고 싶겠는가. 콤파를 통해 일 잘하는 사원을 여러 사람 앞에서 칭찬해주고 일이 풀리지 않는 부서에는 격려 메시지를 보내는 일이 잦다.

"사장과 사원이 서로 신뢰를 쌓는 일이 서류를 몇 건 처리하는 것보다 중요합니다. 사장은 현장에서 고생하는 직원들 곁에 항상 있어야 하고 그들 편이 되어줘야 합니다. 콤파는 상사와 부하 직원들이 진솔하게 대화를 나눌 수 있도록 돕기 위해 만드는 자리입니다."(『이나모리 가즈오의 인이관지稲盛流コンパ·最強組織をつくる究極の飲み會』에서 발췌해 저자가 재정리했다.)

콤파를 내부의 의사소통을 원활하게 하는 기회로 활용하고 있다는 얘기다. 맴버들 간에 신뢰가 쌓이면 조직은 무서운 힘을 발휘한다. 친목을 겸한 단합회를 하는 방식으로 조직의 역량을 극대화하고 있다는 말이다.

이나모리는 연말이 되면 거의 모든 부서의 송년회에 참석했다. 고열과 감기로 병원 신세를 지면서도 매일 저녁 모임에 참석했다. 그때마다 사원들 얼굴을 한 명씩 보며 한 잔 술을 따라주는 배려를 계속했다.

이나모리는 본사 사무실 빌딩뿐 아니라 모든 공장에 다다미방을 설치했다. 다다미방에 무릎과 어깨가 부딪칠 만큼 가까이 둘러앉아 술과 음식을 나눴다.

JAL을 도산의 수렁에서 구해낼 때도 오후 6시쯤에는 사무실 안에서 콤파를 자주 열어 간부, 사원들과 얼굴을 마주하며 얘기했다. 사원이 반발하면 이나모리는 물수건을 집어던지며 화를 냈다. 서로 불평불만, 불편한 감정을 숨기지 않고 솔직한 의견을 주고받는 자리가 콤파다.

그는 이나모리스쿨 문하생들에게도 사원들을 불러 모아 반드시 콤파를 열라고 권고했다. 그가 문하생들에게 권한 콤파 운영 방식은 이렇다.

- 콤파에는 모든 사원이 참가하도록 강제해야 한다. 처음부터 열외를 인정하고 결석을 용인하면 흐지부지되기 십상이다. 콤파에서는 참가자 전원에게 발언하라고 해야 한다.
- 참가자에게 1000엔 안팎의 적은 비용이라도 내라고 해야 한다.
- 콤파는 1~3시간 이내 끝내는 편이 낫고 끝내는 시간을 분명히 해야 한다. 때로는 합숙, 야유회, 카페 모임도 권장한다.
- 콤파 도중 대화가 엉뚱한 방향으로 흘러가는 것을 막기 위해 그날의 주제를 미리 알려줘야 한다. 사회자를 두고 얘기가 곁가지로 빠지지 않도록 주의할 필요가 있다. 그래야 인사불성의 과음으로 빠지는 일을 막을 수 있다.

교세라 콤파에서는 얘기를 나누다 보면 새벽까지 넘어가는 날이 적지 않았다. 취객이 등장하며 분위기가 험악해지고 주제에서 벗어나 개인적인 인생 상담을 주고받는 경우도 생겼다. 노래를 부르거나 춤을 추는 사람이 등장하기도 했다. 이나모리는 이런 일탈이 발생하더라도 모임이 반복되면 사원들 간의 신뢰가 두터워지고 경영진과 사원 간의 단합이 강화된다고 믿었다.

콤파를 열면서 경영인이 명심해야 할 점은 하나다. 콤파가 창업자나 사장이 사원들에게 잔소리하거나 회사 방침을 설득하는 자리가 아니라는 것이다.

"친목 모임은 직원에게 보내는 애정 표현입니다."

이나모리는 아랫사람의 불만을 들어주며 사기를 북돋아줘야 한다고 강조한다. 콤파는 사장이 말하는 자리가 아니라 듣는 자리라는 접근 방식이어야 한다. 그것이 사원의 마음을 휘어잡는 최상의 처방이라는 뜻이다. 이는 콤파가 노조 운동에도 멋진 대항마가 된다는 말이기도 하다.

노사 간 유대는 위기를 타개하는 최고의 무기

1970년대 말 교세라의 튼튼한 성장세가 주변에 퍼지고 있던 시절이었다. 교세라에 부실 전자 회사를 인수해달라는 요청이 들어왔다. 무선 기기를 생산하는 사이버넷이라는 기업이었다. 이 회사는 무리

한 설비 투자와 매출 부진으로 경영난에 빠지고 말았다.

사이버넷은 부실 경영 속에서 30여 명의 과격파 노조원이 회사를 흔들고 있었다. 과격 투쟁가 그룹은 1500명의 사원 중 극히 일부였지만 경영 실패를 오너 경영진에게 돌렸다. '오너 추방' 구호를 공장 담벼락에 써 붙이고 전 사원을 선동했다.

이나모리는 사이버넷 인수를 제안받은 뒤 그 회사 임원 10명을 교세라로 초대했다. 교세라 본사 다다미방에서 그들과 콤파부터 열었다. 회계 장부를 들여다보기 전에 술좌석을 겸한 간담회를 마련해 솔직한 얘기를 나눈 셈이다. 서류보다는 인간, 통계 수치보다는 마음가짐을 중시하는 접근법이다.

콤파가 끝날 무렵 이나모리가 말했다.

"오늘 말씀하시는 걸 들으니 참 친근한 인상을 받습니다. 모두 열심히 일하신다는 확신이 들었습니다. 그러니 우리 이번에 결혼합시다."

콤파 자리를 마무리하며 망설이지 않고 인수 합병M&A의 뜻을 밝혀버렸다.

그때까지 교세라는 정밀 부품을 제조하여 기업 간 거래B to B하는 데 매진하고 있었다. 최종 소비재를 본격적으로 생산하지 않고 있었다. 사이버넷을 인수하면 소비자를 상대하는 전자 기기를 만들어야 했다. 부품 전문 업체로서는 미경험의 땅에 발을 내딛는 비장한 각오가 필요했지만, 그는 콤파 한 번으로 인수를 결심했다.

교세라가 인수를 통보한 뒤에도 사이버넷 노조의 극렬 투쟁은 계속됐다. 걸핏하면 교세라 본사에 몰려와 데모를 했다. 이나모리 집 주변 담벼락과 전신주에는 이나모리를 악덕 기업인으로 비방한 전단지를 붙였다. 자동차에 대형 스피커를 붙이고 교토 시내를 돌며 교세라와 이나모리를 비방하는 가두 방송을 그치지 않았다. '교활한 자본가'에 항전하겠다는 투쟁 의지가 분명했다.

이나모리는 매일 사이버넷으로 출근해 사원들 얼굴을 직접 살피는 콤파를 수시로 열었다. 이번에는 노조 주동자들보다 다수 사원을 설득했다. 인원 구조 조정을 하지 않겠다고 약속한 뒤 사원의 행복을 추구하는 교세라의 창업 이념을 설명했다. 교세라에서는 오너가 사리사욕을 추구하지 않는다는 약속을 지키고 있다고 했다.

콤파를 열 때마다 사원들의 불평불만을 들어가며 새로운 사업에 뛰어드는 경영 전략을 채택했다. 사이버넷이 기존의 무선 기기 외에 복사기 같은 신종 전자 기기를 생산하도록 했다. 사업 영역을 확장한 것이다.

교세라식 경영을 도입하자 사이버넷 경영은 급속도로 좋아졌다. 해고 위험은 완전히 사라졌다. 업적 호전으로 임금이 올랐다. 사원들 생활을 불안하게 만드는 위협 요인은 하나둘 정리됐다.

사이버넷 사원 모두가 이나모리의 약속대로 회사가 굴러가는 것을 확인했다. 소수의 노조 과격파는 결국 두 손을 들 수밖에 없었다. 이나모리의 사원 행복 경영이 단지 사원을 속이기 위한 허황한 구호가 아니라는 점이 확인된 것이다.

또 다른 기업 인수에서도 비슷한 분위기가 만들어졌다. 휴대폰 카메라가 보급되면서 '콘탁스'라는 사진기 브랜드는 사라졌다. 콘탁스는 야시카라는 일본 회사 제품이다. 한때 콘탁스 사진기는 사진 예술가부터 일반인들까지 어깨에 둘러메고 싶은 선망의 상품이었다.

야시카의 경우 창업자 가족의 불법과 일탈이 경영난을 불러왔다. 오너 가족의 마약 중독이 발각됐고 간부가 회삿돈을 빼내 투기를 벌인 불상사가 이어졌다. 여기에 분식 회계까지 드러나 창업자가 회사에서 쫓겨나는 사태로 발전했다. 야시카에는 '오너의 비리 백화점'이라는 별명이 붙어 다녔다. 이로 인해 노조가 걸핏하면 파업을 벌였다.

이나모리가 야시카를 인수하면서 먼저 시작한 일도 교세라 스타일의 콤파다. 사원과 얼굴을 마주해 그들의 불안한 마음을 달래며 교세라의 가족주의 경영 방침을 설명했다.

"일단 교세라 식구가 된 이상 한 가족으로 대우해야 한다고 생각했어요. 교세라 밖에 있는 외부인으로 대하지 않았죠."

오너 사장이 현장에 출동해 콤파를 하다 보니 "야시카 창업자 가족과는 정말 다르다"는 호평이 야시카 직원들 사이에 금방 퍼졌다. 술 한잔, 스키야키 한 젓가락을 주고받는 접촉에서 그들이 이나모리의 진심을 느낀 셈이다.

야시카는 교세라에 인수된 후 단 6개월 만에 이익을 내기 시작했다. 은행 차입금을 금방 다 갚고 흑자 기조를 굳혔다. 교세라는 2008년 카메라 제조 사업을 접었으나 기술자 전원을 교세라 계열 통신 회사나 휴대폰 제조 파트로 흡수했다.

사이버넷, 야시카 같은 회사를 잇달아 M&A하자 교세라 직원의 70%가량이 중도 입사자가 됐다. 교세라 내부에서 성장한 사원보다

M&A, 스카우트로 들어온 이방인 사원이 훨씬 많아졌다.

그러나 사이버넷, 야시카를 M&A한 후 설문 조사(1985년경)를 보면 조사 대상자 전원이 경영진의 철학을 잘 알고 있다고 대답했다. 9할은 사원 행복을 추구하는 경영 이념에 만족한다는 반응을 보였다.

전직을 생각해본 적이 있다는 대답은 혼다자동차 같은 대기업과 별 차이가 없었다. 교세라는 그 당시 유망 벤처기업 수준에 머물고 있었지만, 사원들이 회사를 떠나고 싶지 않은 충성도가 그만큼 강했다는 것을 말해준다. 이나모리의 경영 철학이 사원들 마음 한가운데 깊숙이 자리 잡았다는 방증이다.

오너, 경영진과 사원들 간의 유대는 경영 위기에서 가장 화려한 빛을 낸다. 1970년대 초반 석유 파동이 전 세계 경제에 충격을 몰고 왔다. 일본 대기업은 사원을 수천 명씩 해고했고, 무급 휴가를 보내는 기업이 날마다 늘었다. 교세라 수주 실적 역시 급격히 줄어들었다. 일지리 불안, 임금 삭감이 교세라 사원들을 괴롭혔다.

이나모리는 이 위기에서 먼저 "고용을 사수하겠다"고 선언했다. 사원들에게 일자리를 끝까지 지켜주겠다고 약속한 것이다. 다만 수주 감소로 일감이 없어진 공장은 근로자들에게 마당에 자란 풀을 뽑거나 회의실에서 기술 연수를 받으라고 했다. 때로는 회사의 경영 이념을 토론하는 모임을 하도록 했다.

이어 노조에는 임금 인상을 일단 1년간 보류해달라고 요청했다. 고용을 지키기 위한 비상수단이었다. 노조는 내부 토론을 거쳐 이나모리의 제안을 만장일치로 수용했다.

문제는 강경 노선을 추구하는 상급 노조(산별 노조)에서 발생했다. 상급 노조에 소속된 회사들은 일제히 29% 인상을 밀어붙이고 있었다. 일자리 지키기보다는 임금 인상으로 역공세를 취했다. 교세라 노조가 이와 달리 임금 동결 요청을 전면 수용하는 바람에 공동 투쟁 대열이 흐트러지게 되었다.

교세라 노조에서는 다시 격론이 벌어졌다. 공동 투쟁 대열에서 이탈하느냐 마느냐를 논의한 끝에 교세라는 상급 노조에서 아예 탈퇴하기로 했다. 회사마다 제각각 사정이 다른데 매번 공동 투쟁할 수 없다는 입장을 확고하게 세웠다.

교세라 노조는 거기서 머물지 않고 노동조합 헌장을 제정했다. 노조는 "노사 간의 틀을 초월해 인간 집단의 행복을 끝까지 추구하며 세계에서 유례를 찾을 수 없는 노조를 만들겠다"고 공식 선언했다.

교세라 노조는 헌장에서 경영진과 노동자의 관계를 '노사동축勞使同軸'이라는 단어로 압축했다. 하나의 기둥이 되어 한 몸처럼 움직여야 한다는 말이다. 또 '책임 이분론二分論'이라는 표현을 썼다. 경영 책임은 경영진과 근로자가 똑같이 져야 한다는 의지를 담은 말이다. 노조원이 경영진으로부터 혜택, 배려를 받아야 하는 관계가 아니라 경영진과 함께 경영 결과에 똑같이 책임을 지는 동업자라는 인식이다.

노조는 일자리를 보장받는 대신 임금 동결을 수용하는 선에서 협상을 마무리할 수 있었다. 이번에 양보하는 대가로 경영이 호전되면 인상해주겠다는 약속을 받을 수도 있었다. 하지만 그러지 않았다. 노조원들이 동업자로서 파트너 의식을 갖고 일하겠다고 선언했다.

노조 헌장 선포는 오너 사장인 이나모리나 경영진을 의식하지 않고 온 세상을 향해 공개적으로 약속한 것이었다. 다른 일본 기업들마저 교세라 노조의 결정에는 놀라는 반응을 보였다. 한국의 노조라면 결코 생각조차 해보지 못한 발상이다.

고졸 사원들의 3일 반란 때는 목숨을 내놓았던 이나모리다. 그 후 숱한 콤파를 거치며 사원들과 대화를 계속한 결과 큰 위기에서 예상을 뛰어넘는 협조를 사원들로부터 얻었다. 경영 책임을 공동으로 진다는 교세라 노조의 노선은 노조원 숫자가 1만 9000명이 넘은 지금도 그대로 유지되고 있다.

이나모리는 임금 동결이 실행된 다음 해 실적이 회복되자 노조가 요구한 인상률보다 임금을 더 많이 올려주었다. 거기에 이전에 인상해주지 못한 부분을 채워준 것은 물론 보너스 추가 지급, 승진 잔치를 추가로 보탰다. 노조는 양보한 것보다 훨씬 많은 선물을 받았다.

"신뢰는 약속이나 계약이 있어야 쌓아갈 수 있는 게 아니에요. 평소 빙 둘러앉아 술 한잔을 마시는 것은 신뢰감을 쌓는 아주 중요한 과정입니다."

"오늘 단 1센티만 더 나가자"

교세라 본사 빌딩 1층에는 이나모리의 상체 동상이 있다. 출입구 센서에 사원증을 찍으면 이나모리 동상이 정면으로 마주친다. 그는 출

교세라 본사 빌딩 출입구에 설립된 이나모리의 동상. 사원들이 '사원 행복의 경영 이념'에 감사하는 마음을 담아 헌정했다.

근하는 사원 한 사람, 한 사람 얼굴을 일일이 검색하는 듯 날카로운 눈매를 감추지 않는다.

　이나모리 동상은 모교 가고시마대학에도 있지만, 본사 1층 동상은 의미가 특별하다. 사원들이 창업자의 공덕을 기리며 헌정한 작품이다. 사원 행복의 경영 이념, 사원들과의 끊임없는 대화가 낳은 선물이다.

이나모리는 불황을 극복하면서 노조로부터 결정적인 도움을 받았다. 노조는 임금만 동결하는 데서 그치지 않고 함께 불황에서 돌파구를 찾는 열성을 보였다.

오일 쇼크로 창업 이래 14년 만에 성장세가 마이너스를 기록했다. 교세라가 적자로 빠지지는 않았으나 위기의식이 일본 사회 전체를 지배했다. 불황 시대를 맞는 이나모리의 전략은 몇 단계를 거치며 찬란한 빛을 발산했다.

경영 부진의 위기 국면이나 불황이 오면 이나모리가 맨 먼저 챙기는 것이 사장과 종업원의 유대 강화다. 사원들이 사장을 중심으로 하나로 뭉치지 않으면 위기 탈출은 불가능하거나 끝없이 지연되기 때문이다.

이나모리는 사원들 앞에서 본인 스스로 투쟁 의욕을 과시한다. 어려움을 이겨낼 수 있다는 자신감을 보인다.

"내겐 아직 일할 수 있는 몸이 남아 있다. 아무리 무너져도 내 생명까지는 가져가지 못한다."

이렇게 비장한 각오를 피력한다. 배수진을 치고 목숨이 붙어 있는 한 어떻게든 회사 경영을 본궤도에 올려놓겠다는 배짱을 강조한다. 처음부터 투쟁심을 불태우는 셈이다.

그는 조직이 곤란한 처지에 빠지면 최고 책임자부터 두둑한 배포를 보여줘야 한다고 믿고 있다. 사무라이 집단의 리더가 선두에서 칼을 뽑고 정면 돌파에 뛰어들 듯이 말이다. 대장이 슬금슬금 뒤로 물러서면 싸움은 하나 마나 마찬가지다.

이나모리는 위기가 심각할수록 종업원들과 더 자주 접촉해야 한다고 강조한다. 콤파 횟수를 늘리며 사장의 투쟁 의지를 설명하고 그들의 애로 사항을 듣는 것이다. 교세라는 부서끼리 대화를 더 자주 하고 위기의식을 공유하면서 탈출구를 모색했다.

이나모리식 위기 극복의 2단계는 사원 총동원 체제 발동이다. 전 직원을 영업 현장에 보내 매출을 극대화하기 위해 애쓴다. 영업을 담당 부서에 전담시키지 않고 전 사원이 참여하도록 하는 것이다. 그렇게 하지 않으면 '영업 부서의 잘못, 게으름으로 인해 공장 라인이 멈추게 되었다'는 식의 책임 전가가 회사 분위기를 망친다.

이나모리는 수주 활동을 우물쭈물하는 사원에게 이렇게 질타했다.

"네가 앞으로 나가지 않으면 내가 뒤에서 기관총을 쏘겠다. 뒤로 도망치다가 죽든 나가서 죽든 매일반 아니냐. 달려나가라! 죽겠다는 기백으로!"

경비 절감도 전 사원에게 공동으로 의무화했다. 경비 지출을 줄이자고 하면 '우리 부서 경비만은 양보하지 못한다'는 집단이 반드시 이곳저곳에서 나와 목소리를 높인다. 비용 삭감의 예외로 인정해달라는 사내 로비가 극성을 부리고 결국 어느 부서는 봐주고 우리 부서만 피해를 보았다는 불평이 사내에 퍼진다.

이나모리의 처방은 거꾸로 갔다. 회의에서 "대리점 리베이트만은 삭감해서는 안 된다"고 버티고 나오면 그 비용부터 삭감했다. 사원들이 그 비용만큼은 최후까지 줄이지 못할 것이라고 믿는 예산부터 잘

라버렸다.

비용 절감은 5%, 10%씩 줄이지 않았다. 100% 싹둑 베어내거나 적어도 50% 삭감하는 식으로 결정했다. 그래야 담당자들이 아예 체념하고 지출을 하지 않기 때문이다.

"자전거를 살 돈이 없으면 길거리에 버려진 자전거라도 주위 타면 된다는 마음으로 경영해야 합니다."

이나모리는 '영업 비용이 없어 수주가 되지 않는다'는 식으로 스스로 한계를 설정해놓으면 위기를 이겨낼 수 없다고 강조한다. 그는 위기 극복에서 정말 중요한 다음 단계는 신제품 개발이라고 말한다. 회사를 성장시킬 수 있는 새로운 사업 분야를 개척하라는 말이다.

교세라의 낚싯대 가이드 링 부품은 불황 시대의 창조물이다. 과거의 낚싯대의 경우 줄을 감는 가이드 링이 철제였다. 낚싯줄을 감았다가 풀기를 자주 하다 보면 마찰로 빚어지는 열을 견디지 못해 줄이 끊기는 사고가 잦았다.

어느 교세라 사원이 석유 파동 이후 수주 실적을 올리려고 우연히 들른 낚시 점포에서 낚싯대의 이런 약점을 들었다. 교세라의 세라믹 기술이라면 줄이 끊기지 않는 가이드 링을 개발할 수 있다고 믿었다.

철제 가이드 링을 교세라 제품으로 바꿔보니 줄이 쉽게 끊어지지 않을뿐더러 미끄럼이 좋아 줄이 잘 감기고 술술 풀렸다. 아무리 큰 물고기를 낚아 고속으로 감아도 줄이 멀쩡했다.

교세라 기술로 새로운 가이드 링이 개발되자 낚싯대 제조 회사들은 너도나도 교세라 부품을 낚싯대에 도입했다. 낚싯대 가이드 링은

교세라가 생산·판매하고 있는 인조 보석. 첨단 파인 세라믹 기술로 천연 보석과 경쟁하는 제품을 보급하고 있다. © 교세라

매달 수백만 개씩 팔리는 알짜 상품이 됐다.

인조 보석이나 임플란트, 인공 관절 역시 불황에 탄생한 사업이다. 교세라는 1975년 파인 세라믹 기술로 인조 에메랄드를 처음 만들어 낸 뒤 루비, 사파이어, 오팔을 잇달아 내놓았다. 긴자와 교토 한복판에서는 인조 보석을 파는 점포가 영업 중이다.

교세라는 한때 높이 12센티미터, 지름 5센티미터, 3000캐럿짜리 초대형 루비로 만든 독수리 작품을 선보인 적이 있다. 천연 루비는 세계에서 가장 큰 것이 200캐럿이다. 교세라 본사 1층에는 인조 보석으로 만든 비싼 예술 작품이 7점 전시돼 있다.

교세라 측은 "인조 보석은 천연 보석보다 값은 덜 나가지만 투명도나 색깔이 낫다는 평가가 늘고 있다"고 했다. 이제 고급 악기나 시계, 부채, 손톱을 장식하는 액세서리로 인조 보석의 용도가 조금씩 넓어지고 있다. 다만 고급 장식품으로 천연 보석을 선호하는 고객들의 마음을 완전히 돌려놓을 수 있는지는 미지수다.

이나모리는 불황이나 위기에서는 미래를 막연하게 걱정하기보다 당장 눈앞에 닥친 현실을 보라고 역설한다.

'하루에 최소한 한 발만이라도 앞으로 내딛자.'

'오늘은 어제보다 1센티만 앞으로 나아가자.'

답답한 미래를 의식하지 말고 오늘 주어진 일은 오늘 무조건 끝내자는 마음가짐이 필요하다고 했다.

교세라는 창업 이후 장기 경영 계획을 발표한 적이 없다. 언론이 장기 경영 구상을 설명해달라고 요청하면 "그런 건 없다"고 딱 잘라 말했다.

"교세라는 5년 후, 10년 후를 내다보기보다 오늘 하루를 5년, 10년처럼 열심히 경영합니다."

알 수 없는 미래를 설계하지 않는 대신 오늘의 목표, 이달의 목표, 올해의 목표를 달성하는 경영을 했다.

"오늘을 충실하게 보내면 내일이 보입니다. 올해를 충실하게 보내면 내년이 보이죠."

오늘의 승부야말로 미래의 희망을 약속하는 처방이라는 생각이다.

전문가들은 이런 이나모리의 사고방식은 사무라이의 정신세계와 통한다고 설명한다. 항상 칼을 차고 다니는 사무라이는 언제 어느 순간에 목숨을 내놓아야 할지 모를 리스크를 안고 산다. 오늘 하루 무사하면 내일이 보장되는 나날이 연속될 뿐이다. 이나모리가 위기에서 '오늘'의 중요성을 강조하는 것도 사무라이를 빼닮았다는 해석이다.

위기나 불황에서 "오늘 하루에만 골몰하라"는 조언은 뜬구름 같은 꿈에 들뜨지 않는 비결이 될 것이다. 어쩌면 불황, 위기에서 기업인에게 가장 현실적인 선택이 될 수 있다.

사무라이 정신으로 무장하다

교토역에서 가메오카龜岡까지는 전철이 자주 다니지만, 터널을 6개나 통과해야 도착할 수 있다. 가메오카에서 다시 이시다 바이간石田梅岩 출생지까지 가려면 마을버스를 갈아타고 1시간 안팎을 허비해야 한다.

가메오카는 300여 년 전 기업가의 사명을 설파한 사상가가 태어난 곳이다. 이시다 바이간(1685~1744)은 하버드대학의 유명한 사회학자 로버트 벨라Robert Bellah가 집중 연구해 서양에 소개한 경영 철학자다. 벨라 교수는 일본 산업혁명의 정신적 밑바탕을 이시다 바이간이 제공했다고 보았다.

가메오카 역에 내려 개찰구를 통과하자마자 곧바로 바이간의 동상과 정면에서 마주쳤다. 그의 동상 뒤에서는 교세라그룹이 톱 스폰

서가 되어 있는 프로 축구팀 '퍼플상가'의 새로운 본거지가 건설되고 있었다. '교세라 퍼플상가 스타디움'으로 명명된 이 축구장은 2만 5000명을 수용하는 규모로 2020년 프로축구 시즌 개막전과 함께 오픈했다. 이나모리는 가족, 교세라 임직원, 이나모리스쿨 문하생들과 함께 상가팀 응원에 자주 나섰다.

가메오카 역의 바이간 동상이 '나야말로 가메오카를 대표하는 인물'이라고 말한다면, 새로운 축구 스타디움은 마치 '바이간이야말로 교세라 창업 이념을 뒷받침하는 장본인'이라 강조하는 인상을 준다.

바이간의 출생지에는 기념관이 들어섰다. 그의 철학을 음미하며 걸을 만한 트레킹 코스 4~5킬로미터가 '심학心學의 길'이라는 이름으로 단장되어 있다. 그의 후손은 현지에서 살며 조상의 뜻을 후세에 전하고 있다. 해마다 9월이면 바이간의 철학을 재조명하는 행사가 열린다.

이나모리는 강연에서 바이간이 남긴 말을 자주 인용했다.

"진짜 장사는 저쪽도 벌고 이쪽도 버는 것."

나만 벌겠다고 욕심부리는 사람은 진정한 사업가가 되지 못한다. 내가 돈을 벌 때 거래 상대방도 함께 이익을 내도록 배려해야 한다는 얘기다.

'저쪽'이란 거래 당사자, 그리고 사회 전체를 포함하고 있다. 거래 상대방과 사회 전체에 이익이 돌아가게 사업하라는 말이다. 최신 경영 용어로 표현하면 기업의 사회적 책임CSR: Corporate Social Responsibility, 즉 사회공헌 활동을 강조했다.

이나모리는 바이간의 경영 철학을 교토에서 배웠다. 바이간이 상인, 즉 기업인의 사회적 지위를 높게 평가한 것부터 끌렸다.

바이간의 시대는 사무라이 정권 아래 사농공상의 신분 서열이 뚜렷했다. 지배자인 무사 계급에 이어 농민, 장인과 기술자 계층이 있고 상인은 맨 밑바닥 신분이었다. 그저 상품을 교환해주는 일로 중간에서 이문이나 챙기는 상행위를 천하게 여겼다.

바이간은 이에 반발했다. 상거래로 이득을 보는 것은 결코 천한 일이 아니며 부끄러워할 일도 아니라고 했다. 상인은 고객을 하늘같이 섬기며 그 대가로 이익을 얻기 때문에 떳떳하다고 역설했다. 사무라이가 주군에게 충성하고 녹봉(연봉)을 받는 것과 상인이 고객을 주군처럼 모시며 이득을 보는 것은 똑같다고 했다.

바이간은 농민의 아들로 태어나 기모노를 파는 교토의 옷가게 등에서 점원으로 일했다. 현장 상거래를 경험하며 양명학과 신도, 불교 경전을 공부한 끝에 자기 나름의 상인 철학, 다시 말해 기업가 이념을 정립했다. 하층민 취급을 받던 교토 상인들에게는 구세주의 복음으로 들리는 메시지였다.

이나모리는 강연에서 종종 이렇게 말했다.

"경영자는 예로부터 이익을 추구하는 일이 목표라고 해서 경멸에 가까운 대접을 받았어요. 오늘날에도 기업인은 사회적 지위가 낮다고 느끼고 있어요. 아이들을 가르치는 학교라든가 인술을 베푸는 병원 등에는 주식회사가 들어갈 수 없도록 금지하고 있지 않습니까."

이나모리는 기업인의 역할이 제대로 평가받지 못하고 있다고 불만을 뱉어냈다. 그럴 때면 바이간이 남긴 말을 인용했다. 기업인은 수익을 남기면서도 얼마든지 사회를 위해 헌신하는 경영을 할 수 있다고 보았다.

이나모리의 생각은 바이간의 가르침과 공통되는 부분이 많았다. 거래 상대방의 이익과 사회공헌을 강조하는 대목부터 일치했다. 경영인은 나보다 다른 사람과 사회의 이익을 먼저 챙기면 된다고 보았다. 성실, 정직, 진지, 겸허, 감사 같은 삶의 자세를 중시하는 것이나 대의명분을 먼저 따진 뒤 회사의 이득을 챙기는 선의후리先義後利 철학도 비슷했다.

"일본이 오랜 세월 가꿔온 일본인의 정신세계, 윤리관에 자신감을 갖고 기업을 경영해야 하지 않을까 생각합니다. 그러면 일본인의 경영 이념은 반드시 국경을 넘어갈 수 있다고 봅니다."

일본 전통의 경영 철학에 자부심을 가지라는 말이다. 그러면 외국에도 일본형 기업관이 수출될 수 있다고 이나모리는 보았다.

바이간이 활동하던 시대 한국에서는 당쟁이 한창이었다. 고지식한 유학이 한국 사회를 지배했다. 상거래에 정당성을 부여하며 상인, 기술자들에게 긍지를 가지라고 격려한 선비는 없었다. 한국과 일본의 경제적 격차는 어쩌면 그때부터 벌어지고 있었는지 모른다.

말년의 바이간은 교토 시내에서 경영 철학을 강의하며 책을 썼다. 강의실은 여성을 포함해 누구에게나 개방했다.

교토 시내 구루마야초車屋町 거리의 프레지오호텔 정문 바이간이 강의했던 장소에는 조그만 팻말이 서 있었다. 바이간이 경영 교실을 열었던 장소를 기념하는 돌비석이다. 이 돌비석은 이나모리 가족이 소유한 복합 상가 빌딩 '코콘카라스마'의 길 건너편에 자리 잡고 있다. 바이간과 이나모리가 시대를 뛰어넘어 교감하고 있는 듯한 모양새다. 바이간 돌비석은 CSR을 강조한 일본 전통의 경영 철학 발상지라는 의미가 있다.

이나모리에게 교토는 회사를 일으키고 자신의 경영 이념을 완성한 도시다. 고향에서 누구에게도 지지 않는 강인한 정신력을 배웠다면 교토에서는 경영인으로서 기본 정신을 배웠다.

창업 초기에는 기술로 세상과 승부하겠다는 의욕만 넘쳤으나 고졸 사원들 거사를 계기로 '전 종업원의 물심양면의 행복을 추구한다'는 기업 이념을 굳혔다. 몇 년 후에는 시야를 훨씬 넓혔다. '인류, 사회의 진보 발전에 공헌한다'는 CSR을 교세라의 경영 철학에 추가했다.

확장된 철학에 따라 교세라는 구체적인 행동 지침을 마련했다. 임직원들이 갖춰야 할 마음가짐, 사내에서 지켜야 할 세부 규칙을 마련했다.

"경영 이념이란 '나는 이렇게 경영을 하고 싶다' '회사 경영은 이래야 한다'고 생각하고 행동하는 바탕이 되는 것입니다. 경쟁이 격심하다고 해서 '도저히 지킬 수 없다'고 굽혀야 한다면 그것은 이념이 아닙니다."(『인생에 대한 예의』)

그는 자기 철학을 지키기 위해 사내 부정이나 변칙을 용서하지 않았다. 회사 직인이나 금고 열쇠는 반드시 다른 두 사람에게 맡겨두었다. 서로 체크하라는 뜻이다. 볼펜 한 자루도 사원 홀로 마음대로 구매하지 못하게 했다.

"이 정도는 괜찮겠지, 한 번 정도는 눈감아주겠지…. 그런 식으로 한번 이념을 깨트리면 그다음도, 또 그다음도 같은 일이 반복됩니다. 이념이란 우직하게 지켜나가지 않으면 안 되는 거죠."

이나모리가 우직한 처신을 강조하는 바람에 교세라에서는 가끔 해프닝이 벌어진다. 한 번은 영업소 소장이 자동차 휘발유 가격이 가장 싼 곳을 탐색하느라 진땀을 흘리며 이곳저곳으로 쉬지 않고 전화를 걸었다. 이 모습을 목격한 엘리트 신입 사원 한 명이 사표를 제출했다. 상사로부터 25년 뒤 자신의 모습을 보는 기분이 들었기 때문이었다고 한다.

하지만 대부분 사원은 이나모리 철학의 충실한 신봉자다. 그래서 교세라를 이나모리 사교邪敎 집단이라고 악평하는 평론가도 있다.

교세라의 교京는 교토에서 따온 것이다. 이를 미친 듯이 사업한다는 뜻에서 '광狂세라'(일본어 발음은 교세라와 똑같다)라거나 미치광이들 모임인 듯 '광도狂徒세라믹'이라고 비아냥거리는 사람이 없지 않다.

이런 질투 섞인 비난은 교세라의 성공, 이나모리 철학이 그만큼 대중의 호감을 끌고 있다는 증거일 뿐이다.

05

사원들의 마음에
불씨를 댕겨라

"사장은 주변 사람들을 먼저
생각해야 하는 자리입니다. 사원을 위해
땀을 흘리겠다는 자세가 필요하죠. 사원들이 나와 함께
행복해야 한다고 믿고 그걸 실천해야 합니다. 그래야
사원들이 우리 사장을 위해 땀을 흘리고
싶다는 마음이 우러나오는 겁니다."

이나모리를 베끼려면 차라리 그대로 베껴라

'오레노 이탈리안' '오레노 프렌치' '오레노 베이커리' '오레노 오뎅' '오
레노 소바' '오레노 우나기'(장어구이집)….

노교 최고의 번화가인 긴자 뒷골목에서 스타벅스보다 많이 보이
는 간판이 '오레노'다. 일본어 '오레노俺の'는 '나의' 또는 '나만의'라는
뜻을 가진 단어다.

오레노Oreno는 2011년 처음 이탈리안 음식점 문을 연 이래 긴자 부
근에만 다양한 음식점을 16곳 운영하고 있다. 머지않아 30곳까지 늘
린다니 긴자는 오레노 공화국으로 등극할 판이다.

긴자는 음식점의 공동묘지로 통한다. 외식 업체가 오픈하면 90%
가 2~3년 안에 문을 닫는다. 신생 음식점은 살아남기 힘들다. 비싼 임
대료보다 더 큰 장벽은 가격 대비 음식 맛이다. 유명 셰프조차 시원치

않은 맛으로는 순식간에 피를 흘리고 쓰러지는 죽음의 전쟁터다.

오레노는 그토록 험한 긴자에서 점포를 늘리고 있다. 점포마다 하룻밤에 평균 3.5회전을 달성하고 있다. 테이블마다 손님을 서너 번 바꾼다는 말이다. 손님이 몰리는 오레노 식당에서는 1인당 300~500엔씩 좌석료를 받는다. 또 앉은 지 1시간 45분~2시간이 지나 좌석을 비워달라고 하면 군말 없이 나와야 한다. 그 자리에는 곧 기다리던 손님이 들어선다.

도쿄 오테마치大手町에는 40~50층짜리 오피스 빌딩이 즐비하다. 니혼게이자이신문 본사를 지나 요미우리신문 본사로 가면 산케이빌딩이 바로 옆이다.

산케이빌딩 지하 2층에 '오레노 그릴 & 베이커리'가 들어섰다. 천장이 무척 높고 좌석이 138개에 달해 시원한 개방감이 돋보인다.

한쪽에는 스타인웨이 그랜드 피아노가 놓여 있다. 이 레스토랑에서는 매일 밤 네 차례 재즈를 생음악으로 제공하며 젊은 층부터 중장년층까지 고객을 끌어모으고 있다.

한 달 전부터 예약을 받아 70% 이상이 예약 손님이다. 그래도 매일 밤 대기자들이 오레노 주변을 서성거린다. 낮에는 식탁마다 손님이 평균 두 번 바뀌고, 밤에는 세 번 이상 바뀐다고 한다.

대표 메뉴는 티본스테이크다. 900g짜리가 3980엔. 고급 레스토랑의 3분의 1 가격이다. 싼 가격에 고급 요리를 즐길 수 있다.

오레노는 지난 8년간 일본에서 가장 큰 화제를 불러온 외식 체인점이다. 일본에서 2019년 10월 현재 44개 점포를 운영 중이다. 오레노를 모방한 스테이크 체인 식당들이 속속 경쟁 대열에 들어선 것을 보면 오레노의 성공이 일본 외식 업계에 큰 태풍을 몰고 왔다는 것을 짐작하게 한다.

오레노를 창업한 사카모토 타카시坂本孝 사장은 이나모리 수제자다. 이나모리스쿨에 1995년 입문한 문하생이자 이나모리가 공개 석상에서 '창업의 천재'라고 칭찬한 기업인이다. 하버드대 경영대학원은 2006년 그를 '올해의 벤처기업인'으로 선정하기도 했다. 그의 저서는 한국에서 『오레노 식당』으로 발간되었다.

오레노의 성공 비결은 최상급 셰프의 고급 요리를 값싸게 즐기도록 해준 데 있다. 거위 간으로 만든 프랑스 요리 푸아그라를 종종 780엔에 서비스한다.

그러면서도 세계 최고의 음식점 평가인 미슐랭 가이드에서 좋은 평점을 받는 오레노 점포가 등장하고 있다. '고급 요리는 비싸다'는 상식을 깨는 전략이 고객층에 먹히고 있는 셈이다.

사카모토는 이나모리보다 8살 아래다. 동년배 친구처럼 허물없이 지낼 만하지만 그렇지 않다. 사카모토가 이나모리를 따르는 충성심은 유별나다.

그는 월간지《닛케이 톱 리더日經トップリーダー》와의 인터뷰에서 "문하생들 모임에 참석해 문하생들이 질문하는 것을 들으며 저도 스승님이 어떻게 답변할지 머릿속에서 해답을 찾아봅니다. 그러면 10개의 질문 가운데 저는 기껏 1개 정도 정답을 맞힙니다"라고 했다. 제자들고민을 상담하는 자리에서 이나모리가 뭐라고 해결책을 제시할지

가상 답변을 더듬어보면 사카모토가 해답을 내놓을 확률이 10%에 머물렀다. 하지만 이나모리는 그때마다 상황을 꿰뚫는 현실적인 대답을 내놓아 존경할 수밖에 없다는 말이다.

사카모토는 여러 사업을 시도했지만, 실패를 거듭했다. 본인 표현을 빌리면 '2승 10패의 인생'이었다. 열 번 망하고 이익을 낸 사업은 두 번에 불과했다는 얘기다.

그는 중고 서적 중개 사업으로 큰돈을 벌고 주식 시장 상장까지 이뤘다. 언론이 그를 주목하기 시작했다. 바로 그때 스캔들이 터졌다. 사카모토가 리베이트를 챙겼다고 어느 주간지가 폭로한 것이다. 사회의 비난이 빗발치자 그는 주식을 모두 처분하고 은퇴했다.

그때 이나모리가 수제자를 사무실로 호출했다.

"대체 나한테 뭘 배운 거냐!"

벼락같은 호통이 떨어졌다. 앞뒤 사정을 설명하려고 하면 이나모리가 "지금 둘러대고 빠져나가려고 하는 거지?"라면서 책상을 탁탁 치며 불같이 혼을 냈다.

"반성도 하지 않는다!"

15분의 면담 약속이 호통, 꾸중으로 45분 흘렀다. 비서가 다른 손님이 대기 중이라고 몇 번씩 메모를 넣었건만 이번엔 "배신자에게 복수하겠다는 생각이나 하고 있는 게 아니냐"고 다그쳤다.

사카모토는 속으로 '젠장, 내가 교세라 직원도 아닌데…'라는 반발심이 생기기도 했다. 이나모리는 하소연이나 사정 설명은 듣지 않고 오만했던 것을 반성하라고 꾸짖었다.

하지만 극적 반전이 다가왔다. 호통이 끝나고 엘리베이터 앞에서 헤어질 때 이나모리가 두 손을 내밀었다.

"이봐, 무슨 일이 있으면 뭐든 들고 오게. 내가 전면적으로 도와줄 테니까. 뭐든 나에게 상담하러 오라고!"

그 순간 사카모토는 이나모리가 자신을 격려하기 위해 호되게 꾸중했다는 것을 깨달았다. 그로부터 2년 후 오레노의 도전이 시작됐다.

사카모토는 경영 이념부터 교세라의 것을 그대로 모방했다.

"음식 사업을 통해 지역 사회에 공헌하고, 전 종업원의 물심양면의 행복을 추구한다."

사원의 행복, 사회공헌을 기업의 목표 지점으로 설정했다.

"이나모리를 배울 바에야 철저하게 베끼는 것이 최고다."

잘하는 회사를 따라가려면 100% 가깝게 모방하는 게 낫다고 사카모토는 여러 인터뷰에서 솔직하게 말했다.

점포 관리, 메뉴와 가격 결정에노 교세라의 아메바 경영 기법을 도입했다. 아메바는 단세포 생물로 일정한 형태 없이 끊임없이 변하는 존재다. 아메바라는 이름의 소집단을 중심으로 시간당 채산성을 관리하는 것이 아메바 경영의 핵심이다.

이에 따라 거의 대부분 권한을 점포 매니저에게 위임했다. 메뉴부터 고객 유치 전략까지 점포 운영을 계절 변화나 고객의 요구에 맞춰 바꿔갈 수 있도록 했다.

창업 초기에는 식탁의 회전율을 높이려고 고객이 모든 음식을 높은 식탁 앞에서 서서 먹도록 했지만 어르신 고객이 많은 식당에선 앉아서 즐길 수 있게 인테리어를 바꿨다.

사카모토는 원래 외식 사업을 전혀 몰랐다. 그러던 중 서서 먹는 식당에 손님이 몰리는 현상을 관찰했다. 의자가 없으니 손님이 자리를 금방 비우고 그 자리에 다음 팀이 들어오고 있었다.

'회전율을 높이면 음식 재료의 원가가 비싸도 이익을 남길 수 있구나!'

전문가들과 분석해본 결과 손님이 하루에 세 번 이상 바뀌면 음식 원가에서 재료 가격이 평균 60%에 달해도 남는다는 계산이 나왔다. 심지어 원가율이 88%까지 올라가도 감당할 수 있다고 보았다. 회전율을 높여 손님이 증가하면 셰프가 캐비아(철갑상어 알), 푸아그라, 투 플러스 쇠고기 같은 최상급 재료를 마음껏 사용해 고급 요리를 제공할 수 있는 길이 트이는 것이다.

사카모토는 고급 재료를 다룰 수 있는 요리사를 찾아 나섰다. 인재 회사로부터 미슐랭 별점을 받은 고급 식당에서 일하는 셰프를 집중 소개받았다. 40여 명을 인터뷰하는 데 2억 엔 가까운 소개료를 지불했다. 1인당 평균 500만 엔의 소개료를 치르며 최상급 인재를 영입했다.

그는 셰프에게 이나모리로부터 배운 사원 행복의 경영 이념을 먼저 설명했다. 고용·피고용인 관계가 아니라 공동 사업자로 대우하겠다는 구상을 강조했다. 미식가들의 평가를 받는 스타 셰프가 되는 꿈을 함께 실현해보자고 제안했다.

긴자에서 성공하면 세계 최대의 격전지인 뉴욕 맨해튼에서 승부해보자는 야심도 밝혔다.

"리더는 끊임없이 사원들에게 목표를 제시하라."

이것이 스승 이나모리의 가르침이었다.

16평짜리 소형 식당을 처음 개설하자 소문이 금방 퍼졌다. 대기자 줄이 길어졌다. 고급 요리를 상상하지 못한 가격에 제공했기 때문이다. 소문은 "미슐랭 별점을 받은 셰프가 스테이크, 푸아그라, 캐비아를 원가보다 싸게 제공한다"는 식으로 와전되기도 했다.

실제로는 미슐랭 별점을 받은 특급 셰프 아래서 일했던 1급 요리사가 많았다. 그들의 꿈은 마음껏 고급 재료를 투입해 맛있는 요리를 만들어 인정을 받고 싶다는 것이었다. 사카모토는 그 꿈을 보장해주었다.

"처음에는 셰프들이 고급 재료를 과감하게 쓰지 않으려고 했어요. 이전 직장에서는 재룟값이 음식 가격의 20~30%를 초과하면 연봉을 삭감했다면서 겁을 내더라고요. 난 걱정 말라고 했어요. 그건 내가 책임진다. 그러니 최고급 레스토랑보다 맛있는 음식만 만들어내라고 했죠."

그는 여러 언론 인터뷰에서 이렇게 증언했다.

그러자 셰프들 사기가 쑥쑥 올라갔다. 사카모토는 식당마다 셰프, 매니저의 사진을 크게 걸었다. 주방은 손님들에게 완전히 오픈해버렸다. 셰프가 자기 이름을 높이 걸어놓고 일하는 분위기를 조성했다. 셰프의 긍지와 명예를 자극해 행복감을 높이는 용인술이다.

오레노는 아메바 경영의 원칙에 따라 점포별 손익을 파악하고 있다. 메뉴별 손익, 손님 1인당 매출액, 시간대별 손익까지 낱낱이 계산하고 있다. 이런 세밀한 채산 관리를 월별, 분기별로 하지 않고 매일 반복한다. 오늘의 실적이 어제보다 나빠졌는지 좋아졌는지 금방 알 수 있다. 또 매일 성적표를 점포에서 근무하는 전원에게 공개한다. 그뿐 아니라 다른 점포들과 정보를 공유하며 재료 구입비부터 요일별 실적까지 비교해볼 수 있도록 하고 있다.

오레노는 아메바형 채산 관리를 통해 이나모리식 투명 경영, 전원 참여 경영을 고스란히 실천하고 있다.

"사장은 주변 사람들을 먼저 생각해야 하는 자리입니다. 사원을 위해 땀을 흘리겠다는 자세가 필요하죠. 사원들이 나와 함께 행복해야 한다고 믿고 그걸 실천해야 합니다. 그래야 사원들이 우리 사장을 위해 땀을 흘리고 싶다는 마음이 우러나오는 겁니다."

사카모토는 어느새 이나모리의 가르침을 그대로 복창하고 있었다.

한 가지 아쉬운 점은 있다. 오레노 레스토랑은 서울 이태원에도 있지만, 도쿄와 비교하면 어쩐지 활기가 떨어진다. "그 비싼 요리가 그렇게 싼 가격에 나왔다니!"라는 감탄사가 터지지 않는다. 가성비가 뛰어나다는 기분이 들지 않는다는 말이다.

재벌 그룹 산하 특급 호텔이 경영해서 그런 것인지 모른다. 또 두 나라 물가 감각의 차이 때문에 그런지, 창업자의 구상이 제대로 작동하지 않아 그런지는 알 수 없다. 오레노 라면집이 훨씬 인기를 끄는 것을 보면 서울에서는 라면집들이 창업자의 뜻에 더 충실하다는 인상을 준다.

마쓰시타기념병원의 아메바 경영 도입

오사카 모리구치시守口市에 있는 마쓰시타기념병원은 글로벌 전자 회사 파나소닉 창업자 마쓰시타 고노스케가 설립했다. 이 병원은 애초 파나소닉 사원의 건강과 치료를 위한 사내 복지 시설로 만들어졌다. 80년 전 설립될 때는 13병상뿐이었으나 이제는 지역 주민들 진료와 건강 진단까지 맡은 359병상의 중형 종합병원이다.

마쓰시타는 오랜 세월 일본에서 '경영의 신' 원조로 군림했다. 그는 이 병원 특별 병실에서 출퇴근하는 일이 잦았고 이곳에서 최후를 마쳤다. 창업자에게는 글로벌 우량 회사를 키운 공로자들과 사별한 슬픔부터 종업원 건강을 걱정하는 마음, 환자로서 겪은 기쁨과 아쉬움 같은 감정이 가득 간직된 병원이다.

이 병원이 교세라로부터 경영 컨설팅을 받은 것은 2009년부터다. 컨설팅은 교세라 계열사 KCCS가 맡았다. 병원의 원가를 어떻게 관리하는 것이 좋을지 배우기 시작한 것이다. 이는 원조 경영의 신이 발족한 병원이 2대 '경영의 신' 이나모리를 스승으로 모신 격이어서 화제를 모았다.

교세라 지도에 따라 마쓰시타병원은 진료 부문, 간호 부문 등 부문별로 시간당 원가 관리를 엄격하게 하도록 했다. 자신이 일하는 부서의 수익 구조가 어떤지 의사, 간호사, 간호조무사들까지 전원이 알 수 있도록 했다. 부문별로 시간당 채산성을 따지는 작업을 월별, 연도별로 하지 않고 매일같이 반복했다.

주삿바늘 하나의 원가를 간호사들이 외울 만큼 세밀한 경영 통계를 날마다 전 직원에게 알려주었다. 의사가 처방전을 내주는 데 늑장을 피우면 약제사가 불필요한 연장 근무를 해야 한다는 사실도 일깨워주었다. 업무 변화에 맞춰 조직을 개편하면서 로봇이 할 수 있는 작업은 파나소닉제 로봇에게 맡겼다.

마쓰시타병원은 아메바 경영 기법을 도입한 지 2년 만에 수익이 5억 엔 늘었다. 애초 계획보다 1년 빨리 흑자 경영이 실현됐다. 흑자는 병원 설립 이래 처음이었다. 이 병원은 파나소닉 의료보험조합 산하다. 이익을 더 많이 내려고 고생할 필요가 없었다. 적자 경영이 지속되던 배경에는 파나소닉의 지원이 있었던 것이다.

하지만 2000년대 들어서서 모체인 파나소닉이 고전하면서 마쓰시타병원은 홀로서기를 해야 하는 상황을 맞았다. 모든 구성원이 원가를 따지고 시간당 손익을 고민하며 일하는 방식을 바꿀 수밖에 없었다.

"이익을 극대화하려는 것이 결코 아닙니다. 환자에게 좋은 의료 서비스를 제공하려면 어느 정도 이익이 나야 우수한 의료진과 좋은 의료 장비를 갖출 수 있어요."

야마네 테츠로山根哲郎 병원장은 의료 전문지 인터뷰에서 교세라식 원가 관리를 도입한 배경을 이렇게 설명했다. 아메바 경영을 통해 병원의 비효율을 획기적으로 고쳤다는 것이다.

그는 여러 세미나에서 아메바식 원가 관리가 병원에 가장 적합하다고 강조하고 있다.

마쓰시타와 이나모리, '경영의 신'들의 인연

이나모리에게 마쓰시타 고노스케는 하늘같이 섬기던 경영 스승이었다. 마쓰시타가 일본 최고 부자로 한창 인기를 누리고 있을 때 이나모리는 교세라를 창업했다. 교세라는 파나소닉에 TV용 부품 등을 납품하는 하청 업체로 출범했다. 이나모리는 일본 최강의 전자 회사 파나소닉의 약속 덕분에 창업에 뛰어들 용기를 냈다.

교세라 창업 6년째인 1965년 2월이었다. 마쓰시타 강연회가 교토에서 열린다는 소식을 듣고 이나모리는 한걸음에 참가 신청서를 냈다. 그는 여러 책과 강연에서 이렇게 회고했다.

"가난한 농촌 출신으로 남의 가게에서 인턴을 하던 소년이 굴지의 대기업을 키우고 '경영의 신'이 되었습니다. 그는 대체 어떤 철학으로 회사를 꾸려가고 있을까 궁금했어요."

아쉽게도 거래처에서 주문받은 물량을 마무리하느라 강연장 도착이 늦고 말았다. 강연장은 청중으로 가득했다. 이나모리의 좌석은 없었다.

강연장 뒤쪽에서 사람들 속에 파묻혀 있으니 마쓰시타 얼굴조차 보이지 않았다. 하지만 그의 목소리만큼은 이나모리 귀에 뚜렷하게 들어왔다.

"비가 많이 내릴 때 댐에 빗물을 모아두듯 경기가 나쁠 때를 예상해 경영해야 합니다."

마쓰시타가 특유의 댐 경영론을 말하고 있었다. 강연이 끝나자 청중 한 명이 손을 들었다.

"훗날에 대비해 경영하라는 말씀 잘 들었습니다. 하지만 그렇게 여유 있게 회사를 경영할 수 없는 게 현실이다 보니 모두가 힘들어하는 겁니다. 어떻게 해야 훗날을 대비해 댐을 쌓을 수 있는지 구체적으로 가르쳐주시지 않겠습니까."

당연히 터져나올 의문이었다. '돈을 잘 버는 파나소닉은 가능한지 몰라도 우리 같은 중소기업은 그렇게 하고 싶어도 안 되는 걸 어떡하느냐'는 항의로 들리기도 했다.

망설이던 마쓰시타가 대답했다.

"그건 생각만큼 어렵지 않습니다."

이렇게 중얼거리듯 대답을 마쳤다. '저 양반, 이게 뭐야. 허망하게!'라는 반응이 나올 만한 답변이었다. 청중은 웅성거렸다. 맹탕 대답에 허탈하게 웃는 사람도 있었다.

그러나 생각만큼 어렵지 않다는 마쓰시타의 대답은 이나모리에게 큰 충격을 주었다.

"온몸이 휘청거렸습니다. 내 온몸이 강한 충격으로 무너져 내리는 듯했습니다."

마쓰시타의 한마디가 찰나의 깨달음을 안겨준 것이다. 강연 내용에 심취했던 이나모리는 마쓰시타의 말을 이렇게 받아들였다.

"어떻게 해야 하는지는 한마디로 말할 수 없다는 말씀이었어요. 회사마다 사정이 다르므로 각자 자기 회사만의 다른 방법이 있으니까요. 그렇기에 구체적인 방법을 가르쳐줄 수 없다는 것이었죠. 하지만 '그렇게 경영하지 않으면 안 된다고 마음속으로 굳게 다짐하고 실천해야 한다. 그 다짐과 실천이 경영의 시작이다'라고 말하고 싶었던 겁니다."

이나모리는 스승이 하지 않은 말을 교세라 경영을 위한 큰 가르침으로 받아들였다.

"그것은 내가 창업 후 절실하게 바라던 것이었고, 이루고 싶은 것이었습니다. 경영자라면 꿈만으로는 안 된다, 꿈은 꿈으로 그쳐서는 안 된다, 꿈은 반드시 내일 이뤄야 할 목표가 되어야 한다, 그런 말씀이었죠. 마쓰시타는 나에게 그렇게 말하고 있었습니다."

이나모리는 파나소닉 총수의 가르침을 '우선 간절한 마음으로 현장에서 행동에 옮기라'는 지침으로 해석했다. 큰 회사가 되고 싶다는 꿈만으로는 부족하다. 먼저 간절한 바람으로 그에 맞는 행동을 실천해야 한다는 말이었다.

마쓰시타의 한마디는 신의 계시와 같은 효과를 냈다. 이나모리의 행동에 불을 붙이는 촉발제가 되었다. 내실 경영을 통해 사원 행복의 이념을 실천해야 한다는 의무감을 강화했다. 회사 조직을 소집단으로 분할, 채산성을 관리하는 아메바 경영이 그해부터 본궤도에 들어섰다. 파나소닉이 일찌감치 실행하고 있던 사업부제를 참고해 만든 교세라식 조직이 바로 아메바였다.

교세라는 머지않아 파나소닉의 최우수 납품 업체가 되었다. 사세가 날로 번창했고 미국 반도체 회사들과 큰 거래가 트였다. 미국 회사에 납품 계약이 끝난 뒤 이나모리는 마쓰시타를 찾아갔다.

"교세라를 잘 키워주셔서 감사하다고 했습니다. 진심으로 감사드렸어요."

파나소닉은 까다로운 납품 조건으로 교세라를 압박하곤 했었다. 그 어려운 장벽을 통과한 덕분에 기술 수준이 상승해 큰 거래가 성사됐다는 말이었다.

쓰라린 시련을 거부하거나 피하지 않고 오히려 필사적으로 신기술 개발에 혼신의 힘을 다 쏟는 기회로 삼았던 것이다.

이나모리는 마쓰시타가 쓴 책을 사원들과 함께 반복해서 읽고 토론했다. 인간 생활에 필요한 상품을 대량 생산해 인간 사회에 물질적 행복을 안겨주겠다는 것이 마쓰시타의 경영 이념이었다. 마쓰시타는 기업의 목표는 인간의 행복이고, 그것을 달성하는 것도 인간이라고 역설했다. 이나모리의 생각과 다를 게 없는 인간 본위의 철학이었다.

그 후 마쓰시타와 이나모리는 38세 차이에도 불구하고 주간지, 월간지의 대담 자리에 함께 나가거나 사업 상담을 주고받으며 친교를 맺었다.

마쓰시타는 1989년 사망하기 직전, 이나모리가 쓴 책 『일심일언心を高める,經營を伸ばす』에 따뜻한 추천서까지 붙여주었다. 메이지유신의 주역들을 기리는 기념관을 교토에 건립, 두 사람이 이사장 직책을 이어받기도 했다.

마쓰시타 사망 후 파나소닉이 경영난에 휘청거리던 2014년이었다. 이나모리가 파나소닉 사내보에 「내 마음속에 남아 있는 마쓰시타」

라는 글을 기고했다.

이나모리는 마쓰시타와의 인연을 소개한 뒤 파나소닉이 아메바 경영의 모델이던 사업부제를 폐지한 것을 거론했다.

"파나소닉은 사업부제를 폐지하게 된 경위를 맹렬하게 반성해야 한다. 그렇지 않으면 회사의 진정한 부활은 어려울 것이다."

아무리 교세라가 성장했다고 하지만 매출액, 사원 숫자, 조직 규모 등의 사세는 파나소닉보다 한참 아래다. 기업의 글로벌 위상도 교세라가 파나소닉에 미치지 못한다. 매출액만 보면 교세라는 파나소닉의 5분의 1 수준이다.

교세라는 더구나 오랜 세월 파나소닉에 납품하던 협력 회사였다. 누가 봐도 '맹렬 반성' '부활 불가능'을 거론하는 경고성 기고문을 내놓기는 어렵다. 하지만 '경영의 신' 자리를 물려받은 이나모리는 거리낄 게 없다는 투였다. 파나소닉 경영진이 창업자의 훌륭한 가르침을 버렸다고 질타했다.

스승의 위대한 경영 기법이 후대에 함부로 부정되는 것을 참지 못했을 것이다. 때마침 파나소닉 계열 마쓰시타병원이 교세라식 경영으로 흑자를 내는 것을 보았다. 마쓰시타의 제자 회사가 가르친 경영 기법을 따르자 마쓰시타가 설립한 병원이 활기를 찾았다. 스승의 은혜에 보답한 꼴이었다.

'파나소닉 경영진은 보아라. 창업자의 가르침이 옳지 않으냐!'

이나모리는 그렇게 확신하고 그 확신을 다름 아닌 스승이 창업한 파나소닉에 되돌려주고 싶었는지 모른다.

도산 위기의 중소 병원들을 완전 흑자로

효고현 타츠노시는 인구 7만 5000명에 불과한 소도시다. 예로부터 장맛이 좋고 매실이 많이 나는 지역으로 유명하다.

타츠노시에 있는 토쿠나가클리닉은 지방 소도시의 작은 종합병원이다. 병상 숫자는 109개이고 내과, 정형외과, 외과, 안과를 두고 있다. 고령자를 위한 요양병원을 겸한다.

이 병원은 2004년 일본의 병원 가운데 처음 아메바 경영 기법을 도입했다. 원장이 부실한 병원을 인수한 뒤 생존을 위해 경영 컨설팅을 받았다. 일본 정부가 진료 수가를 계속 낮추는 바람에 병원 수지가 극도로 악화되고 있었다.

이 병원의 성공 사례는 『아메바 경영 매뉴얼』이라는 책에 비교적 상세히 소개되어 있다. 이나모리 심복으로 아메바 경영 전도사로 소문난 인물인 모리타 나오유키森田直行가 쓴 책이다. 교세라의 경영 컨설팅 전담 회사 KCCS 홈페이지 첫머리에 등장하는 성공 사례다.

이 병원의 2004년 매출액은 11억 엔인 데 반해 2000만 엔 적자였다. 교세라식 원가 관리를 시작한 이후 곧바로 다음 해 2000만 엔 흑자로 돌아서더니 해마다 흑자 액수가 2000만 엔씩 증가했다.

놀라운 반전은 진료비 청구에서 시작됐다. 청구하지 않은 진료비를 철저히 찾아냈다. 병원장 주재로 매달 한 번씩 경영 회의를 개최하여 부문별 채산성을 챙겼다.

그전에는 의사의 발언권이 워낙 강했지만, 간호사, 약사, 방사선 기사, 영양사에게 의견 발표 기회를 보장했다. 그러자 그들로부터 "그건 이렇게 하면 더 수익이 좋아진다"는 아이디어가 속출했다.

병원에서는 같은 병에도 의사에 따라 다른 약제를 처방하는 일이 빈번하다. 이 때문에 약제부에는 약 재고가 쌓인다. 의사들과 협의 끝에 약 종류를 줄이니 구매량이 늘어나 납품 단가를 낮출 수 있었다. 동시에 유효 기간이 지나 폐기되는 약은 크게 줄었다.

입원 환자가 있는 병동에서는 각 병동의 채산을 파악하도록 했다. 그러자 병동 담당 간호사들은 병상이 비면 곧바로 다른 환자를 받는 게 이익이라는 생각을 하고, 곧바로 의사에게 연락을 취했다. 환자가 늘면 귀찮은 일만 증가한다는 과거의 타성을 버린 것이다.

저자인 모리타의 결론은 이랬다.

"병원은 원래 부문별로 조직이 쪼개져 있어 소집단(아메바) 원가 관리를 하기가 매우 좋은 분야입니다."

중소 종합병원은 한국과 마찬가지로 일본에서도 고전 중이다. 수익을 얼마나 올리느냐는 배부른 고민이 아니라 생존 여부를 놓고 치열하게 승부하지 않으면 안 되는 처지다.

토쿠나가클리닉에서 흑자가 나기 시작하자 의사, 간호사, 간호조무사들이 경영에 관심을 두게 됐다. 병원 수지가 건전하다는 것을 160여 명 전원이 눈으로 확인하면서 의욕이 점점 상승했다. 소집단별로 수익 상황이 나오는 것을 보며 의사들 간의 경쟁도 두드러졌다. 환자에게 더 친절하게 설명하면서 자기 환자를 늘리려는 현상이 나타났다.

토쿠나가클리닉 홈페이지는 병원의 기본 이념을 이렇게 정리하고 있다.

"이곳에 모인 사람들과 함께 행복을 추구하고 감사의 마음을 가득 담아 전인적全人的 의료를 영속적으로 전개한다."

의료진의 행복, 환자의 행복을 함께 추구한다는 의지를 담았다.

토쿠나가클리닉은 다른 병원들에 아메바 경영을 적극 추천하고 있다.

"전 직원의 경영인 의식이 높아집니다. 쓸데없는 낭비가 줄어들면서 경영이 튼튼해집니다. 가치 있는 의료 서비스를 제공할 수 있고요. 더 많은 병원이 우리처럼 아메바 원가 관리의 성과를 직접 체험하기를 바랍니다."

아메바 경영은 제조업이나 유통업에 적합한 경영 방식이라는 인식이 강하다. 2019년 6월 말 현재 아메바 경영 기업을 도입한 회사는 모두 808개다. 이중 제조 업체가 47%를 차지한다. 도소매 유통 업체도 16%에 달한다.

그런 흐름 속에서 두드러진 업종이 종합병원과 요양병원이다. 일본에서는 88개 병원이 교세라와 같은 원가 관리를 하고 있다. 아메바 방식을 도입한 병원 가운데 85%는 2년 이내 수익이 증가했다. 적자에서 완전 흑자로 전환한 곳도 7곳에 이른다.

손오공의 분신술에서 착상한 아메바 경영 기법

교토 교세라 본사 빌딩 옆에 있는 이나모리라이브러리 3층 전시관에서는 낡은 가죽 가방 하나를 볼 수 있다. 이나모리가 창업 당시 들고 다니던 가방이다. 가방 밑바닥이 꽤 넓은 것을 보니 도면, 샘플, 측정기 등을 많이 넣고 다녔던 것이 틀림없다.

그 시절 이나모리는 엔지니어로서 기술 개발은 물론 영업, 생산까지 회사 전체를 총괄하고 있었다. 가방에 온갖 자료와 부품을 갖고 다니며 신규 거래처를 발굴해야 했다.

그가 집중 공략한 거래처는 다른 회사가 도저히 만들 수 없다고 거절한 부품을 발주하는 대기업이었다. 그는 개발이 어렵다는 것을 알면서도 내색하지 않고 "교세라가 납품하겠습니다"라며 자신 있게 수주하곤 했다. 무명의 교세라가 처음부터 "힘듭니다"라는 반응을 보이면 다음에는 아예 부르지도 않을 것이라고 걱정했다. 일단 주문을 받은 다음 개발하면 된다는 각오로 발주처가 주는 도면을 가방에 담았다.

낮에는 영업, 밤에는 신기술 실험으로 바빴다. 지분은 10%에 불과했지만, 회사 경영을 책임진 창업자였다. 은행에도 가야 했고 연구원들과 콤파를 해야 사기를 높일 수 있었다.

"손오공이 털 하나로 여러 분신을 만들어내는 마술을 생각했어요. 바쁘게 뛰어다니다 보니 나와 똑같이 회사를 걱정하며 꼼꼼히 챙기는 분신들이 회사 안에 많이 필요하다는 것을 알았습니다."

그는 아메바 경영을 창안한 배경을 손오공의 분신술에 비유했다.

창업 6년째의 결단이었다. 종업원 숫자는 150명 안팎이었다. 고민 끝에 파나소닉처럼 회사를 조그만 단위로 분할, 각자 독립 채산으로 경영하는 것이 낫겠다는 결론에 이르렀다.

그때부터 손오공 분신술은 이나모리의 분신술로 바뀌었다. 수많은 '미니 이나모리' '이나모리 아바타'를 만들어 소집단 경영을 책임지라고 했다.

소집단을 아메바라고 명명한 사람은 이나모리가 아니라 은행원이었다. 조직을 5~10명씩 작은 단위로 쪼개서 운영하며, 거기에 고객 주문에 따라 수시로 조직을 변경한다는 설명을 추가했다. 그러자 은행원은 "아메바 같은 조직이라는 거군요"라고 반응했다. 주변 환경에 맞춰 기동성 있게 스스로 변하는 미생물을 떠올린 것이다.

이나모리는 사장의 권한을 먼저 아메바 리더와 그 멤버들에게 넘겼다. 영업부터 생산, 판매까지 스스로 책임지라고 했다. 수익은 10%

이상 나야 한다고 목표를 분명하게 설정했다.

'매출은 극대화, 비용은 극소화!'

각 아메바는 매출이 늘지 않으면 전원 영업에 뛰어들고 비용 삭감에 온 힘을 다해야 했다. 재고를 줄이는 데 소집단 멤버가 모두 함께 전력을 쏟아야 했다. 총동원 체제, 즉 전원 참여로 실적을 내려는 의욕이 강해질 수밖에 없다.

아메바별 독립 채산은 점점 발전했다. 아메바별 성적표가 매일 낮 12시쯤 나왔다. 그러니 사원들이 실적에 민감해졌다. 날마다 아침에는 아메바별로 조회를 열고 어제 실적을 평가한 뒤, 오늘 해야 할 업무를 재확인했다. 이로써 사원 개개인이 매일 나아가야 하는 목표와 방향이 뚜렷이 제시됐다.

지금 교세라에는 3000여 개의 아메바 소집단이 운영되고 있다. 하지만 아메바 경영은 수많은 일본 기업이 모방하는 채산성 관리 기법이 되었다. 이메바 기법을 도입한 기업들의 반응은 엇비슷하다.

"볼트 한 개 값을 따지며 사원들의 채산 의식이 높아졌다."

"전원이 참가하는 풍토가 강해졌다."

"상하 간 의사소통이 원활해졌다."

이런 반응이 많다. 실제로 아메바 경영을 하게 되면 회사에는 긍정적인 긴장감이 돈다고 한다.

오너, 최고 경영인 입장에서는 회사 구석구석까지 파악할 수 있는 장점이 있다. 또 회사 실적이 매일 속보로 나오기 때문에 환경 변화에 빠르게 대응할 수 있다. 소단위 조직을 키우는 것을 보면 누가 경영인 자질이 강한지 파악하기도 좋다. 간부 승진자나 임원 후보를 고르기 좋은 것이다.

그렇다면 QCQuality Control, TQCTotal QC와 아메바 경영은 뭐가 다를까. 둘 다 비용 절감, 업무 개선 등에 사원의 전원 참여를 요구한다. 대화가 활발한 모습도 비슷하다. 회사의 경영 체질을 강화하고 업무를 개선하겠다는 목표도 다를 게 없다. 하지만 아메바 경영은 모든 사원에게 각자 소속된 아메바는 물론 회사 전체 실적을 투명하게 공개한다. 또 시간당 생산성 지표를 매일 당사자들에게 알려주며 분발을 자극한다.

이 때문에 QC 서클에서는 종업원이 의무감에서 아이디어를 내놓는 반면 아메바 조직에서는 자발적으로 제출하려는 분위기가 강하다. 물론 아메바 경영에도 약점은 있다. 아메바 경영을 도입했다 포기한 사례가 30%에 이른다는 연구 보고서도 있다.

아메바 경영을 도입하면 당장 회의가 부쩍 많아지고 인사이동이 잦아진다. 아침마다 조회하는 것은 물론 아이디어를 짜내는 회의를 수시로 하기 때문이다. 교세라는 매월 두 번씩 아메바 조직을 통폐합 또는 분리하며 인사이동을 단행한다.

게다가 매일같이 수치를 놓고 실적을 따지기 때문에 적당히 넘어가는 법이 없다. 월급쟁이들의 고질병인 변명이나 거짓말, 임시변통이 통하지 않는다. 잘되는 일, 안 되는 일이 아주 선명하게 드러나 스트레스가 쌓인다는 불만도 적지 않다.

교세라 임원 중에는 적자 아메바 리더와 마주치면 농담조로 이렇게 꾸짖는 사람이 없지 않다.

"적자 부서 놈들은 복도 한가운데로 다니지 마!"

웃으며 건네는 농담이지만 당사자는 실적 압박에서 벗어날 수 없다. 그래서 "사원 행복을 추구한다는 회사가 종업원을 지옥으로 몰고 간다"는 핀잔이 없지 않다.

무엇보다 아메바 간의 의견 충돌이 적지 않다. 비용은 저쪽으로 미루고 수입은 자기 것으로 하려는 다툼과 마찰이 발생하기 쉽다. 이런 갈등은 임원, 간부들이 자주 만나 의견 조정을 하는 방식으로 해결하는 수밖에 없다.

이런 갈등을 줄이기 위해 이나모리가 강조하는 것이 '교세라 필로소피'다. 사원들에게 배포된 교세라 필로소피는 인간이 지켜야 하는 당연한 사고방식과 행동 요령을 요약해놓고 있다.

- 누구에게도 지지 않는 노력을 하라.
- 겸허하되 오만하지 말라.
- 매일 반성하라.
- 살아 있는 것에 감사하라.
- 선행, 이타행을 쌓아라.
- 감성적 고민을 하지 말라.

모두가 어린 학생들에게나 해줄 만한 '어르신 잔소리' 같은 말씀이다. 사원들에게 이런 유의 교육을 거의 매일 하는 회사는 희귀하다.

교세라는 창업 이후 한동안 회사 전화를 개인 용도로 쓰지 못하게 해왔다. 가족·친구 전화도 받지 말라고 할 정도였다. 비상 상황이 아니면 회사에서 집안일로 통화하는 것을 금기로 삼았다.

이처럼 까다로운 행동 규제가 많은 데다 원가 관리까지 꼼꼼히 하다 보면 사내 분위기가 험악해질 수 있다. 실적이 수치로 나오면 아메바 간 경쟁이 달아오르고, 거기서 이해 충돌이 상승하기 마련이다.

이 때문에 사내 인간관계를 원만하게 만들기 위해 회식을 자주 하고 인간성을 강조하는 윤리 교육을 쉬지 않고 하는 것으로 보인다. 마음공부, 정신 수양으로 조직 내부 충돌을 완화하려는 것인지 모른다.

하지만 아무리 "다른 사람 입장을 먼저 배려하라" "사욕을 버려라"라고 해도 마음속 불편함이 쉽게 가라앉지 않는 존재가 인간이다. 이나모리는 사원들의 불만을 누그러뜨리는 정책을 수시로 실행했다. 사장부터 청소부까지 전 사원이 단체로 홍콩 여행을 떠났고 이익이 많은 해에는 특별 보너스로 월급 몇 개월 분씩을 분배했다.

전 사원이 하와이 여행을 떠나려고 했을 때는 일본 경제계 전체가 불황에 허덕이고 있었다. 다른 회사의 눈총을 의식해 그 비용을 전액 보너스로 지급했다. 미국 법인에서는 크리스마스 파티에 회사 주식을 경품으로 내걸기도 했다.

1971년 교세라 주식을 증권 시장에 상장하기 전에 입사한 사원들은 모두 자사 주식을 보유하고 있었다. 상장 후 사원 중에는 시가로 수억, 수십억 엔어치를 보유한 부자가 여럿 탄생했다.

그러나 상장 후 입사한 사원은 자사 주식이 없었다. 이나모리는 창립 25주년 파티에서 사원들에게 자기 소유 주식 17억 엔어치를 나눠 주었다.

"회사는 어디까지나 종업원의 것입니다. 사원 행복을 경영 이념으로 내걸고 달려가는 한 회사는 계속 발전할 수 있습니다."

자신감에서 나오는 분배였다.

교세라 사원은 밤늦게까지 일하고 휴일 출근이 잦은 것으로 소문이 났다. 그러나 더 열심히 일하라고 떠미는 사람은 교세라 가족이라는 말까지 나돌았다. 회사가 가끔 가족 모두를 온천 여행에 초청하고 자녀들에게 해외 연수 기회까지 제공한 덕분이다. 가족의 행복까지 회사가 책임진다는 창업 정신에 따른 복지 혜택이었다.

그러나 이나모리는 금전적 배려는 일시적인 효과밖에 없다고 판단했다.

"돈으로 사람을 움직이기보다는 마음 깊은 곳에서 불타오르는 동기를 부여해야 합니다. 사원들 마음에 불씨를 댕겨야 합니다."

사장 역할은 사원의 마음이 스스로 꿈틀거리도록 만드는 일이라고 보았다.

"사원들 의욕을 끌어내기 위해 성공하면 급여나 보너스를 듬뿍 주겠다고 하는 방법이 있을 것입니다. 이건 손쉬운 방법이지만 사업은 항상 성공할 수 없는 노릇입니다. 사업이 잘되지 않을 때 급여나 보너스를 삭감하면 사기는 금방 떨어집니다."

이나모리가 항상 강조하는 말이다. 이 때문에 교세라는 아메바별 실적은 연봉과 연계시키지 않는다. 뛰어난 업적을 기록한다고 해서

1984년 창업 25주년 기념 축하 파티에서 이나모리가 사원들에게 회사 주식을 증정하고 있다.
© 교세라

보너스를 더 주지 않는다. 표창장을 줄 때 맥주 상품권이나 볼펜을 부상으로 선물하는 선에서 그친다.

"어느 아메바에서 일하느냐는 본인이 선택하지 못하고 회사의 여러 사정에 따라 배속 부서가 결정됩니다. 운이 좋아 성적이 좋은 부서에 배치되면 연봉이 올라가고 다른 아메바로 가면 특별 보너스를 못 받는다는 것은 매우 불공평합니다. 실적이 나지 않는 곳에서 일하면서 능력도 평가받지 못하고 수입까지 줄어들면 사기가 떨어지는 게 당연합니다."

실적과 연봉을 연동시키는 임금 정책은 직원들 마음을 어지럽힌다는 이유로 채택하지 않았다. 월급쟁이는 실적이 나빠지면 '그건 내 탓 아니다'며 다른 사람의 잘못과 게으름을 금방 여러 개 떠올린다고 보았다.

"실적이 나쁘면 급여를 깎는다는 것을 이성적으로는 이해해도 실제 줄어들면 감정적으로 변합니다. 아무리 규정을 만들고 사원들에게 여러 번 설명했어도 마음으로는 받아들이려고 하지 않습니다. 그건 인간의 본성입니다."(『남겨야 산다稲盛和夫の経営問答·高収益企業のつくり方』에서 저자가 재정리했다.)

그래서 아메바 실적이 좋든 나쁘든 대우를 똑같이 했다. 회사에 공헌한 직원에게는 공개된 자리에서 칭찬하는 방식을 채택했다.

"이분 덕분에 우리 모두 월급이 오르게 되었습니다. 이분에게 큰 박수를 쳐드립시다'라고 말해야 합니다."

사람의 마음을 움직이려면 돈이 아니라 명예를 선물하라는 말이다.

아메바 경영이란

회사 조직을 아메바라고 불리는 작은 단위로 분할, 리더가 중심이 되어 조직원 전원이 참여하는 가운데 경영 목표를 세우고 그 목표를 달성하기 위해 노력하는 경영 관리 기법을 말한다. 연간 목표를 토대로 매달 성과를 고려해 새로운 목표를 설정한 뒤 매일 시간당 채산성을 따지고, 그 결과를 전 사원이 공유한다. 교세라그룹에는 5~50명으로 구성된 3000여 개 아메바가 활동 중이다. 도요타자동차의 Just-in-timeJIT, GE의 6시그마처럼 다른 기업들이 내부 경영 혁신에 활용하고 있다.

아메바 경영의 3가지 목적

❶ **부문별 채산 파악** 매출을 극대화하고 경비를 극소화한다는 원칙 아래 소단위별로 실적과 시간당 채산성 통계를 작성해 매일 전 사원에게 공개함으로써 경쟁 분위기를 조성, 생산성을 최고로 끌어올릴 수 있다. 실적이 실시간으로 파악되므로 회사 경영 상황을 빨리 진단할 수 있다.

❷ **경영 인재 육성** 아메바별 실적을 보면 계획 작성부터 실적 달성 상황, 노무 관리, 설비 자재 조달, 인품 등 아메바를 이끄는 리더가 경영인으로서 갖춰야 할 능력을 갖추고 있는지 쉽게 파악할 수 있다.

❸ **전원 참여 경영** 아메바별 멤버 전원이 계획 단계부터 아이디어를 내고 목표 달성을 위해 모두 함께 최대한 노력함으로써 각자 일하는 보람을 느낄 수 있도록 한다. 총력전 체제로 조직 역량을 최고조로 끌어올릴 수 있다.

아메바 경영 기법 도입한 기업의 업종별 현황(2019년 9월)

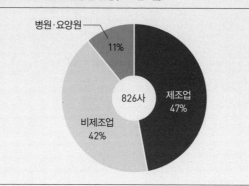

병원·요양원
11%

826사

제조업
47%

비제조업
42%

아메바 경영 도입 후 실적이 좋아진 병원·요양원 현황(2019년 9월)

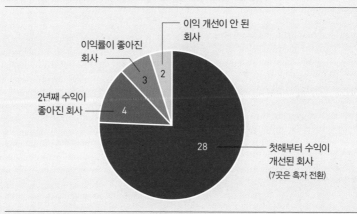

이익 개선이 안 된
회사

이익률이 좋아진
회사

3

2

2년째 수익이
좋아진 회사

4

28

첫해부터 수익이
개선된 회사
(7곳은 흑자 전환)

06

괴물과 싸우려면
사심을 버려야 한다

"목숨도 필요 없고, 명예도 필요 없고
직위도 필요 없고, 돈도 필요 없는 사람은
행동거지에 거리낌이 없습니다.
무욕無欲의 창을 앞세운 돈키호테처럼
창업자로서 회사의 지분을 단
1주株도 갖지 않겠습니다."

돈도, 명예도, 지위도 다 팽개치고 돌진

가고시마 시내 시로야마城山는 야트막한 산이다. 높이가 해발 108미터에 불과하지만, 경사는 제법 가파르다. 시로야마에는 관광객용 순환 버스가 다닌다. 그곳에 사구라지마 시내가 시원하게 보이는 전망대와 역사 유적지가 많다.

시로야마는 가고시마를 700여 년간 지배한 시마즈島津라는 사무라이 가문의 본거지였다. 전문가들은 시로야마가 외적의 침입을 막기에 유리한 지형을 갖추었다고 평가한다. 시마즈 군대는 노량해전에서 이순신 장군을 죽음에 이르게 했던 일본군 주력 부대였다는 해석이 많다.

그러나 시로야마에서 시마즈 가문의 흔적은 드문드문 보일 뿐이다. 7세기 동안의 통치자보다 돋보이는 인물이 사이고 다카모리다.

크고 작은 동상과 기념비, 유적지가 시로야마 주변에 즐비하다.

사이고 다카모리를 모시는 신사와 기념관이 있고 중앙 정부 군대와 내전을 벌일 때 몸을 숨겼던 동굴, 그가 최후에 자살한 현장이 역사 유적지로 보존돼 있다. 사이고 묘 주변에는 그와 함께 거사를 일으킨 병사 2023명의 묘까지 들어서 있다.

시로야마 전망대에서 걸어서 산비탈을 내려가면 사이고 다카모리의 대형 동상이 서 있다. 그는 체중 100킬로그램, 신장 178센티미터의 거구였다. 동상 높이는 5미터가 넘는다. 동상이 잘 보이는 길 건너편 5층 빌딩에서는 사이고 부부의 증손자들이 음료수와 도시락을 파는 카페를 운영하고 있다.

어디 시로야마 근처뿐인가. 가고시마에서는 어디를 둘러봐도 사이고 다카모리가 눈에 띈다. 가고시마 공항 앞 사이고 기념 공원에는 높이 10미터가 넘는 30톤짜리 초대형 동상이 서 있다. 온천 여관에는 반드시 그를 예찬하는 책이 몇 권 비치돼 있다. 그 이름을 딴 흑돼지 샤부샤부 요리부터 장어구이집까지 영업하고 있어 사이고는 가고시마 사람들의 생활 속에 깊이 파고들었다는 것을 짐작할 만하다.

이 때문에 사이고가 가고시마를 1000년쯤 통치한 영웅이 아니었나 착각하기 쉽다. 그는 중앙 정부를 상대로 내전을 일으킨 반란군 총사령관이었으나 일본 왕은 그를 사면하고 복권시켰다.

시로야마 서쪽 바로 아랫마을이 이나모리의 출생지다. 사이고가 태어난 집이나 말년에 살았던 집은 모두 이나모리 출생지에서 도보로 10분 안팎의 거리에 있다. 그는 어린 시절 사이고의 영웅담에 풍덩 빠져 자랐다.

"사이고 같은 사람이 되고 싶었어요."

그는 거리낌 없이 그렇게 말했다. 어린아이들은 누구나 역사 속 영웅을 닮고 싶어 한다. 하지만 이나모리는 사이고 다카모리를 배우거나 닮고 싶다는 것보다 훨씬 강한 추종자다. 사이고와 똑같이 말하고 행동하는 그의 아바타가 되려고 했다는 표현이 적절할 것이다. 그것도 어린 시절 잠시 사이고 열병을 앓다 그만둔 게 아니라 평생 그를 흠모했다.

사이고는 중앙 정부 타도를 외치며 무기고를 파괴한 무장 병력을 지휘해 주변 지역 정벌에 돌입했다. 메이지유신 이후 소외된 사무라이 집단의 불만이 그런 식으로 폭발했다고들 했다.

거사에는 메이지유신의 개혁 조치에도 불구하고 백성들의 삶은 전혀 나아지지 않았다는 밑바닥 민심이 반영돼 있었다. 내전 이후 자유 민권 운동이 일본을 거세게 휩쓸었다. 반란군 우두머리라는 주홍글씨는 일시적이었다. 대중의 마음이 그를 영웅으로 올려놓았다.

우리 역사에서 전봉준은 사이고보다 17년 후 전라북도 남원에서 동학 농민 혁명을 일으켰으나 사이고만큼 대접받지 못하고 있다. 100년 세월이 지날 즈음에야 겨우 역적에서 벗어났을 뿐 평가가 영웅으로 격상됐다고 볼 수 없다.

사이고와 전봉준은 모두 실패한 혁명가였다. 하지만 바닥 민심을 대변한 한국의 혁명가는 일본의 혁명가에 비해 차가운 대접을 받고 있다.

"저는 가고시마에서 사이고만 배웠습니다. 메이지유신에서 활약한 또 한 명의 영웅 오쿠보 도시미치 얘기는 그다지 듣지 못했어요. 교토에서 기업을 하면서 오쿠보라는 인물이 훌륭하다는 얘기를 듣고 그를 배우려고 노력했습니다."

대학을 졸업한 엘리트마저 그럴 만큼 가고시마의 풍토는 사이고 다카모리를 편애한다.

이나모리는 사이고 다카모리의 좌우명 '경천애인'을 교세라 사훈으로 정했다.

"하늘의 뜻을 섬기고 인간을 사랑하라."

탐욕, 사욕을 경계하고 이타주의를 강조한 말이다.

교세라의 창업 대주주 미야기전기 사장은 이나모리를 격려하려고 사이고의 친필 '경천애인' 액자를 선물했다. 비록 복사본이지만 이나모리는 낡고 그을음이 가득 낀 '경천애인' 액자를 창업 후 줄곧 사장실에 걸어놓고 사이고의 가르침을 되새김질했다. 또 사이고의 책을 침대 옆과 사무실 책상에 두었다.

그가 가장 좋아하고 자주 인용하는 사이고의 가르침이 있다.

"목숨도 필요 없고, 명예도 필요 없고, 직위도 필요 없고, 돈도 필요 없는 사람은 행동거지에 거리낌이 없다."

부, 명예, 계급장에 집착하지 않으면 무슨 일을 하든 거칠 것 없다는 말이다. 마음을 비우면 아무리 무서운 적수라도 물리칠 수 있다고 해석할 수 있다. 이나모리는 중대한 의사 결정을 내릴 때는 사이고가 남긴 말을 되새겼다.

이나모리가 교세라 사훈으로 채택, 사무실에 걸어둔 '경천애인' 액자. 그가 평생 스승으로 삼은 사이고 다카모리의 친필 휘호다. © 교세라

"경영 판단을 하실 때 사이고 다카모리의 가르침이 활용된 경우가 있었습니까?"

어느 잡지 인터뷰에서 이 질문을 받자 그는 곧바로 대답했다.

"정보통신 회사(지금의 KDDI)를 발족할 때였어요."(『無私, 利他·西鄕隆盛の教え』)

이나모리는 정보통신 업종에 처음 진출하던 무렵 사이고가 남긴 말을 빈번하게 숙고했다. 그럴 수밖에 없었다.

교세라는 기술로 성장한 제조 업종의 벤처기업이었다. 벤처기업가가 국민 생활에 필수적인 통신 인프라 산업에 진출하려면 수많은 장애물을 치우고 거대 권력과 싸워야 했다. 회사의 명운을 걸고 전쟁터에 나가야 하는 순간을 맞았다. 번민과 중압감이 극도로 치솟았다. 그때 문득 떠오른 스승이 사이고 다카모리였다.

'동기는 선한가. 사심은 없는가.'

사이고가 남긴 유훈을 이나모리는 밤낮으로 6개월간 자문자답했다.

"나 자신에게 물었습니다. 교세라를 더 키우려고 이러는 게 아닌가. 돈을 더 벌어보려는 욕심에서 새 사업을 하려는 게 아닌가."

대기업 오너라면 사세 확장이나 치부를 노리고 새로운 사업에 도전하기 일쑤다. 그게 한국이나 미국에서는 상식이다. 많은 일본 기업인도 다르지 않다. 기업인의 확장 의욕을 탓할 수 없다.

그러나 사이고 다카모리를 숭배하는 가고시마 사무라이는 달랐다. 치부나 사세 확장이 아니라 대의명분을 먼저 챙겼다.

'나는 무엇을 위해 통신 사업을 하려는 것인가.'

'나는 누구를 위해 새로운 사업에 진출하려는 것인가.'

이 화두를 반복해 자신에게 물었다. 그리고선 해답을 찾았다.

"전화 요금을 낮춰야 한다고 결심했습니다. 국민을 위해…"

결론은 이랬다. 국민 다수의 행복을 위해 신사업을 해야겠다고 마음먹었다. 일본의 전화 요금은 엄청나게 비쌌다. 국민은 미국보다 10배 안팎 많은 요금을 부담하고 있었다.

이나모리는 도쿄 출장길에서 교토 본사로 시외 전화를 걸 때마다 동전을 호주머니에 잔뜩 준비해야 했다. 공중전화기에 동전을 계속 집어넣어야 통화가 이어지는 불편이 그를 괴롭혔다.

그가 미국에서 목격한 풍경은 정반대였다. 한번은 미국 현지 법인의 미국인 직원이 샌디에이고에서 뉴욕으로 통화하며 온갖 잡담을 주고받는 모습을 지켜보았다. 장거리 통화가 긴 시간 이어지는 것을 참지 못하고 이나모리는 화를 냈다. 하지만 미국의 시외 전화 요금이 얼마 되지 않는다는 설명을 듣고 맥이 빠졌다.

일본과 미국의 요금 차이는 경쟁 회사가 있느냐 없느냐로 갈라진다는 것을 알았다. 미국은 ATT가 분할된 반면, 일본은 공기업 NTT가 전화 서비스를 독점하며 높은 요금으로 고수익을 만끽하고 있었다.

이나모리는 NTT의 독점을 깨야 국민이 전화료 부담을 덜 수 있다는 결론에 도달했다.

"NTT 독점 타파!"

"전화 요금 인하!"

NTT는 직원 수가 30만 명이 넘는 100년 독점 기업이었다. 전화 사업은 국민의 생활 수단이자 기업의 정보 유통 경로였고, 정부 기관의 행정력을 뒷받침하는 국가 인프라였다. 그동안 공무원, 국회의원 같은 권력 기관이 NTT 독점 체제를 지탱해주는 버팀목이 되고 있었다.

그런 상대와 싸우는 것은 10킬로그램짜리 애송이 사냥개가 300킬로그램짜리 곰에 덤비는 꼴이었다. 아무리 사나운 몽골견이라도 적수가 될 수 없었다.

마침 NTT를 민영화하거나 분할하겠다는 방침이 정치권에서 흘러나오고 있었다. 규제 완화 방안으로 통신 사업 분야에 신규 기업의 참여를 허용하겠다는 구상이었다.

도쿄의 대기업들은 주저하고 있었다. NTT 민영화나 분할 약속을 지킬지 미지수인 데다 경쟁 상대가 워낙 거대한 조직이었다. 정부와 NTT 동향을 살피며 선뜻 행동에 나서지 못했다.

이나모리는 6개월 고민 끝에 NTT라는 괴물과 싸우기로 작심했다. 중앙 정부를 상대로 반란을 일으켰던 사이고처럼 NTT를 향해 무모한 도전에 돌입했다. 그는 교세라 이사회에 회사 여유 자금 1500억 엔 가운데 1000억 엔을 달라고 요청했다. 그 돈을 NTT와의 전쟁 비용으로 투입할 작정이었다.

그는 창업자로서 자신은 통신 회사 지분을 단 1주株도 갖지 않겠다고 선언했다. 개인적인 치부 욕심이 없다는 각오를 앞서 내보인 것이다. 무욕無慾의 창을 앞세운 돈키호테식 돌진이었다.

"불평불만, 분노, 탐욕을 버리면 하늘의 소리를 들을 수 있습니다."

이나모리가 그 후 인터뷰에서 자주 했던 말이다. 사이고 다카모리처럼 사심을 버리고 하늘의 뜻에 따라갔다는 뜻이다.

새 사업엔 스스로 불타오르는 사원이 필요하다

교토에서 은각사銀閣寺 구경을 마치면 '철학의 길'에 들어서는 관광객이 적지 않다. 한적한 산책길에는 듬성듬성 카페가 나타난다. 군것질 거리를 파는 노점상까지 들를 수 있는 좁은 길이다.

철학의 길을 10여 분 걸으면 교세라 게스트하우스인 와린안和輪庵이 나온다. 밖에서 보면 단정하게 가꿔진 정원이 그 안에 있을 것이 확실해 보인다. 아쉽게도 외부 일반인에게는 비공개다.

이나모리가 현실 정치에 적극 참여하던 시절 일본 총리부터 민주당 실력자들이 이곳을 들락거렸다. 3대째 교토 요리를 제공하는 유명 식당 '만시게萬重'의 셰프가 이 호젓한 별채에서 그들에게 별미 식단을 차렸다. 와린안은 TV 촬영 무대가 될 만큼 계절에 따라 정원과 연못이 멋진 풍경을 제공한다.

와린안은 원래 교세라 직원들의 단합회 장소였다. 사원 연수에 사용되는 일이 잦았다. 와린안이 관심을 끄는 이유는 단지 그뿐만이 아니다. 이나모리의 기업가 인생에서 이곳은 매우 특별한 공간이다. NTT 타도를 결심한 뒤 통신 전문가를 모아 여기서 구체적인 책략을 논의했다.

NTT에서 인재를 비밀리에 불러들여 적을 공격할 계획을 다듬었다. 말하자면 NTT에게는 역모逆謀의 장소다.

그렇지 않아도 와린안이 있는 동네는 서기 12세기 무렵 일본 역사에서 유명한 역모가 꾸며진 곳이다. 독재 체제를 무너뜨리겠다는 야심가들이 모여 쿠데타 음모를 꾸몄으나 들통이 나는 바람에 대부분 처형되고 말았다.

800년 세월이 흐른 뒤 독점 통신 회사를 붕괴시키려는 논의가 같은 동네에서 끓어올랐다. 쿠데타에 실패한 세력의 본거지에서 험난한 도전을 시작한 셈이다. 실패한 혁명가 사이고 다카모리를 추종하는 이나모리로서는 실패한 쿠데타 모의 장소를 선택한 셈이었다. 2가지 액운을 간직한 채 스타트하는 통신 사업이었다.

통신 정책의 방향은 모두 도쿄에서 결판나고 있었다. 정책을 세우고 집행하는 관료 집단은 거대 기업 NTT를 키웠다. 정치권의 지배 정당인 자민당은 50년간 관료-NTT 연합체를 지원하며 선거에서 정

교세라의 게스트하우스 와린안 모습. 원래 사원 연수원이었다. 여기서 통신 사업 진출을 준비했다. © 교세라

치 자금과 표를 얻었다.

씨름판은 교세라 본거지 교토가 아닌 도쿄였다. 홈이 아닌 적진에서 승부를 내야 했다. 도쿄 중심으로 굴러가는 거대 경제 단체가 교토의 벤처기업을 응원할 리 없었다.

이나모리는 경영인으로서 경험도 턱없이 부족했다. 교세라는 제조업에서 성장했다. 대부분 상품은 전자 반도체 부품으로 완성품을 대기업에 납품하는 선에서 머물렀다. 카메라, 복사기처럼 소비자를 상대하는 몇 가지 상품을 판매하고 있었지만, 통신업처럼 불특정 다수 소비자를 겨냥한 서비스는 생소한 분야였다.

자금, 인맥, 정보 어느 것 하나 충분히 준비되지 못했다. 무엇보다 날로 신기술이 개발되는 통신 기술을 아는 부하나 지인이 없었다.

이나모리는 홀로 싸워야 했다. 빈손으로 맞서야 했다. 일부 언론은 그를 칼 솜씨는 좋으나 배경이 없는 '떠돌이 사무라이' '외톨이 무사'라고 은근히 빈정거렸다.

이때 나타난 인물이 센모토 사치오千本倖生다. 센모토는 일본에서 통신 및 IT 관련 벤처기업을 여럿 키워낸 창업가다. 그는 서울을 방문해 벤처기업 육성 방안을 강의한 적이 있는 인물이다.

이나모리는 센모토가 NTT 부장급 간부로 일하고 있을 때 처음 만났다. 1983년 여름이었다. 교토상공회의소 주최 정보 사회 신기술 관련 강연회에 센모토가 강사로 나왔다.

강연이 끝나자 이나모리가 센모토에게 다가가 물었다.

"정말 흥미로운 말씀이었습니다. 앞으로 일어날 정보통신 업계의 변화가 교토 기업들에 어떤 임펙트를 줄 것으로 보십니까?"

센모토는 "거기서 커다란 비즈니스 기회가 생겨날 것"이라고 답변했다. 전자, 반도체 관련 기술을 보유한 교세라에 긍정적인 영향을 끼칠 것이라는 말이었다. 인사치레로 하는 답변이었다.

이나모리는 포기하지 않고 질문을 더 던졌다.

"강연 도중 말씀을 저렇게 하셔도 되나 하고 가슴이 철렁하기도 했답니다. 평소에 그렇게 말씀하시다 NTT 경영진으로부터 왕따당하지나 않았을까 걱정이 되었습니다. NTT는 튀는 직원을 용서하지 않는 것으로 알고 있습니다만…"

센모토는 급소를 찔린 표정이었다. 미국의 통신 산업은 IT 혁명을 일으키며 훨훨 날아갈 조짐이 있었다. NTT 독점 때문에 사방이 막혀 있는 일본의 답답한 처지에 대한 센모토의 불만을 이나모리가 고스란히 읽어냈다.

센모토 가슴에서는 통신 혁명에 이은 IT 혁명의 불꽃이 타오르고 있었다. 곧 불어닥칠 정보통신 산업의 허리케인을 예감하며 불안해하는 느낌이었다. 이나모리는 센모토의 불안과 불만이 은연중 터져 나오는 불평과 다르다고 보았다. 그의 불안과 불만을 잘 조절하면 큰일을 이뤄낼 정열로 전환할 수 있을지 모른다고 판단했을 것이다.

센모토는 책 『도전하는 경영挑戰する經營』에서 "그것은 운명적인 만남이었다"고 썼다.

그 자리에서 이나모리는 정부가 통신 사업 자유화를 추진해야 한다는 말을 꺼냈다. 센모토의 강연 요지에 동조하며 그에게 유혹의 밑밥을 던진 꼴이었다.

"대기업에서 아무도 통신 사업에 새로 뛰어들지 않는다면 제가 도전해볼까 생각하고 있습니다."

내친김에 교세라가 통신 사업에 뛰어들고 싶다는 포부까지 밝혔다. 이나모리는 자기 생각을 내보이며 괴물 회사와 싸움에서 선봉장을 맡을 돌격 대장을 면접하고 있었다.

"실례가 될지 모르지만, 당신은 지금 NTT에서 붕 떠 있잖아요. 저희 쪽으로 와서 NTT 경쟁 회사를 함께 시작해보지 않으시겠습니까."

이나모리는 명함에 집 전화번호를 써주었다. 일본인이 집 전화나 휴대폰 번호를 써주면 둘이 따로 만나 솔직한 대화를 나누고 싶다는 의사 표시다. 교세라로 오면 능력을 발휘할 수 있다는 제안이었다. 통신 혁명의 주인공이 되고 싶어 하는 센모토 마음속 불덩어리를 교세라로 끌어들이려는 초청장이었다.

얼마 후 두 사람은 오사카 어느 호텔 앞 카페에서 만났다. 플라스틱 테이블 앞에서 호텔 전용 메모지 위에 센모토가 간단한 지도를 그렸다. 신설 회사의 사업 구상을 대충 설명하는 자리였다.

"도쿄와 오사카를 연결하는 전용 회선을 설치하는 데 300억 엔 정도가 듭니다. 처음 2~3년간 1000억 엔가량 들어갈 겁니다."

1000억 엔을 투자하면 새로운 통신 회사를 만들 수 있다는 말이었다. 센모토는 교세라에는 매우 부담스러운 금액이라고 보았다. 1엔 이하의 단가를 깐깐하게 따지며 성장한 제조 회사가 신종 사업에 1000억 엔을 투입하겠다고 나서기는 무척 힘들다. 센모토는 이나모리의 대답을 거의 포기하고 있었다.

한 달 뒤였다. 이나모리는 교세라 이사회에서 1000억 엔 사용 승인을 받아 센모토에게 통보했다.

"결심했습니다. 꼭 해봅시다."

센모토는 "그 순간 내 인생이 바뀌었다"고 썼다. 그럴 수밖에 없었다.

IT 시대의 혁명가가 되고 싶은 거대 공기업의 중간 간부가 단 몇 달 사이 느닷없이 벤처기업가와 손을 잡았다. NTT 독점을 깨고 통신 혁명을 일으키겠다는 야심 하나로 공동 운명체가 됐다.

그때부터 이나모리와 센모토는 서로가 서로를 가르쳤다. 이나모리는 센모토에게 경영 이념과 회계를 가르쳤다.

"1엔의 비용을 아끼면 이익이 1엔 늘어납니다. 이나모리는 그걸 저에게 일깨워줬습니다. 월급쟁이 시절에는 조금도 생각해보지 않은 것입니다. 그런 세심함과 함께 이나모리는 사업가의 대범함을 보여주었습니다. 새로운 사업에 큰돈을 걸었고, 전화 요금을 인하할 때는 제가 놀랄 만큼 과감하게 내렸거든요. 기업인은 대범함과 세심함을 다 갖추지 않으면 안 된다는 것을 배웠습니다."

센모토의 이나모리 평가다.

그는 이나모리 아래서 12년간 통신 회사를 꾸리는 동안 부쩍 지명도를 높였다. 배짱이 맞아 설립한 교세라 계열 통신 회사(초창기 이름은 DDI) 경영이 승승장구하며 계속 화제를 뿌렸다. 이나모리와 함께 센모토는 통신 혁명의 스타 중 한 사람으로 부상했다. 이나모리 슬하를 떠난 뒤에는 정보통신 분야에서 벤처기업을 창업해 큰 성공을 거두었다.

그는 언론 인터뷰에서 이나모리에게 경영 기법을 배운 것을 조금도 감추지 않고 자랑했다. 영원한 경영의 스승이라고 했다.

이나모리의 용인술은 센모토의 스승 활용술보다 훨씬 빛이 났다. 그는 센모토의 강점을 최대한 끌어내는 데 성공했다.

센모토는 세계 통신 업계의 최신 정보를 이나모리에게 보고했다. 경쟁 회사와 다투는 데 필수적인 신기술을 실리콘밸리에 쫓아가 챙겨왔다.

통신 혁명은 IT 혁명으로 이어지고 있었다. 시대 흐름에 필요한 테크닉을 서둘러 준비했다. 이나모리는 센모토 덕분에 NTT는 물론 경쟁 기업들과 싸울 전략과 고성능 무기를 마련할 수 있었다.

센모토는 스스로 불타오르는 타입이다. 이런 사람은 옆 사람에게 불을 쉽게 붙인다. 그의 열정이 주변 사람을 불타게 만드는 고효율 연료가 된다. 한 명이 뛰기 시작하면 조직 전체가 활활 타오르는 긍정의 연쇄 작용이 나타난다. 이나모리는 조직이 이렇게 생기발랄하게 돌아가는 작동 원리를 교세라에서 확인했다.

"인간은 세 종류로 나눌 수 있습니다. 스스로 불타는 자연성自燃性 인간, 불을 붙이면 타오르는 가연성可燃性 인간, 불을 지펴도 타오르지 않는 불연성不燃性 인간이 그것입니다."

엔지니어다운 사원 분별법이다. 그는 불연성 사원을 싫어했다. 아무리 애써도 타오르지 않는 사원은 불평불만을 앞세운다. 일과 사물을 삐딱하게 바라보고 트집을 잡는 버릇이 있다고 보았다.

"내게 필요한 사람은 자연성이면 더없이 좋겠지만 최소한 가연성 인간은 되어야 합니다."

가연성 사원은 지시에 순종하고 상사의 가르침에 복종한다. 상사, 동료의 도움을 얻어 불타는 사원은 힘들고 어려운 일을 견뎌낸다. 자연 발화하는 사원은 주변에 수많은 불씨를 끝없이 뿌려주지만 때로는 상사 지시를 거부하고 다른 길로 달리는 경우가 없지 않다.

이나모리는 사원을 선발하는 과정에서 직관에만 의존하지 않았다. 30분 이상 1시간 동안 일대일로 대화를 나누며 여러 질문을 던져보는 방식을 애용했다.

그는 사회를 보는 시각이 비뚤어진 사람은 피했다. 부모, 형제와 합당한 이유 없이 사이가 좋지 않은 사람은 채용하지 않았다. 능력이 부족해도 바르고 고지식하게 살아가는 사원을 높게 평가했다.

이나모리는 센모토 같은 자연성 간부를 앞세워 수많은 가연성 사원 가슴에 불을 붙였다. 교세라에서 성공한 인재 활용법을 NTT와 전쟁에서 그대로 채택했다.

신입 사원들에게 전파 중계탑 기지 건설을 위한 부지 매입 업무를 맡겼다. 신입 사원은 기껏 원룸 자취방을 계약해본 경험밖에 없는 사회 초년병들이었다. 이들에게 부담스러운 부동산 매입 임무를 던지며 젊은이 특유의 정열에 불을 지폈다. 그러자 통신 회사 사원들은 자연 발화성 불꽃이 되어 뛰기 시작했다.

어느 DDI 사원은 책『이나모리 가즈오-도전자獨占に挑む』에서 "저는 조직을 위해 움직이는 단순한 톱니바퀴가 아닙니다. 먹고살려고 아등바등 일하는 것도 아닙니다. 창조적인 생각을 갖고 열정을 다해 회사와 나라에 공헌하는 것, 바로 그것이 내가 일하는 이유입니다"라고 증언했다. 시키는 일을 어쩔 수 없이 하는 게 아니라 자발적으로 일을 찾아서 해치우겠다는 주인 의식이 뚜렷하다.

DDI에 새로 들어온 사원들은 2년 후에 5~10명의 사원을 거느린 팀장이 됐다. 사장, 임원이 권한을 대폭 위임해 그들의 열정에 휘발유를 끼얹어주는 인재 활용 전략이었다.

사원을 키우며 권한만 위임하지 않았다. 사탕을 그때그때 배분했다. 이나모리는 센모토에게 스카우트하자마자 교세라 주식 1만 주를 주었다. 지신은 통신 회사 지분을 단 한 주도 보유하지 않는 대신 임원, 간부, 사원들에게는 주식을 배분했다. 주식을 살 돈이 없는 사원에게는 은행 대출금을 알선했다.

'이 회사는 내 회사가 아니라 당신들 회사야.'

이런 선언이었다. 이쯤 되면 가연성 사원은 자연성 인간으로 바뀌고 불연성 사원 숫자는 급격히 줄어들기 마련이다. 이나모리는 사원들 마음이 스스로 불타오르도록 하는 용인술을 구사했다.

현금 위주의 이나모리식 회계 경영

도쿄 왕궁에서 도쿄 돔으로 가는 길에 36층짜리 가든에어타워가 보인다. KDDI 본사가 입주한 빌딩이다. KDDI는 에이유au 브랜드 휴대폰 서비스를 제공하는 일본 2위의 통신 회사다.

일본 1위 통신 회사는 NTT다. KDDI 매출액은 NTT 절반 수준에 못 미치지만, 영업 이익이 매출액의 20% 안팎을 넘나드는 우량 기업이다. KDDI는 교세라 계열 DDI가 도요타자동차 계열 통신 회사를 M&A해 탄생한 회사다. 어떤 회사인지 궁금하다면 한국의 SK텔레콤을 연상하면 된다.

교세라가 세계적인 강자 도요타자동차를 누르고 제1 대주주가 되기까지는 사연이 있다. NTT 독점을 깨겠다는 승부 근성이 거기에 들어 있다. 전화 요금을 낮추겠다는 집념을 포기하지 않은 결과, 이나모리는 뒤이어 통신 회사를 설립한 손정의와 함께 일본 통신 혁명을 주도한 인물이 됐다. 그는 일본인들의 일상생활에서 의사소통 방식을 완전히 바꾸는 역할을 멋지게 수행했다. 커뮤니케이션에 들어가는 비용을 극적으로 낮추었을 뿐 아니라 신속하고 편리한 통로를 소비자들에게 제공했다.

KDDI가 정식 발족한 해는 2001년이다. 2위 통신 회사 출범으로 NTT 독점 체제는 완전히 붕괴했다. 이나모리로서는 통신 업종에 뛰어든 1차 목표를 달성한 셈이다.

이나모리는 통신 사업에 뛰어든 후 숱한 곡절을 겪었다. 통신 기술 개발과 정부 정책 변화에 따라 시외 전화 사업부터 자동차 전화, 삐삐 사업, PHS 서비스, 위성 전화 사업을 전개하며 단맛, 쓴맛을 다 맛보았다. 경쟁 회사들과 싸우며 인수, 결별, 합병을 거듭했다. 이합집산 과정을 한 장의 도면 위에 전부 그려 넣기 힘들 만큼 변화가 심했다.

그렇게 탄생한 KDDI는 100년 이상 독점 사업체였던 NTT라는 벽을 완전히 붕괴시키지 못했다. 하지만 NTT 독점 체제를 깨고 때마침 불어닥친 IT 혁명의 기반을 깔아주었다. 그 과정에서 이나모리는 도쿄전력, 일본철도JR 같은 거대한 공기업은 물론 일본 최강의 민간 회사 도요타자동차와 싸워야 했다.

거대 기업들과 싸움에서 승리한 덕분에 KDDI 출범 이후 일본 경제계에서 이나모리의 위상은 완전히 달라졌다.

KDDI 이전에는 교토에서 벤처기업을 성공시킨 엔지니어 출신의 이색 경영인으로 통했다. KDDI 이후 이나모리는 교토에서 도쿄로 진출한 전국적 인물이 됐다. 소수의 전자·반도체 대기업과 거래하는 납품 업체에서 불특정 다수의 소비자를 상대하는 대기업으로 발돋움했다.

그는 기업가 인생에서 가장 인상이 남는 일을 묻는 《교토신문》 (2019년 5월 3일)의 질문에 "그건 통신 사업을 새로 시작한 것입니다. 그 당시 NTT가 통신 사업을 독점하고 있었습니다. '동기는 선한가. 사심은 없는가' 하고 매일 밤 스스로 반문한 끝에 도전했습니다. 강력한 힘을 보유한 국영 기업 NTT 독점 체제가 국민을 위해 일하지 않는다고 생각해 새로운 통신 회사를 설립해 대항해야겠다고 굳게 마음먹었습니다. 지금 KDDI는 멋진 회사가 되었습니다. 정말 잘했다고 봅니다"라고 대답했다. 주저 없이 튀어나온 답변이었다.

이나모리는 교세라를 창업해 세계적인 첨단 회사로 키웠고 JAL을 도산 직전에서 구출했다. 그렇지만 그보다는 통신 사업에서 성공한 것을 자신의 최고 업적으로 꼽았다.

이나모리의 핵심 전략은 역시 가격 인하 정책이었다. 전화 요금을 내리겠다는 애초의 각오를 회사 전략으로 끝까지 밀어붙였다.

처음에는 NTT보다 무조건 전화 기본요금을 30% 싸게 서비스했다. 가격을 도저히 낮출 수 없는 부대 서비스도 최소한 4% 낮게 책정했다. NTT가 가격 인하로 반격해오면 다시 가격 인하로 받아쳤다.

한번은 NTT가 전화 요금을 21.4%나 한꺼번에 대폭 인하해버렸다.

"강대한 적이 이빨을 드러내며 몰려오더군요."

NTT로서는 적자 결산을 각오하고 빼앗긴 시장을 찾으려는 반격에 나선 것이다. 이나모리는 NTT의 가격 인하로 인해 가격 우위가 사라져버렸다는 것을 즉각 알아차렸다. 두 회사 가격이 비슷하면 영업력이 압도적으로 강한 NTT에 시장을 내줘야 할 판이었다.

배수진을 치고 덤비는 적의 공세로 수세에 몰리고 있었다. 경영 전략 회의에서는 NTT 공격에 다시 가격을 인하하면 KDDI는 적자에 빠진다는 결론이 내려졌다. NTT의 무리한 가격 인하에 KDDI마저 적자에 빠지는 쌍방 손해 게임이 시작되고 있었다.

이쪽이 인하하면 적은 그에 맞서 다시 가격을 인하할 게 뻔했다. 물귀신처럼 서로 기업을 적자로 끌고 가는 게임에서 자금력, 영업력이 앞선 NTT가 유리한 점도 확실했다. 신생 회사는 내부 단결은 단단했지만, 장기간 전쟁을 수행할 파워가 한참 밀렸다.

이나모리는 직원들에게 이집트 신화 속의 동물 피닉스를 말했다.

"영원의 시간을 살아가는 전설의 새, 피닉스는 불사조입니다. 500년에 한 번 스스로 불 속에 뛰어들어 불에 타 죽고 그 재 속에서 다시 소생한다고 합니다. 우리는 그 피닉스가 되어야 합니다."

NTT와 가격 전쟁에서 이기려면 제2, 제3, 제4의 가격 인하에도 견딜 수 있는 체질을 갖추지 않으면 안 된다고 보았다. '피닉스 작전'으로 명명된 경비 절감 계획이 만들어졌다. 영업 경비부터 노무비, 다른 기타 경비를 딱 잘라 지금보다 절반으로 줄이는 삭감 정책이었다.

모든 사원의 잔업부터 30% 줄였다. 교통비, 출장비, 사무용품 비용도 잘라냈다. 대리점 영업비를 도저히 줄일 수 없다는 보고가 올라왔다. 대리점에 커미션을 줘야 고객을 확보할 수 있다는 설명이었다. 대리점들은 본사가 살기 위해 대리점을 희생시킨다고 불만이었다.

"영업비를 절반 줄인다고 해서 영업 활동을 반으로 줄여서는 안 됩니다. 남은 영업비 절반을 잘 활용해 대리점을 설득해야 합니다. 가격 인하 전쟁에서 패배하면 본사도 죽고 대리점도 죽습니다. 함께 고통을 이겨내면 본사와 대리점이 공생한다는 것을 일깨워줘야 합니다."

이나모리는 비상 상황에서 대리점 커미션만은 경비 절감에서 예외로 해달라는 요청을 이런 논리로 거절했다. 어느 부서에 예외를 한번 인정해주면 경비 삭감에 참여하는 다른 부서 사원들의 열기는 흐지부지 사그라지고 만다. 이나모리는 그런 예외를 허락하지 않았다.

'고통도 함께, 영광도 함께' 전략이었다. 그 덕에 잇따른 가격 인하 전쟁을 치르면서 KDDI의 매출과 이익이 감소했으나 적자 결산을 하지 않았다.

가격 전쟁에서 오히려 의외의 소득이 생겼다. 회사 주력 사업을 유선전화에서 휴대전화 사업으로 갈아타는 것이 훨씬 낫다는 결론에 도달했다. 기존 사업에서 경비를 철저하게 아끼다 보니 새로운 사업에 돈을 쓰는 편이 투자 효율이 높다는 계산이 나온 것이다. 무자비한 경비 절감은 KDDI가 서둘러 휴대폰 사업에 본격 투자하게 되는 전기가 됐다.

이나모리는 KDDI 재무 부문의 핵심 자리에는 교세라 출신을 채용했다. 담당 전무부터 부장, 과장을 교세라 출신으로 채웠다. 그래서 교세라식 회계 처리를 통해 경비를 삭감하는 전략을 세울 수 있었다.

교세라식 재무 관리는 통신 사업을 건실하게 키우는 핵심 기반이 되었다. 그 후 '이나모리 회계학'에 언론의 관심이 쏠리기 시작했다. 이나모리는 교세라 특유의 경리를 『이나모리 가즈오의 회계 경영』으로 발간했다. 이 책은 금융권 차입과 재고, 경비 지출을 극도로 억제하고 현금 정산을 중시하는 내용을 담고 있다.

이나모리 회계학의 7대 원칙은 다음과 같다.

- Cash Base 원칙 : 현재 손에 쥐고 있는 현금만 중시
- 일대일 대응 원칙 : 돈과 상품이 움직이는 순간 즉각 전표 작성
- 근육질 원칙 : 사람, 돈, 설비, 재고에 여유나 과잉 금지
- 완벽주의 원칙 : 회계에서 사소한 실수나 불량, 애매한 처리 불허
- Double Check 원칙 : 물건, 돈의 움직임은 꼭 복수의 사원이 허가
- 채산성 극대화 원칙 : 조직별 목표 달성 여부 매일 점검
- 유리알 경영의 원칙 : 전 재무 상황을 사원들에게 공개해 투명성 확보

관료 집단, 도요타를 상대로 불태운 '기업가 투혼'

KDDI의 제1 대주주는 교세라(12.76%)이고 제2 대주주가 도요타자동차(11.09%)다. 회사 지명도나 글로벌 시장의 위세를 보면 도요타자동차가 제1 대주주여야 마땅해 보이지만 교세라가 첫 번째 대주주가 되기까지는 사연이 있다. 이 이야기에는 이나모리의 집념이 짙게 묻어나온다.

교세라가 KDDI로 정보통신 사업에서 위치를 굳히기까지는 4개의 거대한 기득권 집단의 방해를 이겨내야 했다.

첫째는 시장의 경쟁자들, 둘째 NTT와 유착한 관료 집단, 셋째 정치권, 넷째는 언론이었다. NTT와 한판 승부를 각오했던 이나모리에게 이들은 뒷다리를 잡으끄는 방해꾼들이었다. 기득권 집단의 훼방을 뛰어넘지 못하면 독식 체제를 깨겠다는 야심은 산산조각 흩어질 판이었다.

하지만 이나모리는 잇달아 전화 요금을 인하하며 대중을 자기편으로 끌어들였다. 4개의 거대 파워 집단과는 정면 대결하거나 때로는 타협하며 자기의 길을 끈질기게 고수했다.

정보통신 사업 참여가 자유화되고 교세라가 신규 참여를 선언하자 머뭇거리던 재벌 회사들이 참여하기 시작했다. 괴물 NTT와 싸우기 전에 거물 신참자들이 시장에서 진흙탕 싸움을 시작한 것이다.

처음 마주친 맞수는 다들 쟁쟁했다. JR은 NTT와 분리된 통신망을 따로 보유하고 있었다. 교세라는 그 통신망을 빌려 쓰려고 접촉했지만, JR은 도리어 자신들이 통신 사업에 신규 진출하겠다고 나왔다.

교세라는 이번에는 도로공사를 접촉했다. 고속도로 중앙 분리대를 따라 전선을 가설해 전화 사업을 하고 싶었기 때문이다. 도로공사도 JR처럼 기존 시설을 활용해 통신 회사를 시작했다. 도로공사는 도요타자동차와 제휴했다.

교세라는 결국 JR 계열, 도요타·도로공사 합작 계열의 통신 회사들과 3파전 양상의 생존 경쟁을 해야 하는 국면을 맞았다. NTT와 싸우려고 했던 애초의 야심을 접고 이들과 경쟁을 펼쳐야 했다. 이로 인해 NTT에 남아 있던 회선을 비싼 사용료를 내고 빌려 써야 하는 입장이 됐다.

통신 산업의 판도가 NTT, JR 계열, 도요타 계열, 교세라 계열 등 4파전으로 형성됐다. 과당 경쟁이 벌어질 게 확실했다. 언론은 '3강 1약'의 판세로 보고 교세라 계열이 가장 먼저 망할 것이라고 입방아를 찧기 시작했다. 인맥, 자금력, 영업력, 사세가 빈약한 교세라는 거대 기업들과 도저히 싸울 수 없다고 분석했다.

막상 뚜껑을 열자 역시 체력 차이가 두드러졌다. 교세라는 맨땅에서 일어서다 보니 시설 투자에 엄청난 자금을 투입해야 했다. 3강 회사들은 기존 인프라를 활용해 초기 투자비가 그다지 들지 않았던 반면 교세라는 기본적 설비 투자에 큰돈을 투입해야 했다.

"일단 시작했으면 멈춰 서면 안 된다."

이나모리의 호령이 떨어졌다. 중도에 그만두면 패배자가 된다. 성공할 때까지 끈질기게 밀고 가는 것이 성공으로 가는 최상의 전략이라는 독려였다.

이나모리는 과감한 투자에 가격 인하 정책을 곁들이면서 시외 전화 고객을 늘리는 마케팅에 집중했다. 그쪽 사업이 수익이 높은 데다 거대한 경쟁 회사들과 싸움이 쉬웠기 때문이다.

우여곡절 끝에 DDI는 설립 4년 만에 흑자를 냈고, 8년 만에 도쿄 증시에 상장했다. 5만 엔짜리 주식 가격이 무려 550만 엔까지 뛰었다. 초우량 기업이라는 평가가 금융계에서 나왔다. 초창기에 입사한 사원들에게는 이나모리가 주식을 나눠주었었다. 그 덕에 사원들은 단번에 거액을 손에 넣었다. DDI에 투자했던 소니 등 출자 회사들도 돈방석 위에 올랐다.

자존심 강한 도요타자동차가 이나모리에게 머리를 굽힌 것도 시장의 경쟁에서 패배했기 때문이다. 도요타자동차는 계열 통신 회사를 교세라 측에 합병하면서 KDDI의 2대 주주로 물러설 수밖에 없었다.

전쟁 과정에서 관료, 국회의원, 언론은 교토의 신출내기 교세라가 아니라 도요타, JR, NTT 쪽의 논리에 기울었다. 국회는 교세라의 반도체 패키지가 미국산 토마호크 미사일에 사용되고 있다고 폭로했다. 무기 수출을 하지 않는다는 정부 정책을 어기고 있다는 비난이었다.

또 교세라가 개발한 세라믹 인공 관절을 사전 허가 없이 팔고 있다는 지적이 나왔다. 일부 제품을 정부 허가 없이 판매한 것은 사실이었다. 이로 인해 교세라는 한 달간 조업 징지 처분을 받아야 했다.

정치권 공격의 뒷무대에서는 NTT 노조가 몇몇 국회의원을 움직이고 있었다. 노조는 NTT 민영화나 분할을 반대하기 위해 요금 인하 공세로 민영화, 분할 논리를 합리화하는 교세라를 공격했다.

국회의원들의 폭로가 있을 때면 언론은 그때마다 교세라를 집중 비판했다. 주간지들은 "교세라 직원들이 화장실 가는 것조차 눈치를 본다"는 식의 폭로 기사를 내보냈다. 심지어 사진 기자들이 이나모리 집 부근에 잠복해 출퇴근 모습을 촬영했다.

어느 사진 기자는 주주총회장에서 이나모리가 먼저 인사하고 고

개를 드는 순간 때마침 임원들이 따라서 인사하는 장면을 찍었다. 이나모리와 임원들 간의 인사 시간에 격차가 생긴 순간을 스냅 샷으로 잡은 것이다. 사진 설명은 "주총에서 인사하지 않은 이나모리 가즈오!"였다. 오만하다는 비난이었다.

어처구니없는 일이었다. 이나모리는 국가 기간 산업에 도전한 후부터 중앙 무대의 텃세가 그토록 혹독하다는 것을 절감했다.

무엇보다 관료 집단의 방해는 이해하기 힘들었다. 그들은 NTT와 100년간 손발을 맞춰 통신 산업을 육성했다. 도요타자동차 같은 대기업과는 끈끈한 인맥이 복잡하게 얽혀 있었다.

이 때문에 관련 법 개정이나 정책 결정을 앞두고 언제나 교세라에 불리한 방향으로 정책을 결정했다. 기득권을 옹호하는 논리로 교세라의 의욕을 꺾어버리기 일쑤였다.

이 때문인지 그는 자서전에서 관료 세력에 날카로운 비판을 감추지 않았다. 그가 특정 직업에 적대 의식을 표시한 대상은 관료뿐이다.

그는 자서전에서 "관료의 체질에는 놀랄 뿐이다. 도무지 잘못을 인정하지 않는다. 인간이란 잘못을 감추지 않고 드러냄으로써 반성하며 진보한다. 그러나 관료에게는 그런 상식이 통하지 않는다. 그들은 자신들이 만들어놓은 사회 질서나 업계 질서는 완전한 것이라고 하며 개혁할 필요가 없다고 한다"고 신랄하게 지적했다.

이어 "관료들은 자기들이 국가를 지탱하고 있다, 자기들 외에는 나랏일을 걱정하는 사람은 없다는 자부심이 있는 것 같다. 국민이 나라에 뭐라고 입 여는 것을 용인하지 않는다. 관료의, 관료에 의한, 관

료를 위한 행정일 뿐이다"(『좌절하지 않는 한 꿈은 이루어진다稲盛和夫のガ
キの自叙傳』)라고 비판했다.

이나모리는 정보통신업에서 쌓인 스트레스로 인해 한동안 발작 증
상을 겪었다. 얼굴에 미소가 사라지고 안면 통증을 견뎌야 했다.

그는 통신 회사에서 월급을 받은 적이 없다. 회사를 상장할 때 창
업자이자 대표이사로서 당연히 지분을 받을 수 있었지만, 사원들에
게만 배분했다.

'창업자는 사리사욕이 없다.'

사원들이 이런 확신을 갖고 행복한 마음으로 일할 수 있도록 해주
었다.

통신 사업에서 겪은 고통이 엄청났던 만큼 그가 얻은 소득은 대단
했다. 통신 사업이 성공한 뒤 하버드 경영대학원은 그의 성공 사례를
수업 시간에 소개했다. 더불어 이나모리스쿨에서 그의 뒤를 따르는
중소기업인 숫자가 부쩍 증가했다.

그의 자서전이 《니혼게이자이신문》에 연재되고, TV와 전국지 언
론의 집중적인 관심을 끌었다. 그를 비판하던 언론이 이번엔 그의 경
영 이념을 앞장서 홍보하기 시작했다.

NTT에 선전포고한 뒤 괴물을 무너뜨리지는 못했다. 하지만 교토
의 이색 경영인은 일본 재계의 스타 경영인으로 화려하게 무대 위에
등장했다. '살아 있는 경영의 신'이라는 애칭은 KDDI 성공 이후 사용
범위가 조금씩 확장하더니, 2010년 전후로는 일본과 중국에서 아무
거리낌 없이 정착했다. 그는 괴물들과 싸우며 신이 됐다.

07

도산한 대기업 살려내야
진짜 '경영의 신'

"경영의 목적은 무엇이라고 생각합니까.
이익을 남기고 고객에게 좋은 서비스를 제공하는 등
여러 목적이 있을 수 있겠지만, 제가
생각하는 경영의 가장 큰 목적은
사원의 행복 추구입니다."

혁신의 불꽃은 조직 밑바닥에 지펴야 한다

도쿄 하네다 공항에서 모노레일을 타고 도심으로 들어가는 길에 텐노즈 아이루天王洲 Isle 정거장이 나온다. 여기서 주변의 여러 빌딩을 연결하는 구름다리를 몇 개 건너면 노무리부동산 소유 빌딩에 JAL 본사가 입주해 있다. 경영이 정상화됐다고 하지만 아직 셋방살이 신세다.

　JAL 본사에 이나모리 동상은 없었다. 그의 초상화조차 걸리지 않았다. 교세라 본사와 공장에 사원들 회식을 위해 설치된 단합회용 다다미방도 없었다. 교세라 방식의 경영 혁신으로 회사가 회생했으나 경비 절감, 매출 극대화를 촉구하는 포스터 한 장 보이지 않았다.

　이나모리가 JAL을 떠난 지 6년이 넘었다. 쓰레기가 되었던 JAL 주식이 다시 증권 시장에 거래된 뒤 그는 JAL 경영에서 물러났다. JAL 회생 드라마에 합류했던 이나모리 팀 부하 3명도 그와 함께 은퇴하거나 교세라로 돌아갔다.

'이제 JAL에선 이나모리 흔적을 찾기 힘들겠군….'

회사에 생명의 숨결을 다시 불어넣은 은인을 잊어버릴 만한 세월이 흘렀다. 새 경영진은 전임자가 쌓은 탑을 무너뜨리거나 고치며 자기 색깔의 새로운 탑을 쌓고 있을 가능성이 큰 시기다.

한국 기업이라면 진즉 그렇게 가고 있을 것이다. 전임자 업적을 기리기는커녕 작은 흔적까지 아예 지우려고 애쓰는 게 한국 경영인들의 속성이 아닌가.

일본 언론에서 JAL이 이나모리의 가르침을 벌써 잊고 있다는 비판이 없는 건 아니지만, 이나모리 흔적이 싹 지워졌을 것이라는 상상은 크게 빗나갔다. 홈페이지의 일반 고객용 이메일 주소로 신청한 면담 요청에 JAL 홍보팀은 진지하게 응대했다. 면담 장소에는 고위 간부가 직접 나와 그동안의 실적과 경영 혁신 결과를 브리핑했다. 어떤 취재 요청에도 허투루 응대하지 않는 자세가 교세라를 그대로 닮았다.

"이나모리는 저희 가슴속 깊은 곳에 있습니다. 우리는 그분에게 큰 빚을 지고 있어요."

이나모리의 흔적을 찾기 어렵다는 질문에 홍보팀 간부들은 그렇게 대답했다.

"많은 변화를 경험했습니다."

"사원들이 일체감을 갖게 됐어요."

"생각하는 방식을 바꾸게 됐어요."

JAL 간부들은 "바꾸었다" "달라졌다" "변했다"는 표현을 자주 썼다. 이나모리의 강요로 억지로 바뀌었다는 피동형의 설명이 아니었다. 마음가짐과 행동을 자발적으로 바꾸었다는 능동형 설명이다. 변화의 주체가 자신이었다는 것을 분명하게 했다. 이나모리의 경영 혁신이 JAL 사원들을 스스로 움직이게 만든 혁명이었다는 징표다.

이나모리의 가르침은 사원들 가슴속에만 남아 있지 않았다. 사원 한 사람, 한 사람의 일하는 방식에 놀라운 변혁을 일으켰다. 작업 현장부터 딴판으로 바뀌었다.

항공기 정비센터의 모든 부품에는 단가가 붙었다.

"나사 1개=10엔" "크레용=100엔" "걸레 1장=3엔".

무턱대고 새 걸레를 꺼내 들던 정비사들은 이제 헌 작업복으로 먼지와 기름을 닦아낸다. 걸레 사용 방식을 바꾸자 해당 부서 걸레 구입 경비가 연간 100만 엔 절약됐다.

작은 비닐봉지에는 0.15엔이라고 적혀 있다. 1엔 이하 소모품까지 아끼자고 다짐하는 표시다. 비닐봉지 한 장, 걸레 한 개를 더 쓰려면 동료들 눈치를 보게 됐다.

"내가 1엔 아끼면 회사 이익은 1엔 늘어납니다."

아주 당연한 진실을 이나모리가 일깨워주었다. 교세라의 원가 절감 방식이 JAL에서 그대로 실천되고 있다.

티켓 예약 센터도 마찬가지다.

"전화 응대 한 번에 280엔, 신규 예약 한 명 확보에 320엔, e티켓은 360엔, 발권까지 끝내면 960엔".

예약 센터 직원이 신규 예약을 받아 발권까지 마무리하면 매출이 그만큼 확보된다는 말이다. 원가 의식을 강조하려고 직원들이 스스로 계산해낸 수치다. 전화 한 통의 소중함, 티켓 한 장의 가치를 알면서 일하자고 서로를 격려하고 있다.

티켓 예약 센터는 10~20명씩 작은 아메바 조직으로 나누어 운영하고 있다. 회사는 소단위 조직의 매출액, 비용, 이익을 매일 집계한다. 아메바 조직 간에 서로 비교해볼 수 있는 자료가 다음 날 아침이면 모든 직원에게 배부된다. 개인별 실적도 날마다 집계된다.

과거에는 '시간당 고객 전화를 7통 이상 처리하자'는 식의 목표가 설정됐다. 고객이 전화를 걸어오니 해치우자는 수동적 업무 자세였다. 하지만 이제는 '지금 받는 전화의 가격은 몇 엔짜리'라는 인식이 직원들에게 심어졌다.

"우리가 받는 전화 한 통, 우리가 파는 티켓 한 장이 회사 수익에 얼마나 공헌하고 있는지 알게 되었습니다. 자신이 회사를 키우고 있다는 자부심을 갖게 되었답니다."

JAL 사원들이 한결같이 하는 증언이다.

파일럿들은 비행기를 착륙시킬 때 역분사逆噴射 장치를 가동해 비행기를 멈추곤 한다. 역분사 장치를 쓰면 연료 소비가 급증한다. 이나모리 혁명이 시작되면서 연료 사용량을 줄이려고 특별한 상황이 아니면 바퀴에 달린 브레이크를 쓰기 시작했다. 역분사 장치 대신 브레이크를 가동하면서 그때마다 10만 엔씩 비용을 아끼게 됐다.

파일럿들은 거기서 머물지 않고 조정실 안에서 일회용 종이컵 대신 휴대용 텀블러를 쓰기 시작했다. 승무원들은 탑승 때 가방 안의 휴대품 숫자를 줄였다. 화장품은 미니 사이즈로 변했다. 애용하는 대형 샴푸 한 통을 통째로 갖고 다니던 습관은 일회용 샴푸 포장을 집어넣는 것으로 바뀌었다.

연료 소비를 절감하려고 비행기 안에 끌고 가는 파일럿, 승무원의 휴대 가방 무게를 단 몇 그램이라도 낮추려고 했다. 휴대품 무게를 덜어내려고 사무실에는 가방 무게를 재는 체중계를 설치했다. 가방 무게를 하루 500그램씩 줄여가자는 캠페인을 한동안 전개했다.

복사 용지 소비를 한 장이라도 줄이려고 직원들에게 매일 나눠주던 일과표나 주의 사항도 각자 수첩에 메모했다. 조종사와 승무원 4500명에게 한 장씩 매일 나가던 복사 용지를 아끼니 연간 25만 엔이 절감된다는 계산이 나왔다.

이나모리는 JAL에서 철두철미 현장 위주의 혁신을 단행했다. 티켓 발매부터 공항의 탑승 게이트, 비행기 조정실, 정비 공장 구석구석까지 변화의 소용돌이가 몰아쳤다.

이나모리는 2010년 2월 1일 JAL 회장직에 취임하자마자 하네다 공항 사무실부터 찾아갔다. 신임 회장의 첫 현장 시찰이라서 본사 사장을 비롯한 임원진이 줄줄이 뒤를 따랐다. 공항 현장의 책임자가 이나모리에게 보고했다.

"직원 모두를 한곳으로 모이라고 지시하겠습니다."

신임 회장 앞에서 훈시를 듣도록 하겠다는 의도였다. 회의실이나 강당에 전원 집합시키는 것이 윗분의 의중을 전하는 효율적인 방법이다.

이에 이나모리는 즉각 거부했다.

"무슨 말인가. 그럴 수는 없다."

그는 스스로 직원들 책상 사이를 돌았다.

"갑자기 찾아와 일을 방해해 죄송하네요. 정말 힘든 시기지만 저도 힘을 내겠으니 함께 열심히 해봅시다."

회장이 직원들 책상 앞에 일일이 찾아가 "잘 부탁드립니다"라며 손을 내밀었다.

비행기는 평소처럼 뜨고 있었으나 JAL 경영은 '도산' 판정을 받고 일본 정부와 채권자들의 엄격한 관리를 받고 있었다. 2차 세계대전 이후 일본에서 최대 규모의 기업 파산이었다. 대한항공이 한국 경제계에서 차지하는 비중보다 일본 경제계에서 JAL의 위상은 훨씬 크고 무거웠다. JAL은 한때 세계 최대 항공사에 올라 취항 노선이 세계 구석구석까지 무섭게 뻗어가고 있었다.

그런데 채권단 관리로 직원들 사기는 급추락했다. 구조 조정 방안에 따라 그룹 직원의 3분의 1에 달하는 1만 6000명이 앞서거니 뒤서거니 회사를 떠나고 있었다. 사무실 분위기는 어수선하다 못해 황량했다. 구제 금융으로 공적 자금을 지원받게 되면서 국민 세금으로 생명을 연장하는 '죄인'으로 몰리고 있었다.

사회로부터 손가락질을 받는 JAL 직원들에게 이나모리가 손을 내밀고 다가갔다. 그는 모이라고 호출하지 않고 틈만 나면 사원들 책상 사이를 직접 돌았다.

그는 첫 8개월 동안 아홉 차례 현장을 찾아갔다. 과거의 경영진이

라면 하지 않았던 행차다.

"여러분은 아무 죄가 없습니다. 경영진이 잘못해 회사가 어려워진 겁니다. 죄송합니다."

그렇게 경영진의 실패를 사과하며 사원들에게 부탁했다.

"여러분이 꼭 도와주셔야 합니다. 회사를 살려주셔야 합니다."

이나모리는 파산에 책임을 지거나 사과를 해야 할 당사자는 결코 아니었다. 회사를 구하러 달려온 구조 대장으로 차출된 처지다. 아무 죄가 없는 이나모리가 사원들에게 다가가 사죄하며 도움을 간청하고 있었다. 더구나 JAL에서는 연봉을 1엔도 받지 않겠다고 선언하지 않았는가.

한 번은 이나모리가 오사카 이타미伊丹 공항에서 어느 직원으로부터 경비 절감 방안을 들었다. 고작 2000엔을 아낄 수 있다는 내용이었다. 동료들은 "2조 3000억 엔이나 되는 막대한 부채를 안고 무너진 회사에서 푼돈 2000엔 아긴다고 무슨 효과가 있을 것인가"라며 회의적이었다. 그런 자잘한 아이디어를 회장 앞에서 발표하는 것이 쑥스럽지 않느냐는 반응도 나왔다.

하지만 이나모리의 반응은 사원들의 예상을 벗어났다.

"그 2000엔이야말로 우리에게 정말 소중한 돈입니다."

말단 직원의 2000엔짜리 아이디어에 최상의 칭찬을 아끼지 않았다는 소문은 금방 퍼졌다. 이나모리가 현장을 떠나자 사내 이메일을 통해 전 사원에게 전파된 것이다.

"멋지네요!"

평사원들의 반응은 이 한마디였다.

정치적 배경을 갖고 낙하산을 타고 내려온 역대 사장, 회장 가운데 그런 경영인은 없었다. 그동안 경리·기획 부서 출신들이 경영진 상층부를 장악하고 현장을 모른 채 그들만의 세상에서 회사를 경영했다. 기술자의 손을 덥석 잡아주고 말단 직원과 얼굴을 맞대고 대화하는 회장은 없었다. 윗사람이 사원들에게 잘못을 사과하며 도움을 간청하는 광경은 더더욱 없었다.

이나모리는 말단 사원들의 순수한 마음을 읽었다. 그들의 가슴속에 숨어 있는 애사심에 자그만 촛불을 붙이면 곧바로 가연성 인간으로 바뀐다는 것을 알았다. 아무리 부실 경영에 빠졌다고 해도 부실 쓰레기 더미 속에 숨어 있는 파워가 어느 조직에나 있다는 것을 믿었다.

"여러분 한 사람, 한 사람이 바로 JAL입니다."

이나모리가 입버릇처럼 강조한 말이다. 사원들 각자가 회사의 주인공이라는 말이다.

JAL 밑바닥 분위기는 이나모리가 기대한 대로 변해갔다. 현장 사원의 애사심에 지펴진 반짝 촛불은 서서히 장작불로 커지고 이어 큰 횃불로 변하더니 순식간에 거대한 산불로 번졌다.

어느 증권 회사 애널리스트들은 JAL 사원들이 경비 절감으로 파산 첫해 400억 엔가량 이익을 늘렸다고 추정했다. 이는 인건비 강제 삭감으로 얻은 이익금 200억 엔의 2배에 달했다. JAL은 그렇게 이나모리 취임 첫해부터 흑자로 돌아섰고 곧이어 창사 이래 최고 흑자를 냈다.

지저분한 휴지로 취급받던 JAL 주식은 다시 우량주로 떠올랐다.

마치 요술 방망이로 쓰레기 더미가 황금 덩어리로 변하는 기적이 일어난 듯했다.

1155일 동안 투쟁한 JAL의 해결사

프리랜서 저널리스트 오니시 야스유키大西康之는 니혼게이자이신문사 기자였다. 지금은 독립해 주요 잡지에 기업 뉴스를 분석하는 원고와 단행본을 쓰고 있지만, 예전에는 이나모리가 JAL에서 이룬 성과와 그 과정을《니혼게이자이신문》인터넷판에 본격 소개했다. 그의 기자 촉감이 이나모리의 성취를 재빨리 잡아냈다. 그 예민한 감각은 베스트셀러를 생산하는 핵심 자산일 것이다.

그가 펴낸『이나모리 가즈오-1155일간의 투쟁稲盛和夫-最後の闘い』에는 JAL 회생 스토리가 담겨 있다. 오니시는 이 채에서 JAL이 회생한 공로를 이나모리가 독차지할 수 없다는 견해를 시사했다.

구조 조정이라는 외과 수술에 이어 이나모리의 한방 요법이 보태져 시너지 효과를 냈다는 시각이다. 엄청난 양의 피를 흘린 환자에게 이나모리 경영 철학이 보신용 영양제로 작용했다는 비유다.

전적으로 옳은 분석이다. 혹독한 구조 조정이 없었다면 이나모리식 회생 처방이 먹혀들었을 리 없었다.

JAL은 일본인의 생활 인프라다. 하루 1000여 편의 JAL 운항이 멈추면 해외여행만 중단되는 게 아니라 기업 활동이 급격히 위축되면서 일본인의 일상생활에 큰 파장을 불러온다.

이 때문에 JAL이 파산하자 법원은 7300억 엔의 부채를 싹둑 탕감 해주었다. JAL의 기존 주식이 휴지로 사라진 뒤 일본 정부는 3500억 엔의 공적 자금을 출자해주는 구제 금융을 선물했다. 거기에 보태 정부계 은행을 통해 6000억 엔을 신규로 대출해주었다. 최대 규모의 파산에 최고의 특혜를 제공할 수밖에 없었다.

JAL그룹은 그 대신 사원 숫자를 3만 2000명으로 1만 6000명이 나 줄여야 했고, 국내외 항공 노선을 40% 안팎 폐지했다. 쓸데없 이 불어난 계열사를 매각하거나 통폐합했다. 직원들은 직급에 따라 20~30%씩 월급을 삭감하고 퇴직자들은 기업 연금이 깎이는 아픔 을 겪어야 했다.

정부 특혜와 직원들의 고통 분담으로 회생 작업에 기초가 마련된 것이다. 만약 이런 회생 프로그램조차 마련되지 않았다면 어떤 경영 천재라도 JAL을 되살리기 힘들었을 것이다.

그러나 비상 처방은 최소한의 필요조건에 불과했다. 과거 50년간 일본에서 이런 구제 절차를 거친 뒤 증권 시장에 다시 모습을 드러낸 회사는 9곳뿐이었다. 살아 돌아올 확률, 즉 환생률은 기껏 7%였다.

이 7%의 성공 확률을 뚫고 JAL이 살아났다. JAL 회생은 한국과 비 교하면 더욱 돋보인다. 우리나라에서는 그동안 많은 해외 건설 회사 와 반도체-전자 회사, 조선 회사, 섬유-신발 회사들이 줄지어 부채를 탕감받고 구제 금융 특혜를 받았으나 회사 간판이 흔적 없이 사라졌 다. 대우그룹이 해체된 후 30조 원이 넘는 공적 자금을 지원했으나 대우조선해양과 대우건설 정도가 20년이 넘도록 공기업 계열사로 버티며 꾸역꾸역 목숨을 유지하고 있다. 우리은행도 두터운 특혜를 받았지만, 정부로부터 완전히 독립하지 못하고 있지 않은가.

도산한 대기업에 구제 금융, 부채 탕감, 자구책 같은 처방은 그저 사망 선고를 미루는 생명 연장 장치에 불과하다. 우리 국민은 이런 일을 지겹도록 구경하면서도 혈세를 겁 없이 지출하는 정치권을 어찌하지 못했다.

일본은 한국과 달랐다. 일본 정치권은 이나모리에게 회생 작업을 일임했다. 정치인들은 경영에 간여하지 않으려고 애썼고, 이나모리는 JAL을 멋지게 구해냈다. 세계적인 제조 업체 교세라, 통신 회사 KDDI를 키워낸 일본 최상급 경영인이 자신의 경영 솜씨를 증명했다. 그렇게 도산한 대기업이 경영인을 제대로 만나면 목숨을 구할 수 있다는 사례를 만들었다. 일본 국민은 환호할 수밖에 없었다.

한국의 부실 대기업들은 공무원이니 은행가 출신을 앞세워 도산한 대기업 회생 작업을 추진했지만 대부분 실패로 끝나고 말았다. 더구나 정치인들은 온갖 수단 방법을 동원해 경영에 개입하지 않는가. JAL도 고위 공무원이나 거대 은행 임원, 정치권 인사를 최고 경영인으로 맞아들였다면 결과는 한국처럼 처참했을지 모른다.

무엇보다 일본 정치권은 산전수전 다 겪은 최상의 프로 경영인에게 JAL 회생을 맡기는 결단을 내렸다. 그것이 한국과 다른 성공 스토리를 만들어가는 출발점이었다.

이나모리로서는 JAL 경영이 맡고 싶지 않은 고역이었다. 평생 흑자 경영 기록을 갱신해온 기업가로서 JAL 회생에 실패하면 그동안 쌓은 명성은 무너질 수밖에 없었다. 78세의 나이에 남이 저질러놓은 쓰레기 처리 작업을 맡았다가 말년 인생을 더럽히고 싶지 않았다.

제조업으로 성공한 그는 항공업을 전혀 몰랐다. 항공기 운항부터 기내 서비스, 호텔 영업까지 아우르는 종합 서비스 업종에서 성공하리라는 보장은 어디에도 없었다. 측근과 주변의 만류가 거셌다.

게다가 그는 안티 JAL 고객이었다. JAL 기내식이 형편없고 불친절해 타지 않는다고 공개적으로 말하고 있었다. JAL 조직 문화가 공무원보다 더 관료적이라는 악평이 자자했다.

그를 JAL로 이끈 것은 이나모리와 친한 정치인들이었다. 이나모리는 자민당의 장기 집권에 환멸을 느끼며 야당인 민주당을 지지하고 있었다. 민주당을 지지하는 공개 거리 연설에 참여한 적도 있다. 자민당을 밀어내고 정권 교체를 하자고 촉구하는 신문 광고를 내기도 했다. 자민당을 상대로 하는 재계의 안티 운동을 주도했다.

2008년 세계적인 금융위기를 계기로 자민당 정권이 무너지고 민주당이 집권했다. 자민당 정권은 골칫거리가 된 JAL의 처리 작업을 민주당에 넘기고 떠났다. 수습을 맡은 책임자는 마에하라 세이지前原誠司 건설교통부 장관이었다. 교토 출신 마에하라는 국회의원 초년병 시절부터 이나모리가 후원회장을 맡아주며 지지를 아끼지 않은 정치인이다.

마에하라는 이나모리에게 JAL 경영을 맡아달라고 수차례에 걸쳐 무릎을 꿇고 간청했다. 소원대로 정권 교체를 이룬 데다 절친한 정치인의 간곡한 요청이 그의 마음을 흔들었다. 다만 정치권 요청으로 끌려가는 모양새가 되면 특정 정파와 유착한 경영인 이미지가 형성돼 부담이 될 수 있었다.

사무라이가 칼을 뽑을 때는 대의명분이 서야 한다. 고민 끝에 그는 정치권의 간청을 받아들이면서 자신이 JAL 경영을 책임질 수밖에 없는 명분을 3가지로 정리했다.

첫째 명분은 JAL을 회생시켜 국가 경제 활성화에 기여하겠다는 것이다. 20년 장기 불황에 금융위기까지 겹쳐 일본 경제가 온통 어수선했다. "JAL을 되살려 경기 회복에 기여하고 싶다"고 밝혔다.

다음 명분은 JAL에 남은 3만 2000명 사원의 일자리를 지켜주겠다는 것이었다. 교세라, KDDI 경영에서 단 한 명도 해고하지 않았던 이나모리였다. 그가 남은 사원을 지켜주고 싶다는 마음은 진심이었다.

마지막은 JAL 붕괴로 오랜 경쟁 회사인 ANA全日空가 항공 시장을 독점하는 상황을 막겠다는 명분이었다. 그는 독점은 국민을 불편하게 만드는 독毒이라고 믿었다. NTT 독점을 깨부수겠다며 통신 시장에 뛰어들었던 그였다. JAL이 ANA그룹 계열사로 편입되거나 1개 대형 항공사로 통합될지 모른다는 얘기가 보도되는 것을 보며 그는 독점 타파에 나서기로 했다.

대의명분이야 나무랄 데 없었지만, 이나모리가 JAL에서 마주친 현실은 험난했다. 지방 대학 출신이 다수인 교세라 임원진과 달리 JAL 수뇌부는 최고 명문 대학 출신들이 차지하고 있었다. 회의나 일상 대화에서 외국어가 난무했고, 정치권-행정부와 인맥을 은연중 과시하는 언급이 그치지 않았다. 경영에 실패한 조직이 정치와 로비로 성공하려 한다는 인상을 주기에 충분했다.

첫날부터 내부 저항이 거셌다. 회장 취임사에 반발하는 임원이 등장했다. 이나모리는 취임사에서 자신의 철학을 이렇게 밝혔다.

"경영의 목적은 무엇이라고 생각합니까. 이익을 남기고 고객에게 좋은 서비스를 제공하는 등 여러 목적이 있을 수 있겠지만, 제가 생각하는 경영의 가장 큰 목적은 사원의 행복 추구입니다."

교세라 창업 이념을 그대로 전달했다.

"제가 JAL에 매일 출근할 수 없어 보수를 받지 않고 일하겠다고 했습니다. 일주일에 사흘밖에 오지 못하지만 어떻게든 회생 계획을 달성하려고 합니다. 그 목적은 사원의 물심양면에 걸친 행복 추구를 위해서입니다. 경영 목표를 이것 하나로 승화시켜 재건에 힘을 쏟겠습니다. 그러기 위해 경영 정보를 모든 사원에게 공개할 것입니다."

사원 행복의 경영은 당상 채권단에게도 미땅치 않은 목표였다. "한 푼도 받지 못하고 JAL 주식을 포기한 40만 명의 주주들이 뭐라고 하겠는가. 또 빌려준 돈을 받지 못한 채권자들은 어쩌라고 사원 행복부터 챙기느냐"는 반발이 없지 않았다.

하지만 채권단보다 내부 반대가 극심했다. 취임사가 끝나자마자 임원 한 명이 이나모리 측근에게 쫓아왔다.

"안 됩니다. 우리 회사 노조를 몰라서 저러시는 모양인데, 회사 대표가 사원 행복을 위해 일한다고 하면 엄청난 일이 벌어집니다."

JAL에는 기장조합부터 승무원조합까지 8개 조합이 활동하고 있다. 노사 대립에 노노 갈등이 얽히고설키며 조용한 날이 없었다. 회사 재건에 최대 장애물은 노조라는 언론 지적이 나오고 있었다.

그런 회사에서 이나모리는 사원 행복과 경영 정보 공개를 약속해 버렸다. 노조가 "모처럼 옳은 말하는 임자 만났다"며 회장의 머리 꼭대기에 기어오를 것이 뻔했다.

이 임원은 회식 자리에선 이나모리에게 직접 항의했다.

"회장님, 사원 행복이라는 말씀은 우리 회사에서 금기어입니다."

그는 JAL 노조 실태를 설명하며 노사 관계의 어려움을 누누이 강조했다.

"경영 정보를 개방하는 것도 안 됩니다. 그런 일을 벌이면…"

이나모리는 화가 났다. 창업 초기 고졸 사원들의 집단행동을 맞아 사흘 밤낮을 설득했던 그로서는 도저히 이해할 수 없었다. 교세라를 경영하며 사원들에게 베푸는 만큼 회사가 쑥쑥 성장한다는 것은 확인했다.

"무슨 소린가. 사원을 믿지 않고 무슨 경영을 하겠다는 건가."

이견이 좁혀지지 않자 이나모리는 탁자 위에 있던 물수건을 그 임원에게 던졌다. 화가 폭발한 것이다. 이나모리의 성공 철학과 JAL의 실패한 상식이 대충돌하고 있었다.

JAL 경영진은 경영 정보 공개는 노조에 파업 빌미를 제공할 뿐이라고 생각하고 있었다. 최고 경영인이 사원 행복을 말하면 임금 인상, 보너스와 휴가 확대 요구로 노조의 기를 살려줄 것을 걱정했다. 해마다 노사 갈등을 겪으며 굳어진 판단이었다. 이나모리는 이런 고

정 관념을 깨부쉈다.

"회사 정보가 좀 누설되면 어떤가. 숨겨서 얻을 수 있는 이득이 얼마나 될 것 같은가. 뭘 숨기자고 하다가 얼마나 많은 것을 잃을지 알아야 하네. 사원의 신뢰를 잃은 회사가 어떻게 재건할 수 있겠는가."

임원들을 그렇게 설득했다. 그리고선 가장 강경한 항공기 기장노조 간부들부터 만나 회사가 처해 있는 현실을 솔직하게 설명했다. 임원들은 급진적인 기장노조 조합원들에게 봉변당할 것을 걱정했지만 이나모리는 단체교섭 같은 형식을 포기하고 직접 노조로 찾아가 대화 자리를 마련했다. 임원들에게는 사내 모든 노조에 경영 정보를 상세하게 공개하도록 했다.

노조 측 불만을 듣고서도 해결해줄 수 없다고 딱 잘라 거절했다. 나중에 경영이 회복되면 배려하겠다는 입발림 약속도 하지 않았다. 이면 계약으로 노조를 달래는 시도는 생각조차 할 수 없었다.

예비 조종사들을 뽑았지만, 경영난으로 훈련과 교육을 취소하고 전혀 다른 부서에 배치하고 있었다. 이나모리는 그들과 직접 대화했다. 회사의 인사에 항의하는 신입 예비 조종사들에게 그는 직격탄을 날렸다.

"회사가 죽어가는 판에 그런 말이 나오느냐. 너희들은 바보야!"

그들의 요구를 단칼에 거절해버렸다. 회장의 직설적인 대답이 오히려 젊은 사원들에게 먹혀들었다.

그들은 정면 대화를 통해 경영이 회복되면 모든 문제가 풀릴 것이라는 희망을 본 것이다. 사원 행복이 경영의 목표라고 선언한 판에 더 무슨 언약이 필요하겠는가. 사원들 얼굴을 보며 경영한다는 교토의 경영 전통이 JAL에서도 통하고 있었다.

이때부터 JAL 사원들은 이나모리의 경영 철학을 담은 책을 읽기 시작했다. 연수 담당 부서에는 이나모리 이념을 강의해달라는 요청이 말단 현장으로부터 밀려들었다. 혁명의 횃불은 밑바닥에서 타오르고 있었다.

작은 성공은 큰 실패를 부른다

우에키 요시하루植木義晴 JAL 회장은 조종사 출신 경영인이다. 그가 이나모리의 발탁으로 2012년 사장직에 취임하자 언론의 관심을 끌었다. 파일럿 출신 사장은 JAL 창사 이래 처음이었다.

우에키는 세간의 화제가 될 만한 양념거리를 하나 더 갖고 있었다. 일본에서 최불암, 신성일만큼 인기가 높았던 유명 배우 '가타오카 치에조片岡千惠藏'의 셋째 아들이었다. 우에키는 수많은 인기 사극의 주인공이었던 아버지를 "가장으로서는 0점짜리였다"고 평가했다. 아버지는 말수가 적고 애정 표시가 없었으며 집안일에 신경 쓰지 않았다고 한다.

우에키는 어머니의 격려와 채찍 덕분에 재수 끝에 항공대학에 입학해 사춘기 시절부터 꿈꾸던 파일럿이 되었다. 인기 스타의 아들이 JAL 최고 경영인 자리에 올랐다는 점이 언론에 크게 부각된 후 우에키는 "이제야 아버지 덕을 크게 본다"고 기자들에게 농담했다. 그러면서 아버지 영화에 단역 배우로 출연했던 장면을 즐겨 이야기했다.

우에키는 이나모리가 JAL 경영을 맡은 직후 운항본부장이라는 임원 자리에 올랐다. 임원 승진을 제안받고 평생 꿈이던 조종사 일을 더 하고 싶다는 미련 때문에 며칠간 고민했다. 하지만 친구로부터 "비행기는 뜨고 있지만, 너희 회사는 망한 거야"라는 충격적인 말을 듣고 '나마저 회사를 버릴 수는 없구나' 하고 마음을 고쳐먹었다.

임원 취임 직후 그는 문화 충격을 겪었다. 이나모리가 운항본부로 찾아와 부하에게 인사를 건넸다. 공식 임명장 수여식에 이어 첫 대면이었다.

"회장 이나모리입니다. 앞으로 잘 부탁드립니다."

신임 임원은 취임 전후 인사차 회장실을 예방하는 것이 JAL을 비롯한 많은 기업의 관행이지 않은가. 우에키는 한 방 얻어맞은 기분이 들었다. 이나모리는 게다가 운항본부 직원들 책상을 일일이 돌며 "함께 잘해봅시다. 잘 부탁드립니다"라고 격려하다니. 윗사람이 먼저 아랫사람에게 다가서고 있었다. 지시와 명령에 익숙했던 조직에서 경험하지 못한 놀라운 광경이었다.

"이나모리는 그때 단 한 번 웃는 얼굴로 저와 악수했어요. 그 후 1년여 동안은 꾸중만 들었습니다."

이나모리는 간부들을 호되게 다뤘다.

"왜 이런 수치가 나왔느냐"고 물어 대답하지 못하면 그 자리에서 비용 지출을 중단했다. 곧바로 "자네는 바보 아닌가"라는 호통이 이어졌다.

평사원에게는 부처님처럼 온화한 이나모리는 임원, 간부들에게 차갑고 엄격했다. 간부가 일을 그르치면 회사가 무너지고 사원들까지 힘들어진다고 생각했다.

"간부는 사장과 동업자입니다. 공동 경영자랍니다. 그들이 일을 그르치면 사원 행복의 철학은 깨어지고 맙니다."

조직의 리더는 부하 직원의 행복을 책임지는 임무를 맡는다고 여겼다. 이 때문에 혹독한 훈련과 교육을 통해 간부를 단련시켜야 한다는 게 이나모리의 믿음이었다.

교세라 계열사 사장 한 사람이 적자 경영을 흑자로 돌린 다음 의기양양했다. 공개 석상에서 자신이 이룬 업적을 보고하며 큰 칭찬과 보상이 이어질 것이라는 기대에 부풀었다. 하지만 이나모리는 거꾸로 혼을 냈다.

"작은 성공은 큰 실패를 불러온다는 걸 모르나."

호통과 꾸중만 잔뜩 받았다.

작은 선행小善이 거악巨惡의 원인이 된다는 말이다. 좀도둑에게 작은 온정을 베풀었다 악랄한 강도를 키우는 죄를 짓는 결과를 빚을 수 있으니 조그만 흑자에 자만하지 말라는 경고였다.

그 사장은 몇 년 뒤 흑자 기조가 완전히 정착된 후 이나모리로부터 큰 칭찬을 듣고 승승장구했다.

이나모리는 리더가 잘못하면 "자네 대체 뭘 하고 있는 건가"라고 질책했다. 용서가 없었다. "업무를 맡긴 이상 믿고 맡겨야 한다"는 컨설턴트들의 조언에는 "실제로 경영을 해보지 않은 사람이나 하는 소리"라고 편잔을 주었다.

이런 소신에 따라 이나모리는 JAL을 살리는 과정에서 무엇보다 리더 교육에 심혈을 기울였다. 사원과 그 가족의 행복을 책임져야 할 사람은 조직의 리더다. 리더가 이익을 내야 한다는 책임 의식을 갖추지 않으면 회생 작업이 힘들다고 판단했다.

그는 회장 취임 직후 곧 리더 육성에 나섰다. 주요 임원, 부서장, 계열사 사장 등으로 구성된 52명을 1차 대상으로 삼아 리더 교육에 돌입했다. 경영 혁명을 주도할 핵심 선두 세력을 양성하려는 것이었다.

JAL 간부들의 저항은 만만치 않았다. "명예퇴직 작업, 계열사 정리, 조직 개편 같은 구조 조정이 끝나고 시작하자"거나 "교육 훈련은 필요한 부서만 시행하자"는 건의가 튀어나왔다. 교육은 급한 현안을 정리한 뒤 천천히 하자는 말이었다. 외부에서 경영 컨설턴트나 유명 강사를 초빙해 강의를 듣자는 제안도 대두됐다.

거기에는 이나모리가 '항공업에 관해 뭘 안다고 그러느냐'는 선입관부터 교세라와 JAL 직원 사이의 사회적 지위 격차 같은 요인까지 작동하고 있었다. 심지어 '우리에게 이나모리 교단의 신자가 되라는 말이냐'는 반항심을 드러냈다.

이나모리는 자신의 경영 철학을 단호하게 실천했다. 대기업에서 흔히 쓰는 '관리자 교육' '관리자 연수'라는 용어부터 없앴다. 책임자 의식이 뚜렷한 '리더 교육'이라고 명명했다. 정해진 업무를 피동적으로 처리하는 관리자는 필요 없고 일을 스스로 찾아 해결하는 리더가 절실하다는 메시지였다. 간부와 임원은 공동 경영인이 되어야 한다는 신념에 따른 결정이었다.

강사는 회사 밖에서 유명 컨설턴트나 지명도 높은 인사를 전혀 초청하지 않았다. 교재는 내부에서 만들었다. 강사로는 아메바 경영에 성공한 이나모리스쿨 문하생을 초청하거나 교세라에서 파견된 간부 중에서 선정했다. 이나모리가 직강에 나선 것도 총 열일곱 번의 교육 가운데 여섯 번이었다.

교육 대상자들이 업무가 바쁘다는 핑계로 결석하거나 수업 도중 일어서는 것을 허용하지 않았다. 강의를 주 2회로 단축하자는 제의를 거부하고 매주 평일 세 번에 토요일까지 포함해 네 번, 3시간씩 교육을 진행했다. 매번 감상문을 적어오라는 숙제까지 내주었다.

강의가 끝나면 그때마다 교세라식 콤파를 열어 참석자들끼리 음료와 다과를 함께하며 의견을 교환하는 뒤풀이를 했다. 콤파 비용은 각자 1000엔씩 갹출했다. JAL은 항공 회사라서 교세라와 달리 콤파에서 술을 마시지 않는다.

항공 회사는 운항, 정비, 객실, 공항, 영업, 기획 등 기능에 따라 칸막이가 확실한 기업이었다. 같은 건물에 있어도 업무가 다르면 전혀 다른 회사라고 할 만큼 분위기가 딴판이었다. 노조 숫자가 많은 이유도 이 때문이다.

이로 인해 JAL 기획 부서에서 적자를 걱정할 때 영업 부서는 매출 목표 달성이 다급해지면 90% 할인 티켓을 내다 팔았다. 비상 상황에서 비행기를 빨리 투입해야 하는데 공장에서는 정비를 끝내주지 않는 일도 빈번했다. 조직마다 따로 자기 몫을 챙기는 조직이었다.

그런 조직 문화에서 이나모리의 강연은 '공자님 말씀'에 불과했다.

- 바른 마음을 갖고 일하라.
- 누구보다 열심히 일하라.
- 거짓말을 하지 마라.

이나모리의 강의는 듣기 싫은 잔소리의 반복 재생이기 십상이었다.

"처음에는 '무슨 설교지?' '뻔한 말 아닌가'라는 생각이 들었어요. 초등학생들을 앉혀두고 예의범절을 가르치는 것 같았어요. 하지만 몇 번 교육을 받고 나니 어느새 그런 말을 제가 일하는 부서에서 부하들에게 하고 있더라고요."

우에키 회장이 복수의 언론 인터뷰에서 실토한 말이다.

교육 내용은 기업인의 당연한 행동 기준이었다. 그것은 고리타분한 도덕 강론이 아니라 현대 기업이 강조하는 컴플라이언스Compliance, 법령 준수를 강조하는 말이기도 했다.

교세라 방식의 강의와 콤파가 반복되자 52명의 참석자 분위기가 급변했다. 우선 잦은 만남을 통해 다른 부서의 애로 사항을 서로 듣게 되었다. 그러면서 미처 몰랐던 다른 부서의 사정을 이해하면서 일체감이 생겨났다.

그때까지 다음 사장 후보로 꼽히던 고위 임원마저 "이나모리의 가르침이 옳은 말"이라고 흔쾌히 받아들였다. 그는 그 후 "과거 우리가

했던 경영은 잘못됐다"고 깨끗이 인정하고 회사를 떠났다.

1차 혁명 주도 세력의 마지막 교육은 1박 2일 합숙 연수였다. 합숙 토론에는 JAL 임원 간부 52명에 채권단 소속 인사들까지 참가했다. 이들은 JAL이 그동안 잘못했던 것을 반성하고 회생을 위해 앞으로 뭘 해야 할지 토론했다. 예상을 뛰어넘는 열기에 휩싸여 토론은 술자리를 겸해 새벽 4시까지 이어졌다.

이나모리의 리더 교육이 임원, 간부들을 한 몸으로 묶는 분위기로 발전한 것이다. JAL 내부에서는 이날 합숙 토론이 10년이 다 된 지금까지 전설의 한 장면으로 회자되고 있다.

물론 경영 상황이 바닥까지 추락한 상황에서 JAL 간부들은 지푸라기라도 잡고 싶은 심정이었는지 모른다. 직원들 학력 수준이 높아 옳은 말을 받아들이는 속도가 빨랐다는 분석도 있다. 하지만 '경영의 신'으로 통하는 이나모리의 직강이 즉효를 발휘했다는 게 참석자들의 공통된 증언이다.

임원, 간부들의 1차 교육이 끝난 뒤 회사 내 공기가 반전됐다. JAL 직원들은 스스로 교세라의 필로소피 수첩과 같은 JAL 필로소피 수첩을 제작하는 작업에 돌입했다. 'JAL 필로소피'는 사원 행복을 추구한다는 목표 아래 항공 회사의 특징을 담았다.

이나모리는 2012년 물러나며 현장 출신 우에키를 사장으로 지명, JAL그룹의 경영을 지휘하도록 했다. 오래 머물지 않고 JAL에 지휘탑을 되돌려준 것이다. 우에키는 현장 출신인 데다 직원들의 신망이 두텁다고 평가했다. 도저히 안 되는 것은 안 된다고 이나모리에게 바른 말을 했던 경영인이었다.

　우에키는 6년 뒤 사장에서 회장직으로 물러서며 후임 사장에 정비 기술자 출신을 발탁했다. 현장을 모르는 기획실 출신은 고위층에서 배제됐다. 이나모리는 비서실, 기획실, 경리본부 출신들이 말은 번지르르하게 잘하지만, 현장을 몰라 회사를 망친다고 지적하곤 했었다. JAL에서는 여전히 이나모리의 색깔이 배어나고 있는 듯하다.

1엔을 아낀다는 것은 곧 1엔을 벌었다는 것

2019년 7월, 요코하마 세이와주쿠 세계대회 대회장에 작은 장터가 열렸다. 여기서는 이나모리의 강연을 담은 CD 전집과 교세라 인조 보석으로 만든 목걸이, 귀걸이 같은 다양한 장식품이 팔리고 있었다.

　그 한가운데서 JAL 유니폼을 입은 직원들이 목소리를 높이고 있었다. 기내 판매 상품을 전시해놓고 이나모리스쿨 문하생을 손님으로 끌어들였다.

　가고시마 출신 가수 하라다 유리原田悠里는 JAL 전속 모델로 이곳에 나타났다. 하라다는 이나모리스쿨 문하생으로 이나모리가 어머니를 그리워하는 마음을 담은 노래를 발표한 가수다. 그녀는 JAL 유니폼을 걸치고 JAL 상품을 하나라도 더 팔려는 듯 문하생들과 기념사진을 찍고 있었다.

　과거 같으면 상상하지 못할 일이었다. 기내품 판매 실적은 연봉이나 승진에 보탬이 되는 업무가 아니었다. 세계 최고 항공사의 직원이라는 자부심이 언제나 기내품 판매 실적에 연연하지 않는 자세를 합리화했다. 하지만 이나모리가 하나를 더 팔면 회사 이익이 늘어난다는 지극히 평범한 진실을 일깨워주면서 그들은 바뀌었다.

이나모리 팀이 JAL에 들어갔을 때 가장 당황스러운 현실은 경영 판단에 필수적인 통계가 없다는 것이었다. 여름 휴가철의 실적은 단풍철이 되어야 나왔고, 100개 계열 회사 대차대조표가 매월 집계되지 않았다.

경영 간부 가운데 누가 이익을 책임지고 있는지 불명확했다. 기획 본부가 전체 수지를 총괄하며 큰 권력을 행사하고 있었지만, 이익을 늘려야 하는 책임은 지고 있지 않았다. 그러면서도 예산은 회계연도 시작과 함께 책정된 대로 각 부서가 마음껏 쓰고 있었다. 사원이 근무하는 부서는 600개였던 반면 사원이 한 명도 없는 유령 부서는 900곳에 달했다. 사원보다 컴퓨터 숫자가 많은 부서가 적지 않았다.

회사가 무너질 수 있다는 걱정은 아무도 하지 않았다. 완전히 민영화된 지 20년이 넘었으나 경영이 어려워지면 정부가 구조할 것이라는 공기업 체질이 그대로 남아 있었다.

"이익보다 안전이 우선입니다."

한결같은 대답은 그것이었다. 맞는 말이다. 큰 희생을 동반한 대형 사고가 JAL 직원들을 짓누르고 있었다. 주식회사로서 이익을 내야 안전을 지킬 수 있다는 생각은 하지 않고 있었다. 오히려 이익을 너무 추구하면 안전을 희생해야 하지 않느냐는 걱정을 더 하고 있었다.

이나모리가 회생시킨 JAL의 직원들이 세이와주쿠 세계대회에 참가해 회원들에게 회사 기념품과 기내 상품을 팔고 있다.

이나모리가 불필요한 경비를 삭감하려고 하면 JAL 임원들은 "그러시면 안전이 무너집니다"라고 저항하기 일쑤였다. 지하철, 리무진 버스를 이용할 수 있는 조종사들은 택시로 출퇴근하고 있었다. 안전을 방패 삼아 책정된 예산을 실컷 쓰며 회사 이익을 좀먹고 있다는 것은 누가 봐도 분명했다.

이나모리가 제시한 처방은 안전과 이익을 동시에 추구한다는 것이었다. 이익을 내지 못하면 안전을 위한 투자를 할 수 없다는 점을 매번 강조했다.

"야구 선수가 직구만 잘 치고 커브 볼을 못 치면 일류 선수가 되지 못합니다. 직구와 커브를 다 잘 쳐야 진정한 프로입니다."

이나모리는 간부들에게 채산성 인식을 심어주려고 매달 임원, 간부들이 전원 참석한 가운데 실적 보고회를 개최했다. 이나모리가 가장 중시하는 회의였다. 회의는 간부 임원이 전원 참석해 아침부터 저녁까지 꼬박 사흘간 열렸다. 그 회의에 이나모리는 단 한 번도 빠지지 않았다.

실적 보고회에 제출된 A3 용지에는 각 부서의 손익 수지 결과와 다음 달 목표를 빼곡히 적었다. 회사가 크다 보니 A3 용지는 매달 80~100장에 이르렀다. 이나모리는 그걸 하나도 빠뜨리지 않고 꼬치꼬치 따지고 들었다.

실적 보고회에서는 각 부서 책임자들이 경비를 어떻게 줄이고 있는지, 이익은 어떻게 늘리고 있는지 발표해야 했다. 이상한 수치가 돌출되면 이나모리가 그 이유를 물었다.

"조종사 헤드폰 수리비가 늘었는데, 이건 어떻게 나온 수치인가."

여기에 "잘 모르지만 이런 게 아닌가 싶습니다"라는 대답에는 불호령이 떨어졌다.

"자기 부서 일을 마치 남의 얘기하듯 설명하는 자네는 그 자리에 있을 자격이 없어! 이건 자네가 결과를 만들어낸 거야!"

"자넨 평론가나 되는 것처럼 말하는구면."

그는 애매하게 설명하거나 대충 넘어가려는 간부를 집중적으로 질타했다. 집계된 통계를 끝자리까지 설명하라고 다그쳤다. 계획에 미달하면 미달한 이유를 해명해야 했고, 계획을 뛰어넘어 실적이 좋으면 또 왜 그런지 설명하라고 재촉했다.

"대략 50억 엔 정도입니다."

"80% 안팎에서 끝났습니다."

이런 보고도 먹히지 않았다. '대략' '안팎' '정도' '언저리'라는 표현을 거부했다. 기업 거래는 돈이 오가기 때문에 결과가 정확하게 숫자로 나온다고 그는 강조했다. 책임자들은 결국 소수점 이하 세밀한 숫자까지 합당한 설명을 내놓아야만 했다. 이나모리가 워낙 세밀하게 따지고 들자 "점심때 먹은 스시 한 점의 밥알 숫자까지 파악해야 한다"는 농담까지 나돌았다.

JAL 간부들은 "회사에서 상사로부터 그렇게 혼나기는 처음"이라고들 했다. 사흘간의 실적 보고회는 임원, 간부들에게 해병 특공대원의 지옥 훈련 같았다.

이나모리가 부서 책임자들을 다그친 결과 간부들의 손익 개념이 부쩍 강화됐다. 그 파장은 날이 갈수록 하부 조직으로 침투해갔다.

그때부터 간부들은 현장을 찾아다니며 경비를 더 절감하고 이익을 한 푼이라도 늘릴 길을 찾기 시작했다. 본사 부장이 때로는 공항 출국 게이트에 뛰어나가 승객을 안내하는 광경도 전개됐다. 안전을 명분으로 20년 묵은 부품까지 보유하던 정비센터는 급하지 않은 부품은 사들이지 않았다. '현장 따로, 경영진 따로'이던 회사에서 현장-본사의 거리가 축소되기 시작했다.

경영은 숫자로 말한다. 아무리 훌륭한 경영 철학을 갖고 있어도 경영 실적이 좋지 않으면 허황한 꿈에 불과하다.

그것을 알았기에 이나모리는 사원 행복이라는 아름다운 꿈만 앞세우지 않았다. 그 이상향을 뒷받침할 필수 과목으로 소단위 조직의 시간당 채산성을 까다롭게 따지는 아메바 경영을 가르쳤다. 사원들이 공감할 수 있는 경영 이념과 그걸 실현할 경영 수단을 동시에 JAL에 전수했다.

그 과정에서 간부 집단을 혹독하게 훈련했다. 경영 혁명 주도 세력을 단기간 내 양성, 공동 경영인 의식을 심어준 것이다. 사원 행복의 철학이 평사원들에게 널리 퍼지고 있던 시기에 이나모리의 직강을 들은 간부들이 사원들의 흩어진 애사심을 하나로 모아주는 중심축 역할을 맡았다.

이나모리의 경영 철학은 JAL에서 화려한 꽃을 피웠다. 그 꽃은 JAL 직원들뿐 아니라 일본 국민 모두의 머리 위에 오른 선물이었다. 2만 2400명의 JAL 직원들은 그에게 감사의 카드를 보냈다.

그가 파나소닉 창업자 마쓰시타의 뒤를 이어 '2대 경영의 신' 왕관을 쓰는 것은 당연했다. 일본 국민은 그의 대관식을 축하했다.

"철학도 좋았고 아메바 경영도 좋았지만, 그것만으로는 다 설명이 안 됩니다. 뭔가 특별한 힘이 작용한 것 같습니다."

이나모리는 JAL에서 이룬 업적을 겸손하게 설명했다. 초자연적인 파워가 회생을 불러온 게 아니겠느냐는 말이었다.

JAL 회생은 일어날 수 없는 일이 성사된 기적이라고 단순하게 평가할 수 없다. 이나모리의 소탈하고 인간적인 접근 방식과 치밀한 현장 전술이 환상적으로 어울려 탄생한 승전보였다.

정경 유착을 거부하다

2019년 9월 1일 낮 12시, 도쿄 하네다 공항에서 에어버스 A350 항공기가 매끄럽게 활주로를 달리기 시작했다. JAL의 황금 노선인 후쿠오카행 비행기였다. JAL이 에어버스 항공기에 승객을 태운 것은 창사 이래 이것이 최초였다.

최신 에어버스 A350은 보잉 항공기와 달리 IT 시대에 맞는 스펙을 갖추고 있다. 369개 좌석 앞에는 개인용 모니터가 완비돼 PC와 USB를 가동할 수 있다. 화면을 터치하면 비행기 날개에 달린 고성능 카메라가 비춰주는 지상 풍경을 언제나 즐길 수 있다.

승객에게 즐거운 일은 더 있다. 비행기 안 기압과 습도를 지상과 거의 같은 수준으로 유지해준다. 비행기를 타고 두통이나 호흡 곤란을 겪어본 탑승자들은 새 비행기에서 쾌적한 기분을 느낀다. 비행 중 소음은 확실히 줄어들어 기내가 조용하다는 느낌마저 든다.

"최상급의 기내 환경을 서비스하기 위해 6년간 준비해왔다. 최신형 비행기 도입을 계기로 세계에서 가장 사랑받는 항공사가 될 것이다."

우에키 JAL 회장은 이날 탑승객들 앞에서 간소한 취항 기념식을 열고 이렇게 설명했다.

JAL이 에어버스 기종을 선택한 이유는 단지 성능이 첨단화했다거나 승객에게 안락한 여행을 제공하고 싶었기 때문만은 아니다. 그 뒤에는 정치와 결별하려는 경영상의 결단이 작용하고 있었다.

공기업으로 출발한 JAL은 60년간 자민당의 주요 자금줄이자 자민당 정권의 대미對美 로비 창구였다. 자민당 정권이 지명한 역대 사장과 주요 임원들은 총선 때면 노골적으로 자민당 선거를 도왔다.

그런가 하면 미국 정부가 자민당 정권에게 무역 흑자를 줄이라고 압박하면 JAL은 보잉사 항공기를 대량 구매해주며 미국의 불만을 누그러뜨렸다. 일본 정부가 미국 정부를 달래며 생색을 내는 로비에 단골로 동원된 것이다. 당장 필요하지 않은 보잉사 비행기를 앞당겨 사주는 일까지 벌어졌다.

그러다 보니 JAL은 오로지 보잉 항공기만 보유할 수밖에 없었다. 자민당의 장기 집권 아래 JAL은 정경 유착으로 성장해온 전형적인 기업이었다. 한국의 KT, 포스코처럼 JAL이 민영화된 뒤에도 자민당이 최고 경영인을 지명하다시피 했다. 낙하산 인사로 한자리를 차지한 경영진이 노조 파업에 당당하게 큰소리칠 수는 없었다. 노조가 들고일어나면 얼렁뚱땅 타협하는 바람에 임금이 사장보다 2~3배나 높은 조종사가 다수였다.

경영이 채산보다는 정치 목적에 따라 춤을 추며 사원들의 윤리 의식은 바닥까지 추락했다. 임원들은 정치인, 관료들과 수시로 어울리며 자신의 입지를 확보하는 것으로 능력을 과시했다. 경영은 사라지고 정치가 횡행했다. 60년 정경 유착형 경영의 종착역이 바로 파산이었다.

회사를 망친 JAL의 '정치병'을 이나모리가 가만히 두고 볼 턱이 없다. 그대로 놔두면 언젠가 다시 정치권이 JAL 경영에 개입하고 부담스러운 주문을 남발할 것이 뻔했다. 지역구 의원들은 과거처럼 자신의 지역구 공항에 국제선, 국내선 운항을 재개하라고 압박할 것이다. 정권을 잡은 정당은 미국의 환심을 사려고 항공기를 보잉사에 주문하라고 강압하지 않겠는가.

이나모리는 스스로 정치와 결별하기 시작했다. 그는 줄곧 자민당 타도를 외쳤고 자민당과 맞선 야당을 공개 지원했다. 그는 오자와 이치로小澤一郎라는 야당 지도자와 오랜 친분을 맺고 있었다. 민주당이 정권을 잡고 그걸 계기로 JAL 경영을 맡게 된 것은 사실이다.

나아가 민주당 정권의 지원 속에서 회생 작업도 원만하게 진행됐다. 권력이 이나모리를 믿고 순풍 역할을 해준 것을 부정할 수는 없다. 만약 민주당 정권이 사사건건 개입했다면 재건 과정이 순항했을지는 미지수다.

어쨌든 이나모리는 갈수록 정치에 회의가 밀려왔다. 민주당 내부가 분열돼 파벌 간 다툼이 그치지 않았다. 2011년 동일본 대지진이 발생하면서 민주당 정권의 무능이 만천하에 드러났다. JAL 경영이 회생하는 조짐을 보이자 민주당 내에서 다른 말을 하며 JAL 경영에 간섭하려는 정치인도 늘었다.

이나모리로서는 정치인을 신뢰할 수 없다는 확신이 점점 굳어졌다. 무능하고 오락가락하는 정치에 완전히 실망하고 말았다. 그는 "앞으로 정치를 지켜보기만 하겠다"고 선언한 뒤 정치인들과 교류를 끊었다.

JAL이 정치권의 간섭을 받지 않으려면 지원받은 공적 자금부터 갚는 게 우선이다. 그는 흑자가 나는 것을 확인하고 구제 금융으로 받은 출자금 3500억 엔에 3000억 엔을 자본 이득으로 얹어 상환했다. 정부계 은행이 대출해준 긴급 운영 자금 6000억 엔도 전액 앞당겨 갚았다. 관료나 정치인의 개입을 거부할 수 있는 여건을 다진 것이다.

그리고선 JAL 경영진에서 떠나기 전 마지막으로 보잉 항공기만 구매하던 관행을 무너뜨렸다. 그는 유럽 출장에서 에어버스 수뇌진을 비밀리에 만나 에어버스 구매를 협의했다. 공개적으로 만나면 사내 반발은 물론 정치권에서 온갖 압력이 들이닥칠 것이기 때문이다.

그 후 JAL은 당시 카탈로그 가격으로 1조 엔에 달하는 에어버스 31대 구매 계약을 맺었다. 이 비행기가 2019년 처음 도입돼 하네다-후쿠오카 노선에 맨 먼저 투입되었고, 이어 하네다-삿포로 노선, 하네다-오키나와 노선에서 승객들을 맞고 있다.

이나모리는 자민당의 장기 집권을 혐오해 한때 정치 개혁 국민운동을 전개하려고 했다. 마쓰시타 고노스케를 찾아가 정치 개혁 운동을 하자고 제안하기도 했다. 자민당에 반대하는 젊은 정치인을 미국에 유학 보내는 일을 전개한 적도 있다.

그러나 정치의 힘을 경영에 활용하거나 정부로부터 지원이나 특혜를 받으려고 뛰어다니지 않았다. 정치에는 시민의 한 사람으로서 참여했다. 그는 기업 경영이 정치나 권력에 의존하는 정경 유착은 받아들이지 않았다. 정치와 경영의 경계선을 지켰다.

08

돈벌이에도
행복의 철학이 필요하다

"인간 사회는 거대한 드라마입니다. 그 드라마에서
이나모리라는 사람은 교세라에서 잠시 사장 역할을 맡은
임시 배우일 뿐입니다. 우연히 내가 지금 그 자리를
맡고 있지만, 내일 열리는 극장 무대에서는
다른 사람이 교세라 사장직을 맡을 수
있겠다는 생각이 들었어요."

회삿돈은 오너의 돈이 아니다

교토 코콘카라스마Cocon Karasuma 빌딩은 시조카라스마四條烏丸 네거리
에서 니시키 시장의 대각선 건너편에 있다. 코콘카라스마빌딩 지하
1층부터 3층까지는 상가가 들어섰다. 그 위부터 8층까지는 대형 사
무실이다. 오피스와 상가가 함께 입주한 복합 빌딩이다.

코콘카라스마빌딩은 이나모리 가문의 빌딩이다. 마루베니상사가
80년 전 지은 대형 건물을 사서 리모델링 공사를 통해 임대하고 있
다. 이나모리 가족은 교세라그룹과 별도로 부동산 임대업을 40년 이
상 해왔다.

코콘카라스마빌딩 바로 옆에는 시가滋賀은행의 교토 지점이 자리
잡았다. 이나모리 빌딩이 시가은행 이웃집인 것은 의미 있는 현상이다.

시가현은 도요타자동차 창업자를 비롯해 위대한 기업인을 대거

배출한 지역이다. 일본에서 기업가 명당 가운데 한 곳으로 꼽힌다. 오래전부터 시가 출신 상인은 교토, 나고야 등 어느 곳에서나 성공한 확률이 높았다.

시가 지역에서는 상인, 즉 기업인은 회사 재산과 개인 재산을 분리해야 한다는 전통을 지켜왔다. 오너들은 집家과 가게店를 엄격히 구별했다.

오너가 상품 구매를 위해 개인 돈을 가게에 대주면 장부에는 이를 "오야지(주인을 말함)가 얼마를 맡겼다"고 기록했다. 회사가 오너 개인 돈을 맡아두었다는 얘기다. 출자금 또는 빌린 돈이라는 것을 분명히 표기했다. 명절을 맞아 오너가 가게에 진열된 상품을 친지들에게 보내면 가게 장부에는 "주인이 빌려갔다"고 정리했다.

주인은 가게를 개인 소유가 아니라 공공 소유로 인식했다. 자기가 설립한 기업을 사私가 아닌 '공公의 영역'이라고 보았다. 오너는 개인 돈과 회삿돈을 혼동해서는 안 된다는 교훈이 후계자들을 통해 이어졌다.

교토 기업인들도 마찬가지 가르침을 계승해왔다. 오너가 회삿돈을 빼내 쓰면 직원들이 오너를 존경하지 않고 이인자 주도의 내부 반란이 일어날 수 있다고 경계했다.

이나모리는 시가와 교토 상인의 전통에서 영향을 받을 수밖에 없었다. 교세라가 셋방살이에서 독립해 첫 본사 겸 공장을 건설한 지역이 시가현이다. 시가의 한적한 농촌에 공장 터를 잡고 숱한 신제품을 개발해냈고 그 공장들은 여전히 가동 중이다.

이나모리 가족들이 교세라에서 독립해 경영하는 회사의 소유인 코콘카라스마빌딩. 교토 중심지에 자리 잡은 상가와 사무실 복합 빌딩이다.

이나모리가 굳이 시가은행과 이웃으로 지내려고 코콘카라스마빌딩을 매입하지는 않았을 것이다. 하지만 공과 사 분별이 분명한 경영철학을 가진 법인들끼리 이웃으로 사업하는 풍경은 인상적이다.

한국에서는 재벌 총수가 개인 돈과 회삿돈을 뒤죽박죽 섞어 쓰다가 감옥에 갇히는 것을 수없이 목격한다. 이 때문인가. 한국 저널리스트 눈에는 시가은행과 이나모리 빌딩의 배치가 마치 연대 전선을 펴는 것처럼 보였다.

코콘카라스마빌딩 지하에 중국 요리 레스토랑이 있었다. 하지만 이나모리의 성을 압축한 '이나稻'라는 스시집은 사라지고 없었다. 두 음식점 모두 이나모리 가족들이 지분을 나눠 가진 회사가 직영했으나 스시집은 폐업했다.

이나모리는 집과 회사를 칼로 종이 베듯 분리했고, 개인 돈과 회삿돈을 혼동하지 않았다. 한국의 오너들처럼 회사 공금을 개인 호주머니 돈처럼 멋대로 빼내 사용하지 않았다.

그는 가족생활을 돕기 위해 일찌감치 가족 회사를 설립했다. 케이아이흥산KI興産이라는 회사가 그것이다. 어느 일본 저널리스트는 "KI라는 회사 이름은 'Kazuo Inamori'라는 영문 이름에서 머리글자를 딴 것"이라고 해석했다.

KI흥산은 현재 코콘카라스마빌딩 외에 교토 시내에 3개의 건물을 더 소유하고 있다. 도쿄역 근처에도 8층짜리 빌딩을 소유하고 있다.

KI흥산은 한동안 이나모리의 남동생이 경영을 책임지다가 지금은 이나모리의 큰사위가 사장직을 물려받았다. 이나모리의 개인 재산 관리가 큰딸 가족에게 넘어가고 있다고 추측할 만한 대목이다.

이나모리의 다른 동생은 가고시마에서 유명 고기만두 체인점 '교자노 오쇼餃子の王將' 점포 8곳을 운영하고 있다. 만두 체인점 경영에는 한동안 우장춘 박사의 아들인 처남이 참여했으나 주주 분포나 매출 규모가 공개된 적은 없다.

KI흥산은 단순한 부동산 관리 회사가 아니다. 교세라 경영진이 무시할 수 없는 파워를 은연중 과시하고 있다. 교세라 지분을 보유한

이나모리 가족 소유인 코콘카라스마빌딩 안에 있는 교토경제구락부. 교토 기업인들이 회원제로 운영하는 클럽이다.

데다, 이나모리재단과 직계 가족이 코콘카라스마빌딩에 포진하고 있기 때문이다.

KI흥산은 교세라 지분을 1.96%(2019년 7월) 보유하고 있다. 비상장 회사로서는 교세라의 최대 주주다. 또 코콘카라스마빌딩에 입주해 있는 이나모리재단은 교세라 지분을 2.59% 보유하고 있다. 이나모리는 2019년 6월 이나모리재단의 상근 이사장 자리를 큰딸에게 물려주었다.

코콘카라스마빌딩에는 교토 기업인들이 회원으로 가입한 멤버십 술집 '교토경제구락부'가 자리 잡았다. 회원들이 실비를 내고 자기가 들고 온 술을 마실 수 있는 살롱이다. 이 빌딩에는 이 지역 이나모리 스쿨 문하생들 모임의 사무실까지 입주해 있다. 한때 교세라가 메인 스폰서인 프로 축구팀 퍼플상가 사무실이 세 들어 있었지만, 지금은 보이지 않는다.

KI홍산의 주주나 경영 실적은 공개된 적이 없다. 다만 언론 보도를 검색한 결과 KI홍산의 사업 규모를 짐작할 만한 보도가 단 1건 나왔다. 2001년 9월 12일 《니혼게이자이신문》 지방경제면 기사로 2000년도 교토 지역 법인들이 신고한 소득 랭킹을 보도한 내용이다.

1위는 세계적인 게임 회사 닌텐도로 1705억 엔의 연간 소득을 교토세무서에 신고했다. 2위는 교세라로 1251억 엔, 3위가 880억 엔을 신고한 롬이었다. 모두 세계적인 기술을 보유한 우량 회사다.

그 리스트에서 KI홍산은 158억 엔으로 당당히 7위를 차지했다. 알짜 경영으로 소문난 교토은행과 와코루, 일본전산은 KI보다 순위가 밀렸다. 이는 꽤 오래된 법인 소득 랭킹이다. KI홍산이 순위가 1999년 281위에서 7위로 뛰어오른 것을 보면 단발성 부동산 거래로 그해 법인 소득이 반짝 급증했을 가능성이 있다.

교토 7위 랭킹이 공개된 이후 KI홍산은 코콘카라스마빌딩을 매입하여 리모델링했다. 최고 번화가의 대형 빌딩이어서 임대 수입은 훌쩍 늘었을 것이다.

어쨌든 이나모리의 가족들은 KI홍산을 통해 부동산 임대 수입과 주식 배당금을 충분히 확보하고 있을 것이라고 짐작할 수 있다. KI흥산은 단단한 재력을 굳히고 있는 셈이다.

그러나 이나모리재단이나 KI흥산은 교세라그룹의 경영에는 간여하지 않는다. 교세라그룹이 KI흥산에 일감 몰아주기를 했다는 보도가 나온 적도 아예 없다. 교세라가 알게 모르게 지원했다면 KI흥산의 직영점 '이나' 스시집 하나 정도는 거뜬히 살릴 수 있었을 것이다.

이나모리는 회사를 단단하게 키웠던 것만큼 가족을 위한 개인 재산도 성공적으로 쌓았다고 평가할 수 있다. 회사에서 사원의 행복을 위해 헌신했다면 가정에서는 가족의 행복을 추구했다.

파나소닉 창업자 마쓰시타 고노스케도 "사원 숫자가 30명 되던 시절부터 개인 재산과 회사 재산을 완전히 분리했다"고 했다. 마쓰시타 역시 부동산 임대, 지분 관리를 전담하는 개인 회사 마쓰시타흥산을 일구었다. 마쓰시타흥산은 훗날 손녀사위가 경영을 맡은 뒤 큰 파장을 일으켰다. 하지만 무너지기 전까지 오랜 세월 마쓰시타 후손들의 부富를 키우는 생명줄 역할을 도맡았다. 두 '경영의 신'이 가족 재산을 불리는 방식이 크게 다르지 않았다는 것을 알 수 있다.

우리나라 기업 오너들이 마쓰시타와 이나모리로부터 배워야 할 점은 이것이다. 총수가 회삿돈을 자기 개인 돈처럼 쓰지 말아야 한다. 법인 돈을 몰래 빼 쓰면 사원들이 금방 알아차리고 오너를 존경하지 않는다. 사원들이 총수처럼 몰래 회삿돈을 갈취하는 것을 막을 수도 없다. 사법적 처벌을 받는 것은 그다음이다.

기업인도 한 사람의 가장으로서 제 역할을 다하지 않으면 안 된다.

기업인이 회사 일을 하면서 가족 행복을 키우고 싶다면 이나모리처럼 개인 재산 관리에 두꺼운 칸막이부터 둘러쳐야 한다.

이나모리는 종종 이렇게 말했다.

"총수가 비뚤어진 생각으로 경영을 하면 사원들이 금방 눈치챕니다. 입으로는 따르는 척하면서 마음으로는 결코 따르지 않습니다. 너도나도 총수를 닮아가며 비뚤어진 행동을 하게 됩니다. 회사가 사원들 힘을 모아 전진할 수도 없습니다."

이는 한국의 총수와 기업 경영인들에게 보내는 엄중한 경고나 마찬가지다.

경영 세습은 언제나 독이다

교토 역에서 킨텐츠탄바바시近鉄丹波橋 역까지 특급 전철로 6분 만에 도착했다. 동쪽 출구를 벗어나자 골목길이 언덕으로 경사가 조금씩 높아졌다. 무거운 짐이 있다면 오르기 부담스러운 언덕길이지만 배낭 하나라면 느긋하게 걷기에 적합하다. 10여 분 언덕길을 오르니 아침 햇살 아래 이나모리 자택이 나타났다.

일본 부자들 가운데는 수백 평짜리 정원을 갖춘 집을 짓고 사는 사람이 없지 않다. 짧은 골프채로 스윙 연습을 할 만한 잔디밭이나 수영장을 설치한 사례도 드물게 나타난다.

이나모리 사저는 교토 변두리의 조용한 고급 주택가에 자리 잡았으나 대저택이라는 느낌은 전혀 주지 않는다. 집 앞에서는 이웃 아줌마 둘이 집 앞 길거리를 청소하다 말고 수다를 떨고 있었다. 극성스러운 주간지 사진 기자들의 취재를 막으려 한 듯 정원 담벼락을 따라 키가 큰 나무들이 건물을 둘러싸고 있었다. 정원수가 "사생활을 보호받고 싶다"는 가족의 뜻을 대변하는 듯했다.

지붕에는 태양광 발전 설비가 설치돼 있다. 태양광 사업을 하는 그룹의 총수라는 것을 보여준다. 대문에는 '이나모리稻盛'라는 문패가 걸렸다. 노조 운동이 극성을 떨고 오너 일가가 비판의 표적이 되면서 우리나라 총수들 집에서는 문패가 사라졌다.

주변을 둘러보니 이나모리 저택 위치가 의미심장하다. 한국과 일본은 2002년 월드컵 축구 경기를 공동 주최했었다. 당시 일본 왕은 한국에 친근감을 공개 표명했다. 1200년 전 50대 일본 왕이던 간무덴노桓武天皇의 어머니가 백제 무령왕의 자손이라고 밝히며 "한국과 인연을 느낀다"고 했다. 불교가 무령왕 아들 덕분에 일본에 전해졌다는 발언도 내놨다.

이나모리 자택은 일본 왕이 한국과의 혈연을 공개한 간무왕의 능을 감싸고 조성된 숲의 아래였다. 왕릉으로 조성된 산등성이가 세월을 거치며 어느새 주택가로 개발된 듯하다.

이나모리는 한국계 부인을 선택했다. 가고시마에서 조선에서 끌려간 도공들의 도자기 기술을 보고 자란 뒤 첨단 도자기 기술로 글로벌 기업을 일으켰다. 게다가 백제 왕의 피가 섞인 일본 왕의 못자리 근처에 살고 있다. 일부러 의도하지는 않았겠지만, 그의 일생은 한반

교토 변두리 주택가에 있는 이나모리 가즈오의 집. 대문에 '이나모리'라는 문패가 걸려 있다.

도와 끊기 힘든 인연이 연속되고 있다.

이나모리는 세 딸을 키웠다. 모두 평범한 집안과 결혼했다고 한다. 딸이나 사위들은 아무도 교세라 경영에 참여하지 않고 있다. 이나모리는 애초 경영권 세습을 포기했다. 창업 초기부터 사원들에게 "회사 세습을 하겠다는 생각은 털끝만큼도 없다"고 공언했다.

아들이 있었다면 혹시 후계 문제를 한 번 더 고민했을지 모른다. 세습하지 않는 이유를 묻는 《슈칸아사히》 질문에 그는 첫째 이유로 "딸밖에 없어서요"라고 대답했다. 다른 인터뷰에서는 딸들에게 기업인이 겪어야 할 쓰라린 고통을 주고 싶지 않다고 설명했다.

두 번째는 사원 행복을 위해 설립한 회사이므로 경영권을 자식에게 물려줄 수 없다고 했다.

"교세라는 모든 종업원의 회사입니다. 이나모리 일가의 것이 아닙니다."

세 번째 이유는 세습한다고 해서 회사가 잘 돌아갈 것이라는 보장이 없기 때문이라고 했다.

그는 정치든 경영이든 세습에 거부감이 강했다. 일본 정치가 엉망인 이유가 세습 의원들이 국회에서 다수 의석을 차지하고 있기 때문이라고 공개적으로 비판했다. 세습 의원은 성장을 멈춘 인간으로 보았다. 세습 의원은 주변 사람들이 떠받드는 것을 즐기다가 정치 능력은 물론 인격을 갖추지 못하는 사례가 많다고 지적했다.

"경영인에게는 선천적 능력보다 여러 가지 쓴맛을 보며 꽃을 피우는 후천적인 능력이 중요합니다. 창업자가 회사를 일으켜 세우고 나면 자기 자식에게는 쓰라린 경험을 시킬 수가 없습니다. 저는 온갖 고난을 다 겪으면서 기업인으로서 기량을 키웠지만, 세습으로 후계자를 지명한다고 해서 저의 기업가 DNA가 자식에게 그대로 상속되지 못합니다.”

그의 경영 세습 반대 논리는 정연했다. 교토의 수백 년 장수 기업들은 90% 이상이 혈연으로 후계자를 지명한다는 것을 그가 몰랐을 리 없다.

세습 경영은 창업 이념을 계승하고 위기에서 사원을 단합시키는 중심축을 확실하게 하는 장점이 있다. 또 월급쟁이 후계자가 임기 중 단기 업적에 치중할 때 2세, 3세 후계자는 장기적 시야에서 경영 판단을 내리는 성향을 보인다. 이런 가족 경영의 강점을 이나모리가 생각해보지 않았을 턱이 없다.

그러나 경영권 세습은 내색조차 해본 적이 없다. 어쩌면 교세라 설립 과정부터 자기 돈으로 창업한 회사라는 의식은 강하지 않았을지 모른다.

원래 교세라는 남의 돈으로 설립한 회사다. 자신은 투자 여력이 한 푼도 없어 무형의 기술을 현물 출자한 10% 주주로 출발했다. 1대 주주, 2대 주주는 따로 있었다. 이 때문에 그는 교세라의 설립 과정을 설명할 때마다 “회사를 만들어 받았다”며 한국어 어법에는 맞지 않는 표현을 쓰곤 했다. 남이 만들어준 것을 받아들였다는 뜻이다.

하지만 그보다 기업은 사회의 공공 자산이라는 철학, 사이고 다카모리의 무사無私 정신, 기업의 목표는 사원 행복이라는 깨우침 등을 세습을 포기한 배경으로 봐야 한다.

창업자가 세습하지 않겠다고 공언하고서도 나이가 들면 변심하는 사례가 일본에도 적지 않았다. 교토와 오사카 지역에서는 오너가 사위에게 물려주는 기업이 드물지 않다.

이나모리는 자신도 늙으면 슬금슬금 마음이 바뀔지 모른다고 경계했다. 그래서 54세의 나이에 서둘러 사장직을 창업 동지에게 물려주고 경영 일선에서 몸을 거두었다.

"나이를 먹으면 집착이 강해지면서 젊은 시절과 말을 다르게 하는 분들을 많이 보았습니다. 저는 마음이 바뀌기 전에 빨리 물러나는 게 좋다고 생각했습니다."

그가 회장직으로 물러나며 《닛케이비즈니스》와의 인터뷰에서 털어놓은 심경이다. 그는 사장 자리에서 물러나며 "앞으로는 경영진이 물어오면 어드바이스만 하겠다"고 선을 그었다.

경영 세습을 반대하고 스스로 실천에 옮겼지만 2세, 3세, 4세 중소기업 경영인들이 그를 가장 많이 따랐다. 이나모리스쿨의 문하생들 다수가 세습 경영인들이다. 세습 경영인 제자가 많은 배경은 이나모리가 경영권 세습을 포기하라거나 세습이 무슨 반사회적인 결정인 것처럼 말하지 않기 때문이다. 도리어 당당하게 세습 경영인이라는 것을 내세우라고 강조한다.

"우리 회사는 경영 안정을 위해 세습으로 경영하고 있다고 공개적으로 말하셔야 합니다. 다만 오너 가족의 사리사욕을 노리고 경영할 생각은 없다고 분명하게 밝히면 됩니다. 사원 여러분의 행복을 위해 열심히 경영하겠다고 약속하고 구체적인 행동에 옮기면 어느 사원이 따르지 않겠습니까."

세습에 비판적인 여론이 있다고 해서 죄인이 된 것처럼 풀이 죽어서는 안 된다고 힘을 불어넣었다. 우물쭈물 주저하지 말고 사원들 앞에 떳떳하게 나서야 한다는 것이다.

이나모리는 세습 후계자들에게 언제나 정면 승부를 권했다. 그렇지 않으면 아버지 시대 입사한 임원과 고참 사원들부터 슬금슬금 피동적으로 변하면서 회사 전체가 흔들린다. 후계자가 자신감 없이 허약한 모습을 보이면 바로 그 시점에서 혈연에 의한 세습을 지적하는 뒷말이 무성해진다고 경고했다.

이나모리는 교세라 경영권을 세습하지 않았으나 많은 기업에서 경영 세습이 불가피하다는 현실을 잘 알았다. 다만 그는 세습받은 후계자일수록 거칠게 다뤘다.

이나모리스쿨 강연에서도 "너는 바보야!" "너는 파문이야!"라는 극언과 호통을 세습 경영인들이 훨씬 자주 들었다고 한다. 창업자가 자식에게 차마 하지 못하는 꾸중을 공개 석상에서 서슴없이 뱉어냈다. 후계자가 안이해지지 않도록 단련시키려는 의도였다.

"체면이 있으니 다른 사람 앞에서 꾸짖는 것을 피해야 한다는 분들이 적지 않습니다. 그러나 그렇지 않습니다. 여러 사람 앞에서 호되게 질타해야 인간이 성장합니다. 그래야 혼나면서 '다시는 똑같은 실수를 하지 않겠다, 다시는 엉뚱한 생각을 하지 않겠다'고 결심하게 됩니다."

대신 잘못한 일을 구체적으로 지적했다. "안 돼먹었다" 등의 인신 공격을 하지 않고 "이렇게 하는 것이 옳은데, 왜 그렇게 했느냐"고 따진다.

그는 세습 후계자들이 따뜻한 침대, 편안한 안락의자에서 성장해 세상 물정에 너무 어둡다는 것을 잘 알았다.

편의점 김밥으로 끼니를 때우는 재벌 총수

도쿄 유라쿠초有樂町 전철역은 번화가 긴자로 들어가는 입구다. 지하철에서 내려 긴자 방면으로 나가면 요시노야吉野家가 나타난다. 쇠고기덮밥과 우동 전문 외식 체인점이다. 한국에는 그리 많지 않지만, 일본 국내 1212곳, 해외 938곳에 점포가 있는 초대형 외식 그룹이다.

이나모리가 도쿄에 오면 유라쿠초 요시노야에 한 번은 꼭 들른다는 소문이 나돌았다. 어느 일간지 기자가 한번은 가게 앞을 종일 지켰으나 이나모리는 나타나지 않았다. 기자는 대기업 총수가 덮밥집에 단골로 다닌다는 얘기는 헛소문 같다고 회사에 보고했다. 이나모리의 이미지를 부풀리려는 홍보성 루머라는 말이 잠깐 일본 언론계에 퍼졌다.

이나모리는 그러나 몇 년 뒤 《니혼게이자이신문》과의 인터뷰에서 "쇠고기덮밥은 유라쿠초 요시노야가 가장 맛있다"고 말했다. JAL에 출근하는 날에도 그는 근처 요시노야에서 회장실이나 회의실에 덮

이나모리의 단골 쇠고기덮밥 체인점 요시노야의 도쿄 유라쿠초 점포. 그는 세계적인 기업의 총수답지 않게 서민층이 즐겨 찾는 B급 식당을 애용했다.

밥을 배달해 먹는 일이 잦았다. 그 얘기를 확인하려고 기자가 물었더니 나온 대답이 그랬다.

요시노야 덮밥은 기본이 350엔 안팎이고 무슨 재료를 더 추가하느냐에 따라 500엔을 넘어간다. 저렴하게 쇠고기덮밥이나 우동으로 한 끼 배를 채울 수 있는 샐러리맨, 서민층의 식사다.

이나모리의 요시노야 사랑은 지나치다. JAL 본사 근처의 덮밥보다 유라쿠초 지점 덮밥이 더 맛있다고 공개 석상에서 말했다. 그가 회장을 맡고 있던 시절 요시노야 덮밥은 JAL 기내식 중 하나로 납품됐다. 이나모리가 요시노야 덮밥 얘기를 언론에 자주 하자 요시노야는 이나모리 이름이 들어간 덮밥을 증정한 적이 있다. "비서나 운전사와 둘이서 쇠고기덮밥 보통 사이즈 한 그릇씩 주문합니다. 양이 많은 '특'은 부담스럽습니다. 그냥 '보통'에 쇠고기를 따로 한 접시 더 주문해 비서와 둘이 나눠 먹습니다. 추가로 주문한 쇠고기는 저에게 사치입니다. 어쨌든 2인분을 다 합쳐도 가격은 900엔 이내에서 끝납니다."

재벌 총수가 동네 외식 체인점 비좁은 식탁에 앉아 비서와 식사하는 풍경은 처량해 보일 수 있다. 최소한 좁쌀영감 또는 노랑이 인상을 피할 수 없다. 잘못 알려지면 "회사 형편이 말이 아닌 모양이네. 망하기 직전인가"라는 말을 듣기 십상이다.

그는 조금도 아랑곳하지 않는다. 일본에 귀화한 유명 축구 선수이자 감독인 루이 라모스까지 요시노야 덮밥으로 접대했고, 교토 시장과도 요시노야에서 식사했다. 유명 여성 아나운서가 인터뷰와 촬영을 끝내자 그녀를 데려간 식당도 '호라이 551'이라는 만두 체인점이었다. 글로벌 기업 총수에 어울리지 않게 궁상을 떤다고 생각할 수 있는 접대다.

교토에는 미슐랭 평가로 3스타급 식당이 있고 아예 미슐랭 평가를 거부하는 콧대 높은 전통 식당이 적지 않다. 기온祇園이라는 동네의 좁은 골목길에는 간판조차 잘 보이지 않는 고급 요릿집이 즐비하다. 기온은 수백 년 전부터 기생이 나오는 특급 요릿집이 많았고 기생을 배출하는 학원까지 남아 있는 환락가다.

"기온 요리점에는 1년에 한두 번 갈까 말까 하는 정도입니다."

이나모리는 기온의 고급 요릿집이나 특급 호텔 레스토랑을 싫어했다. 기업인 모임이 그곳에서 열리면 하는 수 없이 기온이나 특급 호텔에 갔으나, 자신이 그곳을 모임 장소로 정하는 일은 없었다.

"사장이 만날 그런 곳을 들락거린다고 하면 사원들이 어떻게 보겠는가."

그는 문하생인 중소기업 사장들에게도 고급 음식점 출입을 하지 말라고 공개적으로 경고했다.

"중소기업 사장이 막 창업했을 때는 아끼고 또 아껴야 한다는 마음에서 소바 한 판으로 식사를 끝냅니다. 그러다 돈을 좀 벌었다 싶으면 호텔 레스토랑에서 한 접시에 1만 엔이 넘는 메뉴를 연달아 즐깁니다. 고생하던 시절의 초심이 점점 사라지는 겁니다. 호사스럽게 돈을 펑펑 쓰는 쪽으로 마음이 변해버리는 거죠. 저도 돈이 없지는 않습니다. 하지만 저는 '죽더라도 그렇게 하지 못하겠다'고 할 만큼 그런 변심이 무섭습니다."

전화가 드물었던 시대 집안일로는 회사 전화를 쓰지 말라고 엄명했던 이나모리다. 이 때문에 사원들은 사무실 밖에 나가 공중전화로 가족과 통화해야 했다. 교세라를 방문한 외부 인사들마저 공중전화를 써야 했다. 경비 절감을 위해 비용 절감에 까다로웠고 자신도 그 규칙을 철저히 지켰다.

그는 술을 좋아했지만 값싼 소주를 가장 즐겨 마셨다. 일행 가운데 누군가가 고급 정종을 주문하거나 비싼 위스키를 내놓으면 얼굴을 찌푸렸다. 짠돌이 인상을 지우기 힘들다.

JAL 회장을 맡고 있을 때는 편의점 주먹밥을 애용했다. 취임 직후에는 회사가 지불하는 줄 모르고 호텔에서 몇 끼를 식사했지만 이내 "값이 비싸다"며 호텔 식사를 거부했다. 그러더니 요시노야 덮밥이나 편의점 삼각김밥을 사들고 퇴근했다.

"아내가 외식을 별로 좋아하지 않습니다. 시장에서 고등어 같은 걸 사다가 집에서 만들어 먹는 것을 즐깁니다. 모처럼 바깥에서 사 먹자고 제가 꼬드겨도 좀체 나가지 않아요."

교토상 시상식 같은 국제 행사에서는 20년, 30년 전 맞춘 옷을 깔끔하게 다려 입는다. 그가 75세 때 인터뷰한 기사를 보면 "연금이 매달 20만 엔 나오는데 부부가 한 달 생활비로 쓰고 남을 정도"라고 했다. 아끼고 절약하는 습관이 평생 온몸에 뱄다고 할 수 있다.

JAL 회장이 편의점 김밥으로 끼니를 때우고 교토 시장을 쇠고기덮밥집에서 접대했다고 해서 지독한 자린고비라고 혀를 차는 사람은 없다. 그가 워낙 많은 기부금을 냈기 때문이다.

모교인 가고시마대학 외에 교토대학 등 교토 주변의 많은 우량 대학들은 그의 기부금으로 큰 건물을 짓거나 별도의 연구 기금을 운용하고 있다. 그가 만든 이나모리재단은 1000억 엔가량을 보유하며 교토상 수상자들에게 노벨상과 맞먹는 상금을 수여하고 있다. 교토상 수상자와 노벨상 수상자는 해를 달리하며 겹치는 일이 잦다. 그만큼 교토상의 권위가 올라가고 있다는 증거다.

고향에도 기부금을 많이 냈다. 기업인으로서 고향 땅에 공장을 짓고 호텔, 골프장을 세운 데 그치지 않고 고향 사람들을 위해 쓰라고 개인 돈을 기부했다. 그 공적을 기려 가고시마현은 2019년 10월 그를 명예현민 1호로 지명했다. 그래도 명예현민 제도가 이나모리 한 사람을 위해 만들어진 게 아니냐는 뒷말은 들리지 않았다.

한국 재벌들도 큰 상을 만들어 해마다 시상식을 열지만 누가, 언제, 왜 그런 상을 받았는지 별로 화제가 되지 않는다. 기부금도 대부분 회삿돈을 가져다 총수 이름으로 낸다. 이나모리처럼 호주머니에서 개인 돈을 꺼내놓는 일은 정말 드물다.

대그룹 총수답지 않은 자린고비 처신은 그의 기부 행위 덕분에 더욱 빛을 낸다. 교세라 창업 동지들도 이를 지켜보며 대부분 고향이나 모교에 수십억 엔씩의 기부금을 쾌척했다. 이나모리의 기부가 전염병처럼 주변에 널리 감염된 것이다.

총수의 자리는 임시 배역이다

2007년 5월 이나모리는 도쿄증권거래소 강연에 초대됐다. 이 무렵 일본 대기업의 불상사가 이어지고 있었다. 몇 개 기업에서 창업자가 구속되었다. 이나모리는 상장 회사 경영인들 모임에서 대기업 스캔들에 대한 자신의 생각을 털어놓았다.

그는 선배 경영인 밑에서 경영을 배운 적이 없었고 경영의 스승을 가까이 두고 수시로 자문받는 혜택을 누리지 못했다. 마쓰시타 고노스케, 혼다 소이치로本田宗一郎 등 멋진 창업자들 기법을 곁눈질하며 경영을 공부했다.

그는 강연에서 창업 10년 무렵의 일을 회고했다. 그때 교세라는 해마다 흑자를 내며 건전한 내실 경영 기조가 정착되고 있었다.

"죽을힘을 다해 애썼더니 단단한 회사가 됐다는 생각이 들었어요. 이익도 수십억 엔씩 나고 있었죠. 나의 재능이 드디어 나타났다, 나의 기술이 이런 훌륭한 결과를 만들었다, 내가 잠을 자지 않고 일한 결과다, 그런 자부심이 생겼어요. 그런데 내 연봉은 300만 엔밖에 되지 않다니…"

그는 아무리 따져봐도 이치에 맞지 않는다고 생각했다. 월급 25만 엔은 평사원 평균 임금 두세 배밖에 되지 않은 금액이었다. 세계적 컴퓨터 회사 IBM과의 거래도 큰 성공을 거두었다. 이런 회사 사장이라면 연봉으로 1억 2000만 엔은 받아도 괜찮겠다는 욕심이 슬슬 부풀어 올랐다.

"그때는 뭐든 '내가 해냈다, 내가 해냈다'고 생각할 뿐이었어요. 내가 돈을 더 벌어야겠다는 생각에 '더 많이' '더 많이'를 추구했죠."

경영에 자신감이 붙으면서 사욕이 조금씩 불어나 가슴속을 채우기 시작한 것이다. 그러던 어느 날 신문에서 칼럼을 읽었다.

"나라는 사람은 다만 존재한다고밖에 말할 수 없다."

칼럼은 '세상의 모든 것은 단지 존재할 뿐 더 이상의 가치는 없다'는 깨달음을 말하고 있었다. 칼럼을 읽은 뒤 이나모리는 충격을 받았다. 그래서 자기 자신을 되돌아봤다. 자신의 재능과 기술, 교세라에서 이뤄낸 업적을 곰곰이 생각했다.

'교세라의 성공이 정말 나 홀로의 힘으로 이뤄낸 성공인가, 다른 사람이 할 수 있는 일은 아닌가?'

그가 그때 발견한 것은 작은 성공으로 오만해진 자신의 모습이었다. 그래서 도달한 결론이 '나'를 버리는 것이었다.

"인간 사회는 거대한 드라마입니다. 그 드라마에서 이나모리라는 사람은 교세라에서 잠시 사장 역할을 맡은 임시 배우일 뿐입니다. 우연히 내가 지금 그 자리를 맡고 있지만, 내일 열리는 극장 무대에서는 다른 사람이 교세라 사장직을 맡을 수 있겠다는 생각이 들었어요. 그 순간 하늘이 나에게 빌려준 재능과 기술을 나만을 위해 쓴다면 천벌을 받겠다는 두려움이 생겨났습니다."

교세라 총수 자리는 하늘이 잠시 맡겨둔 시한부 임시직에 불과하다. 하늘이 내려준 재능을 남을 위해 써야지 자기 욕심을 채우는 데 쓰면 파멸이 올 것이다. 그런 걱정까지 들었다.

"인간의 마음속에는 남을 위하겠다는 양심과 자기 욕심을 챙기는 에고(사욕)가 동거하고 있다는 걸 깨달았어요. 그때부터 저 자신은 평생 에고와 싸우고 있습니다."

그는 교세라를 증권 시장에 상장할 때 창업자에게 돌아가는 이익을 모두 포기했다. 상장 전 지분을 늘리는 방식으로 창업자 몫을 챙겨주겠다는 제안을 여러 증권 회사로부터 받았지만, 창업자 몫을 전혀 배려하지 않는 증권사를 상장 작업을 처리하는 주간사회사主幹事

會社로 지명했다.

KDDI 창업 때나 상장 때도 임직원들에게는 주식을 배분했던 반면 자신은 주식을 전혀 보유하지 않았다. JAL 재건에서는 3년간 무급으로 봉사했다. 이나모리스쿨 강연이나 시민 포럼에선 강사료 한 푼 받지 않았다. 그는 '나'를 버리고 무욕無欲을 내보임으로써 사원들에게나 문하생들에게 모든 힘을 다하라고 큰소리칠 수 있었다.

그렇다고 해서 이나모리가 사회 통념상 허용되는 인간관계를 깡그리 무시했던 것은 아니다. 친형을 교세라에 입사시켜 노사 관계를 맡겼는가 하면 우장춘의 큰아들인 처남을 비서와 홍보 전담 간부로 임명했다. 모교 가고시마대학 후배나 고향 가고시마 출신이 창업자의 최측근 자리를 차지한다는 구설수가 아예 없지는 않았다.

이나모리는 혈연·지연에 다소 의존하면서도 연고가 있는 간부일수록 다른 임직원보다 더 나은 실적을 요구했다. 그들의 실수는 오히려 더 심하게 꾸중했다. 혈연·지연으로 맺어진 인물을 무턱대고 사장직에 지명하는 식의 특별 우대는 하지 않았다.

한국의 재벌 그룹에서는 총수의 친인척이라면 입사 때부터 우대를 받고 입사 후에는 고속 승진이 보장된다. 그들의 경영 실패와 실수는 다른 임직원에게 뒤집어씌우기 일쑤다. 연봉과 보너스는 물론 배당금부터 지분 배분까지 총수 일가가 자기 몫을 챙기는 탐욕이 당연한 권리로 되어 있다. '기업은 총수 일가의 소유'라는 철학이 총수 일가 사람들의 두뇌와 일상생활을 지배하고 있다.

이나모리는 기업인들에게 이렇게 말하고 있다.

- 기업은 창업 가문의 소유가 아닙니다. 기업은 주주의 것이 아닙니다. 기업은 거기에 모인 사람들 모두의 것입니다.
- 총수와 주주들이 이익을 몽땅 챙겨가고 호사스럽게 낭비하면서 사원들에게 열심히 일하라고 채찍질할 수는 없습니다.
- 그들의 행복을 위해 경영하십시오. 그러면 이익은 나중에 저절로 따라옵니다.

리더가 투혼을 발휘해야 조직이 산다

언젠가 이나모리가 중년 사원들과 1차 회식을 끝내고 2차 자리로 이동할 때 오토바이 폭주족 일당과 도로에서 시비가 생겼다. 젊은 폭주족들은 이나모리 일행의 자동차를 가로막았고, 결국 모두가 내려 대치히게 됐다. 비슷한 숫자였지만 폭주족 일행은 젊은이 집단이었다.

이나모리는 세가 불리하다는 것을 금방 알았다. 그는 맨 앞에 서서 맥주병을 들었다. 맨주먹으로는 감당이 되지 않을 것 같아 맥주병을 무기로 동원한 것이다. 그러자 사원들도 자동차 트렁크 안에 있던 맥주병을 하나씩 꺼내 들었다. 맥주병으로 방어하는 교세라 팀을 보며 폭주족들은 금방 사라졌다.

"사장은 가장 곤란할 때 맨 앞에서 싸워야 하는 직업이야"

이나모리는 종종 강연에서 폭주족 사이에서 일어난 촌극을 영웅담처럼 들려주었다. 자신의 호기를 뽐내려고 하기보다 위기에서 리더가 지녀야 할 태도를 쉽게 설명하려는 의도였다. 리더는 고난과 위기를 피하지 말고 정면에서 맞서야 한다고 했다.

그는 고졸 사원들이 집단행동을 시작하자 곧바로 자기 집에서 사흘 밤낮 설득 작업을 벌였다. 까다로운 거래처는 자신이 뛰어가 수주를 위해 영업했다. 기업을 인수하기 전에도 상대 회사 임원들과 직접 술좌석을 열었다.

현장에서 정면 승부하는 기질은 한국 재벌의 창업자들에게서도 가끔 찾을 수 있다. 하지만 3세, 4세 승계 체제가 가동되면서 어느새 총수들이 고통스러운 난제의 해결을 부하들에게 미루는 경향이 강해졌다. 총수는 사장에게 미루고, 사장은 다시 담당 임원에게, 임원은 부장에게 떠넘기며 책임 회피의 연쇄 사슬이 작동한다.

이나모리는 "리더가 먼저 투혼을 발휘해야 조직이 산다"고 강조했다. 총수, 사장이 골치 아픈 일과 싸움을 피하면 어려운 국면을 결코 넘길 수 없다고 했다. 귀찮은 일을 슬슬 피하는 3세, 4세 총수들이 새겨들어야 할 말이다.

사원의 행복을 전파하는 경영 철학자

이나모리가 한국 기업인에게 던지는 교훈을 5가지만 꼽기는 아쉽다. 씁쓸한 기분마저 든다. 회삿돈과 개인 돈을 구별해 쓰라거나 경영 세습을 자제하고 호사스러운 낭비를 절제하라는 가르침은 그야말로 일차원적 행동 방식에 불과하다. 그룹 총수나 사장직이 시한부 임시직이라는 경고도 한국의 오너나 사장들이 얼마나 새겨들을지 의문이다.

이나모리라고 해서 일탈이나 실수가 없었던 건 아니다. 애연가인 그는 나이가 들어서도 금연 빌딩으로 지정된 교세라 본사 사무실에서 혼자 담배를 피웠다는 얘기가 들린다. 또 술에 취해 아사코 부인에게 술주정을 부리다 혼쭐이 난 일화를 고백하기도 했다. 훌륭한 임원을 잘못 평가해 작은 계열사 사장으로 좌천시키는 실수도 저질렀다. 그가 계열사에서 자신을 희생하면서 직원들 사기를 끌어올리고 좋은 실적을 내자 이나모리는 사과할 수밖에 없었다.

일부에서는 가고시마 출신 특유의 고향 사람 챙기기도 두드러졌다고 지적한다. 일본에서는 가고시마 인맥을 가고시마 특산물을 빗대 '가고시마 고구마 덩굴'이라고 표현한다. 그 '고구마 덩굴'에 대한 이나모리의 배려가 간혹 입방아에 오르곤 했다는 얘기다. 이나모리가 세상을 떠나면 좀 더 다양한 뒷말이 흘러나올 것이다.

하지만 경영인 이나모리는 사고의 폭과 깊이가 여느 기업인들과 다른 인물이다. 그는 자신이 창업한 교세라, KDDI를 우량 기업으로 키운 뛰어난 경영인이자 도산한 국민 기업 JAL을 회생시킨 일본 경영계의 영웅이다. 그 과정에서 아메바 경영이라는 독특한 채산 관리 기법과 회계 처리 방식을 창안해 일본 안팎의 기업들에 바람직한 모델을 널리 보급했다.

무엇보다 돈벌이가 지상의 목표인 기업에도 나름의 철학과 이념이 필요하다는 것을 많은 기업인에게 일깨워주었다.

'나는 왜 이 회사에 다니는 걸까?'

'이 회사는 대체 어느 방향으로 가고 있는 건가?'

'회사는 나에게 무엇을 바라고 있는 것일까?'

샐러리맨들은 수시로 이런 의문을 품고 방황하는 일이 잦다. 그에 대한 답변이 경영 이념이라고 이나모리는 강조했다.

그는 사원 행복의 경영 철학을 전파하고 있는 경영 철학자다. 이는 인간에 대한 애정은 이익 지상주의나 주주 권리를 최우선순위에 두는 경영과 완전히 다른 접근법이다. 총수가 전횡을 휘두르는 한국 재벌에서는 거의 듣지 못한 발상일 수밖에 없다.

그는 사리사욕을 극도로 절제하며 숱한 기부 활동을 통해 자신의 말과 행동을 일치시켰다. 사원들에게 "최소한 10% 이익을 남겨야 한다"고 다그치며 실수에는 엄한 꾸중을 삼가지 않았고 그런 만큼 자기 자신도 놀지 않고 일했다. 매일 아침 욕실 거울 앞에서 '어제는 뭘 잘못했지?' '술을 너무 마셨지 않은가'라는 반성으로 하루를 시작했다.

그는 기업가의 활동이나 근로자의 노동을 인간이 인격적 완성체로 성장해가는 수행 과정으로 여겼다. 이런 생각은 결국 그의 말년을 스님으로 이끌어갔다.

09

기업가에게 경영은
'수행의 길'이다

"'남이 잘되도록 하겠다'는 생각을 하면
강력한 힘이 거기서 나옵니다. 세상 사람들을 위해
도움을 주는 것이 인간으로서 최고의 행위입니다.
착한 생각을 품고 착한 일을 하면 인생은 항상
좋은 방향으로 풀립니다. 저의 지나온
일생이 그것을 말해줍니다."

작은 절에 설립한 교세라 사원 묘

교토의 남쪽 위성 도시 야와타八幡는 주택가가 넓다. 교토에 출퇴근하는 월급쟁이들의 베드타운이다.

달마당 엔복사達磨堂 円福寺, 엔푸쿠지, 圓福寺로 표기하기도 한다는 30번 시내버스 종점의 주택가 꼬트머리 언덕에 있었다. 교토 주변에는 엔복사가 여럿 있어 자칫 다른 절을 찾아가기 쉽다. 달마당 엔복사는 참선參禪 수행을 중시하는 스님들의 절이다. 이나모리는 이 절에서 머리를 깎고 출가했다.

한국 절에서는 거의 사라진 돌비석과 엔복사 입구에서 마주쳤다.

"훈주산문葷酒山門을 불허한다."

비린내 나는 음식을 먹거나 술을 마신 사람은 오지 말라는 경고판이다. 육식과 음주를 금지하는 절이다. 울창한 대나무 숲을 끼고

교토 주변 도시 야와타의 엔복사에 설립된 교세라 사원들을 위한 기업 묘. 사원들에게 공동체 의식을 불어넣는 역할을 맡고 있다.

돌아서자 추모비, 위령비가 잔뜩 나타났다. 교세라의 회사 묘는 잘 정돈된 계단을 올라간 뒤에야 나타났다. 100평 넘어 보이는 묘지에 는 건립 기념비가 단정하게 앉아 있다.

우리는 회사 창립 이래 전 사원의 물심양면에 걸친 행복을 추구하기 위해 (⋯) 매일 각고의 노력을 기울여왔습니다.
(⋯) 바라건대 모두의 영혼이 성불하여 저세상에 가서도 행복하기를, 때

로는 이 세상에 있을 때처럼 이곳에 모여 화기애애하게 술잔을 주고받는 곳으로 존재하기를 바랍니다.

교세라 창립 20주년인 1979년에 조성된 기업 묘다. 교세라는 해마다 고령, 사고 등으로 사망한 사원들을 위해 이곳에서 위령제를 지낸다. 일본에서 기업 묘 문화를 창안한 회사는 파나소닉이다. 교세라는 파나소닉처럼 사원 묘를 조성했으나 묘지기 업무를 담당하는 스님 사원은 두지 않았다.

기업 묘를 조성할 때 회사 안팎에서 "살아서 온종일 회사에 묶여 지내다가 죽어서도 회사에 묶여야 하는 신세가 불쌍하지 않으냐"는 식의 저항이 없지는 않았다. 하지만 이 세상에서 함께 고생한 동료들이 저세상에서도 다 같이 행복했으면 좋겠다는 순수한 바람과 희망이 사원 묘 조성의 바탕이 됐다. 교세라에서는 원하는 사원만 이곳에 납골 단지를 맡긴다.

야와타 엔복사는 교토 시내 초대형 사찰에 비하면 소박하기 짝이 없는 시골 절이다. 절 이벤트가 언론의 관심에서 멀고 관광객이 일부러 찾는 절도 아니다. 이나모리는 화려하고 유명한 사찰이 아니라 변두리 작은 절에 공을 들였다. B급 식당을 단골로 삼은 그의 소탈함을 절 선택에서도 엿볼 수 있다.

이나모리는 경영상 고민이 생기면 엔복사 큰스님을 찾아갔다. 예를 들어 다른 회사를 인수하기 전에 상담하러 가면 큰스님은 알기 쉽게 대답했다.

"사람도 그렇지만 회사도 기세라는 게 있답니다. 교세라는 요즘 기세가 좋으니 그냥 받아들이세요."

망설이지 말고 인수하라는 권유였다. 꼼꼼하게 따지는 엔지니어 출신 경영인의 복잡한 두뇌를 단칼에 풀어주는 조언이었다.

교세라는 인공 관절을 개발한 뒤 당국의 허가 절차를 완벽하게 받지 않고 판매했다. 이 사실이 국회에서 폭로되자 언론은 비판을 쏟아냈다. 줄곧 올바른 마음으로 사업을 해왔다고 자부하던 이나모리에게 큰 위기가 닥쳤다. 담당 간부를 강등시킬 수밖에 없었다. 위장병이 생길 만큼 고통스러운 시기였다.

큰 스님의 해법은 단순했다.

"재난을 당했다는 것은 살아 있다는 증거입니다. 그 재난을 통해 당신이 그동안 쌓아온 업보가 다 사라졌어요. 부처님께 밥을 지어 올리고 축하할 일이죠."

스님은 돌연 찾아온 위기를 전혀 다른 시각에서 해석해주었다. 자신도 모르는 사이에 저지른 잘못은 이번 기회에 다 털고 가라는 권고였다. 과거의 실수를 반성하고 떨쳐버린 뒤 새 출발하면 더 큰 기회가 올 게 아닌가. 그런 희망이 보이니 축하하고 싶다는 격려였다. 예상하지 못한 스님의 해석에서 이나모리는 따뜻한 위안을 받았다.

경영에는 언제나 불확실한 돌출 변수가 도사리고 있다. 정치 환경 변화부터 에너지 가격의 폭등, 시장 판도의 격변, 거래처 이탈 등 경영을 위협하는 도발이 불쑥 쏟아진다. 총수가 아무리 능력이 뛰어나도 한눈을 팔면 순식간에 경쟁 회사에 따라잡히고, 나중에는 헤어

날 수 없는 수렁에 빠지는 일이 허다하다.

이나모리가 종종 스님을 찾아간 것은 변화무쌍한 회오리 속에서 흔들리지 않으려는 몸부림이었다. 경영 판단을 받으려 하기보다는 수만 명의 사원을 거느린 기업의 총수로서 심리적 안정을 확보하려는 과정이었을 것이다.

만약 총수의 마음이 요동치며 우왕좌왕하는 모습을 보이면 가까운 거리에서 일하는 측근부터 말단 직원들까지 얼마나 불안하겠는가. 큰 조직의 리더들 가운데 의외로 종교에 심취하는 사례가 많은 이유도 이 때문이다. 경영상의 장애물을 제거하려는 의도라기보다는 종교를 통해 정신적 불안정을 컨트롤하려고 애쓰는 과정이다. 이나모리가 한적한 변두리 작은 절에 애정을 갖는 이유도 같다고 할 수 있다.

이나모리 가즈오, 스님이 되다

이나모리는 모태 불교 신도였다. 매일 아침 부모님을 따라 안방 불단 앞에서 기도를 올렸다고 한다. 이나모리 부모는 자녀가 결혼하면 예외 없이 불단을 선물했다. 일본에서 불단은 부처님을 모신 방 안의 작은 장식물을 말한다.

"부처님께서 밤낮으로 지켜보고 있다는 걸 잊지 말아라."

어머니는 그렇게 당부했다.

우리 조선 시대에는 불교를 탄압한 왕이 많았다. 불교 탄압으로 인해 도심에 있던 절이 종이와 짚신을 만드는 공장으로 변하는가 하면, 환속하거나 노비로 전락하는 스님이 적지 않았다. 스님들은 깊은 산속으로 숨어들어 산중 염불로 신도들을 위로했다.

일본 사무라이 정권도 장기간 불교를 탄압했다. 그 후 산속 민가에 숨어 부처님께 몰래 기도하는 산중 불교가 서민층에서 명맥을 이어왔다. 권력자 몰래 지하 교회에서 예배하던 유럽의 신도들처럼 은밀한 신앙생활을 해야 했다.

이나모리는 어린 시절 겪었던 산중 염불 체험을 가끔 강연에서 얘기했고, 책에도 몇 번 썼다. 자초지종은 이렇다.

언젠가 해가 떨어진 뒤 동네 어른들과 함께 가파른 산길을 올랐더니 민가의 부처님 앞에서 스님이 독경하고 있었다. 독경이 끝나자 신도들이 한 명씩 향을 피웠다. 이나모리가 향을 올리자 스님이 말했다.

"너는 이제 됐다. 오늘로 충분하다. 앞으로 살아 있는 동안 매일 '나무아미타불, 나무아미타불, 감사합니다'라고 부처님께 꾸준히 기도를 올리면 된다."

다른 아이들에게는 산중 염불에 다시 참석하라고 하면서 이나모리만은 더는 오지 않아도 된다고 했다. 그의 신앙심에 합격 판정을 내린 격이었다.

그때부터 그는 일상생활에서 염불 의식을 치르곤 했다. 새로운 일을 시작하고 일이 매듭지어질 때마다 부처님께 감사드리는 염불을 반복했다. 마음속으로 '나무관세음보살'을 중얼거리는 일도 잦았다.

이나모리는 엔복사에 사원 묘를 건립한 데 이어 낡은 본당 건물을 재건축해주었다. 교토 불교계와 교토시가 대립했을 때는 중재 역할을 맡아 원만한 합의를 끌어냈다. 하지만 이나모리의 불심佛心은 그것으로 끝이 아니었다.

65세 나이에 아예 삭발하고 출가를 감행했다. 그는 가족, 친지는 물론 기자들이 지켜보는 가운데 엔복사에서 출가 의식을 마치고 큰 스님으로부터 '다이와大和'라는 법명을 받았다.

이나모리는 출가하기 11년 전 교세라의 최고 경영인 자리를 내놓고 2선에서 자문에 응하는 방식으로 간접 참여하고 있었다. 삭발과 함께 교세라와 KDDI 경영에서도 명예회장으로 한 발 더 물러났다. 완전 은퇴는 하지 않았으나 일상적인 의사 결정에는 아예 참여하지 않았다. 커다란 현안에 한해 전문 경영인의 자문에 피동적으로 응하는 입장이었다.

이나모리는 인생 말년 20년 정도는 '영혼을 닦는 세월'로 설정해 다음 세상에 대비하고 싶다는 의중을 감추지 않았다. 혼을 맑고 밝게 수련하면 사후에 평안할 수 있다는 윤회설을 믿은 것이다. 기업 경영에 전력 질주해온 것처럼 죽음을 앞둔 마음가짐을 갖추는 일에도 완벽하게 대비하고 싶다는 바람이었다.

그는 출가 세레머니에 이어 젊은 예비 스님들과 함께 좌선 수행에 본격 돌입했다. 한국의 사찰처럼 좌선 수행은 고된 일정이다.

추운 겨울 새벽 3시에 일어나 밤 11시까지 좁은 다다미 한 장 위에서 가부좌를 틀고 앉아 그날의 화두에 매달려야 했다. 식사는 국 한 그릇, 단무지나 채소조림 한 가지였다. 고령의 좌선으로 다리를 절름거릴 수밖에 없는 통증을 수행 기간(임제종의 경우 5~7일) 내내 견뎌야 했다.

이나모리는 다른 지방 도시에서 신도들 집을 돌며 쌀을 시주받는 탁발 수행에도 열심히 참여했다. 탁발할 때는 짚신을 신어야 한다. 시주받은 쌀을 어깨에 걸친 자루에 넣고 종일 걷다 보면 발가락에서 피가 나왔다.

어느 날 무거운 발걸음으로 터덜터덜 절로 돌아오는 길이었다. 낙엽을 쓸고 있던 동네 부인이 이나모리를 향해 총총걸음으로 다가왔다. 그녀는 아무 말 없이 100엔짜리 동전 한 닢을 주는 것이었다. 이나모리는 시주를 삿갓으로 받아야 한다는 것을 깜박 잊고 두 손으로 동전을 받았다.

"감사합니다."

그는 합장하며 인생에서 가장 뿌듯한 행복감이 온몸에 밀려오는 것을 느꼈다. 그 순간의 기분을 그는 『인생에 대한 예의』라는 책에서 "육체를 구성하는 모든 세포가 기쁨에 떨고 있다고 해도 좋을까. 결코 풍족해 보이지 않는 부인이 나에게 시주를 했다. 그녀의 아름답고 상냥한 마음씨에 지금까지 인생에서 느껴본 적이 없을 만큼 신선하고 순수한 감동을 느꼈다"고 썼다.

그것은 성불成佛의 순간이었다. 이나모리는 찰나의 순간에 문득 깨달음의 경지에 올라섰던 것이다.

"선한 일을 생각하며 선한 일을 행하면 선한 결과를 얻는다."

이나모리 회장이 묘심사妙心寺 불교 종파의 스님이 되기 위해 머리를 깎고 탁발 다니는 모습.
© 교세라

악한 생각을 하며 악한 일을 하면 악한 결과와 마주칠 것은 뻔하다. 이나모리는 좌선, 탁발 수행을 통해 그런 믿음을 굳혔고 한 인간으로서 큰 행복을 맛보는 혜택을 받았다.

수행, 탁발 과정이 모두 끝나자 다시 사회에 복귀했다. 이는 큰스님이 출가를 허락하면서 조건을 달았기 때문이다. 이나모리에게 절에는 들어오지 말고 생활을 하며 수행하라는 당부였다.

"당신은 삭발하고 출가한 뒤에는 다시 사회로 돌아가 경영인으로서 사회에 공헌하는 것이 부처님의 가르침을 따르는 길입니다."

인도의 큰 상인 비말라키르티(유마힐維摩詰, 유마거사)는 상업으로 돈을 많이 벌면서 깨달음의 경지에 도달했다. 중국 둔황의 막고굴(모가오 석굴, 103호)에 가면 문수보살이 비말라카르티를 찾아가 설법을 듣는 모습을 그린 벽화를 볼 수 있다. 기업을 경영하면서도 얼마든지 최고 성인 반열에 오를 수 있음을 보여주는 한 장면이다. 불교 경전의 기르침에 따라 돈을 벌고 부처님 뜻에 맞세 돈을 쓰면 성불할 수 있다는 얘기다. 이나모리는 그런 불교의 가르침을 실천했다.

깨달음을 얻은 이나모리는 표정부터 달라졌다. 그의 평전을 집필한 기타 야스토시는 이나모리의 사진을 연령대별로 세심히 살펴보았다고 했다.

"통신 사업을 시작할 무렵에 찍은 사진은 만지면 베일 듯한 날카로운 얼굴을 하고 있어요. 거인 NTT와 전쟁을 하고 있다는 긴장감이 그대로 담겨 있죠. 반면 출가한 이후에는 동네 이웃 할아버지 같은 온화한 표정으로 변했어요."

대학, 지역 사회, 복지 시설에 기부가 잦아진 것은 말할 것이 없다. JAL 경영에서도 무급으로 재능을 국가와 국민에게 헌납했다. 인생을 통해 번 돈은 송두리째 탈탈 털어 내놓고 우주의 먼지로 사라지겠다는 각오인 듯하다.

"인간은 무엇을 위해 사는가"

시모무라 미츠코下村滿子는 1993년 도쿄 특파원이던 나를 인터뷰해 《아사히신문》에 실었던 여기자다. 그는 소니의 창업자 모리타 아키오盛田昭夫의 전기를 영문으로 출간한 뒤 다음 해 일본어판으로 번역해 미국과 일본에서 베스트셀러를 만들었다. 일본 언론계에서 한때 큰 화제를 뿌렸던 인물이다.

80세가 넘은 그는 요즘 이나모리를 추종하는 팬이 되었다. 도쿄 시내에서 매달 회원들과 모임을 하고 이나모리의 책 몇 페이지를 읽는다. 이나모리가 남긴 말을 재해석하며 이 시대를 어떻게 살아갈지 토론한다. 모임에선 언제나 좌선과 윤독輪讀, 강의가 세트로 진행된다.

시모무라는 어린 시절 2011년의 동일본 대지진에서 큰 피해를 본 후쿠시마에서 잠시 살았다. 그 인연으로 후쿠시마에 애정이 깊다. 동일본 대지진은 사망자와 실종자가 2만여 명, 피난민이 33만 명에 달하는 참사였다. 지진에 이어 원자력 발전소에서 방사능이 누출되었다. 시모무라는 혼란스러운 후쿠시마에 뛰어가 자기가 도울 만한 일을 찾았다.

그는 먼저 음울한 죽음의 도시에서 살아 있다는 것이 무엇인지, 생명은 왜 소중한지 일깨워주는 강연회를 열었다. 살아가는 법을 논의하는 모임도 만들었다.

이나모리스쿨 후쿠시마 지역 모임도 동일본 대지진 이후 그녀가 주도해 만들었다. 현지 중소기업인들이 한 사람이라도 더 사업 의욕을 갖게 하려는 몸부림이었다. 후쿠시마 모임을 발족하면서 이나모리를 초청했다.

'인간은 무엇을 위해 사는가.'

이것이 강의 주제였다. 강연회에는 지역 주민 3000여 명이 몰려들었다. 초등학생, 중학생들까지 단체로 참석했다. 이나모리는 강연에서 기업인 인생을 회고하며 자신의 기업관부터 인생관, 우주관까지 담담하게 말했다.

"기업은 주주 행복이나 경영인의 행복이 아니라 거기 모인 사원들의 행복을 위해 존재하는 것입니다."

"'남이 잘되도록 하겠다'는 생각을 하면 강력한 힘이 거기서 나옵니다. 세상 사람들을 위해 도움을 주는 것이 인간으로서 최고의 행위입니다."

그는 교세라 경영에서 사원 행복을 경영의 최고 목표로 삼았다. 통신 사업에서는 일본 국민을 위해 전화 비용을 낮추겠다는 대의를 따랐다. JAL에서는 살아남은 사원을 지키고 국민에게 희망을 주겠다는 명분을 좇았다. 모두가 다른 사람을 위해 일하겠다는 이타행

정신에 충실한 행적이었다.

"착한 생각을 품고 착한 일을 하면 인생은 항상 좋은 방향으로 풀립니다. 저의 지나온 일생이 그것을 말해줍니다."

지진과 방사능 재앙에 떠는 후쿠시마 시민들에게 좌선과 탁발 수행에서 깨달은 것을 그대로 전했다. 절망의 분위기에서 탈출할 수 있는 마음의 기본자세를 아이들에게 일깨워주었다.

강연은 공포, 불안에 떨고 있는 중생을 상대로 펼친 '다이와(이나모리의 법명) 스님'의 설법이었다. 스님은 그 후 후쿠시마를 벗어나 다른 도시를 돌며 똑같은 설법을 펼쳤다. 그것은 어떤 기부보다 너그러운 보시布施였다.

에필로그

시대를 초월한 이나모리의 경영 정신

2017년 8월 8일, 경기도 성남시의 국립 국가기록원에서는 특별한 기증식이 열렸다. 이틀 후면 우장춘 박사 서거 58주년이었다. 이날 행사는 우장춘의 장남이 농촌진흥청에 기증한 우장춘 유품 713점을 온습도를 적절히 조절하며 장기 보관할 수 있는 국가기록원에 맡기는 절차였다.

우장춘의 유품은 한국 농업 역사에서 매우 소중한 자료다. 그는 강원도 풍토에 맞는 감자, 제주도 감귤, 우리가 요즘 식사 때면 먹는 배추와 무는 물론 각종 한국산 꽃의 씨앗을 개량해 후세에 남긴 국민 영웅이다.

기증품 중에는 채소나 꽃 교배를 연구한 노트와 표본이 많았다. 가장 많은 부분이 나팔꽃 연구 자료여서 흥미를 끌었다. 나팔꽃 압판화와 표본이 무려 630점에 달했고, 1935년이라고 연도가 박힌 나팔꽃 연구 노트까지 있었다. 연구 노트의 표지는 우장춘이 나팔꽃朝顔 연구에 몰두하고 있을 시기에 이나모리 가즈오의 부인 아사코가 태어났다는 것을 확인해주고 있었다.

우장춘 유품은 장남 스나가 모토하루須永元春 씨가 그동안 보관해오던 것이었다. 모토하루는 매형인 이나모리 밑에서 교세라의 홍보 책임자, 비서실 책임자를 거쳐 교토의 프로 축구단 퍼플상가팀의 경영 책임자를 지냈다. 퍼플상가팀은 교세라가 메인 스폰서 지위를 갖고 있다. 축구 스타 박지성이

2002년 월드컵 스타로 부상하기 전에 몸담았던 팀이다.

아사코, 모토하루를 비롯한 우장춘의 4녀 2남은 일본인으로 살고 있다. 한국에서 열리는 우장춘 기념행사나 추모제에 얼굴을 내밀지 않는다. 직계 가족을 비롯해 이나모리나 교세라가 한국에 건립된 우장춘기념관에 기부금을 보냈다는 보도가 나온 적도 없다. 하지만 이나모리 부부는 한국에 오면 우장춘의 묘를 찾았다.

우장춘의 묘지는 경기도 수원 시내 서호가 내려다보이는 여기산에 자리 잡고 있다. 선거관리위원회 연수원 근처다. 한때 필명을 날리던 이은상이 그의 업적을 기리는 글을 비석에 남겼다. 묘지석 글씨는 모토하루가 썼다고 알려졌다.

이곳은 원래 농촌진흥청 부지였다. 그가 한국 농업에 과학 개념을 처음 도입한 원조라는 평가에서 농촌진흥청 부지 안에 박사의 유해를 모셨던 것이다. 농촌진흥청은 공공기관 지방 분산 계획에 따라 전주로 이전했지만, 아버지의 나라에 뼈를 묻겠다는 우장춘의 유언은 그렇게 지켜졌다.

나는 1996년 무렵 이나모리를 처음 만났다. 아사코 여사와 함께 서울 중심지 일식당에서 점심을 함께했다. 이나모리가 "장인 묘지를 참배하고 오는 길"이라고 말했던 기억이 떠오른다.

이나모리는 당시 신규 사업인 통신 회사 KDDI를 성공시키기 위해 혼신의 힘을 쏟고 있었다. 그는 식사 중 한국 이동통신 업체들의 동향에 관해 많은 질문을 했다. 죽을 각오로 사업을 한다는 표현을 거침없이 뱉어내는 것을 듣고 기분이 다소 으스스했다.

그래서 그의 사생관을 슬쩍 물었더니 "인간은 죽으면 우주의 먼지가 되어 억겁으로 사라지는 존재"라고 했다. 마치 달관한 선불교 스님처럼 가볍게 대답했다.

아니나 다를까 다음 해 이나모리가 정식 스님이 됐다는 보도를 읽었다. 그런 인연 때문일까. 이나모리의 이 한마디는 평생 머리에서 지워지지 않는다. 내가 사춘기 시절부터 선불교와 노장사상 서적을 많이 읽어온 탓인지 모르겠다.

아사코 여사는 남자들 대화에 끼어들지 않는 전통적인 일본 여인이었다. 일본인 어머니에게서 조신한 몸가짐을 배운 듯했다. 이나모리가 과학자로서 연구에 몰두하는 장인의 인상을 회고하는 바람에 아사코 여사에게는 아버지에 관해 물을 수 없는 분위기가 되고 말았다.

이나모리는 그동안 어느 일본 경영인보다 자주 한국 언론과 인터뷰를 했지만, 이제는 고령으로 거의 모든 외부 인터뷰를 사절하고 있다. 최근 몇 년간의 인터뷰를 종합 분석해보니 인터뷰를 한다고 해도 그의 저서에 나오지 않는 다른 얘기를 듣기는 힘들지 않을까 싶었다.

원조 '경영의 신' 마쓰시타 고노스케가 사망한 지 30년이 넘었지만, 여전히 그의 저서는 일본 서점가에서 종종 베스트셀러 목록에 등장한다. 그의 경영 비법을 배우려는 기업인들은 매주 PHP연구소에 모여 강의를 듣고 있다.

이나모리의 경영 철학도 마쓰시타처럼 앞으로 오랜 기간 생명력을 과시할 것이 틀림없다. 그가 남긴 말은 보통 사람들의 감동을 불러일으키기 충분하기 때문이다.

2020년 2월, 일본 프로 야구 시즌 개막을 앞둔 시기였다. 홋카이도에 본거지를 두고 있는 닛폰햄 파이터스의 구리야마 히데키栗山英樹 감독은 에이스 아리하라 코헤이有原航平 투수를 개막전 선발 투수로 지명했다. 감독은 아리하라 투수에게 "올해 20승 이상을 기대한다"고 공개적으로 밝혔다. 2019년 시즌에서는 15승을 거두었다.

그러면서 선물한 책이 이나모리의 『마음心』이었다.

"자신의 마음을 컨트롤하고 지배하는 것이 가장 어렵고, 중요합니다."

갖가지 볼을 능란하게 던질 수 있는 에이스 투수에게 필요한 투구 테크닉은 더는 없다. 오로지 정신적 성장만이 승리를 보장할 수 있다는 얘기였다.

구리야마 감독은 리그 우승 2회, 일본 시리즈 우승 1회를 기록한 일본의 야구 명장 중 한 사람이다. 그는 평소 이나모리의 책을 읽으며 매일 자신의 몸가짐, 마음가짐을 고쳐 잡는다. 그러면서 승리를 다짐한다고 했다.

이나모리는 일본, 중국, 한국에서 구리야마 같은 추종자를 많이 두고 있다. 그의 경영을 공부하는 전 세계 문하생들은 세이와주쿠가 해산된 뒤 지역별로 새로운 경영인 모임을 속속 출발시키고 있다. 이 때문에 앞으로 이나모리의 가르침이 기업인 후배들에게 마쓰시타 경영 철학과 어떻게 경쟁하는 모습을 보일지 궁금하다.

이나모리는 어쩌면 마쓰시타와 경쟁해야 하는 처지만은 아니다. 또 한 명의 경쟁자는 장인이다.

그의 장인은 1959년 한국에서 세상을 떠났지만 60년이 지난 지금도 부산광역시 동래구 온천동 우장춘기념관에서 매년 추모제가 열린다. 온천동 우장춘기념관은 그가 근무한 원예연구소가 있던 자리에 있다.

박사는 원예연구소 근무 시절 어머니 사망 소식을 교토 가족으로부터

에필로그

받았으나, 한번 가면 한국에 돌아오지 않을지 모른다는 걱정 때문에 출국이 허락되지 않았다. 그는 연구소 강당에서 문상을 받고 부의금을 모은 돈으로 온천동에 우물을 팠다. 우물 이름은 '어머니의 자애로운 젖'이라는 뜻을 담아 자유천慈乳泉이라고 명명하고, 이를 마을 사람들에게 개방했다.

우장춘의 베풂과 연구 업적은 이나모리의 이타 철학과 똑같이 대가를 바라지 않는 일방적 헌신이었다. 그런 공헌은 교과서에 실리면서 후대에 더 큰 울림으로 전해지고 있다. 농촌진흥청은 해마다 우장춘 스토리를 알리는 행사를 거르지 않고 있다. 어린이들에게는 3000가지의 한국산 꽃씨를 보존한 '꽃씨 할아버지'에 관한 글짓기 대회를 여는 식이다.

우장춘을 닮고 싶어 하는 사람이 있는가 하면, 이나모리를 배우고 싶어 하는 사람이 있을 것이다. 한 시대를 풍미하고 있는 이나모리의 경영 이념은 장인이 한국에서 보여주고 있는 생명력을 넘어설 수 있을까. 장인과 사위의 아름다운 경쟁을 지켜보는 것은 즐거운 일이다.

이나모리 가즈오가 창업 또는 재건한 주요 그룹 현황(2019년 3월 말)

교세라그룹

현재 직위	명예회장
매출액	1조 6237억 엔
영업 이익(세전)	1406억 엔
종업원 수	7만 6863명
계열사 수	286개

KDDI그룹

현재 직위	최고고문. 교세라 지분 14.4%로 1대 주주 (2대 주주 도요타자동차 12.82%)
매출액	5조 804억 엔
영업 이익(세전)	1조 137억 엔
종업원 수	4만 1996명
계열사 수	66개

JAL그룹

현재 직위	명예고문. 교세라 지분 2.22%로 JAL 법인-개인 주주 중 제1 주주
매출액	1조 4880억 엔
영업 이익(세전)	1750억 엔
종업원 수	3만 4003명
계열사 수	61개

이나모리재단

현재 직위	창업자. 이사장은 장녀
재단 기금	1000억 엔
교토상 매년 시상	1인당 상금 1억 엔

부록

이나모리가 월급쟁이들에게 남긴
5가지 어록

1 지금 맡은 일을 사랑하라,

그것이 인생을 풍요롭게 만드는 유일한 길이다

월급쟁이라면 가고 싶은 부서가 있고 자신이 좋아하거나 잘하는 업무가 있기 마련이다. '이 업무만은 하고 싶지 않다'며 짜증을 내거나, 나아가 '다 때려치우고 싶다'고 불만이 폭발하기도 한다.

월급이 제대로 나오지 않는 회사가 이나모리의 첫 직장이었다. 그는 부실기업을 벗어나고 싶었지만, 뜻대로 되지 않았다.

그러던 어느 날 마음을 고쳐먹었다. 그는 '하기 싫은 일을 어쩔 수 없이 한다' '월급 받으려고 꾸역꾸역 출근한다'는 마음부터 떨쳐버렸다. 동시에 맡은 일에 몰두하는 자세로 바꾸었다. 그 결과 신제품 개발이라는 성공이 그를 찾아왔다.

오늘 맡은 일을 사랑하려면 어떻게 해야 하는가. 그 일에 미친 듯 흘딱 빠져야 한다.

2 열등감과 격투하지 말고 그대로 받아들여라

인간은 누구나 열등감을 안고 산다. 직장에서는 학벌, 외국어 능력, 승진에서 남보다 뒤떨어진 자신을 발견하기 일쑤다.

이나모리는 입학시험에서 연속 실패했고 지방 대학을 나왔다. 촌뜨기 출신으로 사투리를 버리지 못해 교토 사람들의 핀잔을 받곤 했다.

그러나 그는 학력을 치장하려고 대학원에 진학하거나 말투를 바꾸며 교토 토박이 행세를 하지 않았다. 열등감에 좌절하거나 열등감과 격투하지 않고 오히려 그대로 받아들였다.

일류 대학을 나온 사람들보다 학력이 부족하다는 점을 인정하고 그 대신 더 열심히 연구하고 실험하는 쪽으로 갔다. 남보다 더 노력하는 것으로 열등감을 이겨냈다.

3 인생의 행복은 내 마음이 그리는 대로 나타난다

이나모리는 누구에게나 적용되는 인생의 방정식이 있다고 말했다.

$$인생의\ 결과 = (사고방식) \times (열정) \times (능력)$$

인생에서 무엇을 이룰 수 있느냐는 그 사람의 사고방식과 열정, 능력의 곱하기로 계산한다. 회사 업무에서 성과를 내느냐 못 내느냐는 업무의 결과도 마찬가지 공식이 작동한다.

능력이 60점밖에 안 되면 열정을 200점으로 올려 일하면 된다. 반면 능력이 뛰어나고 열정이 강하면서도 사고방식이 비뚤어진 사람은 성공하지 못한다. 세상을 탓하고 다른 사람을 원망하는 마이너스 사고방식은 결국 실패를 불러온다.

긍정적이고 바른 마음으로 일해야 비로소 행복을 얻을 수 있다. 삐딱한 마음으로 자기 인생을 그리면 현실에서 나쁜 일이 일어난다.

4 노동이란 스님의 수행과 같다

월급을 받으려고 일한다는 사원이 많다. 먹고살려고 또는 물질적 수단을 얻으려고 노동을 한다는 생각들이다.

스님들은 참선하면서 청소하고 식사를 스스로 준비한다. 매일 절에서 많은 노동을 하면서 참선을 하고 있다. 하루하루의 일상적인 노동이 바로 깨달음을 얻어가는 수행이다.

직장인들은 노동을 가족을 먹여 살리기 위한 수단이라고 생각하기 쉽다. 하지만 노동으로 얻는 것이 단지 월급뿐만은 아니다.

가만히 생각해보면 우리는 회사에서 노동을 통해 자신의 소중한 가치를 인정받고 일하는 보람을 느끼곤 한다. 인격적으로 점점 성장하는 자신을 발견한다.

이나모리는 자신의 출가 경험을 토대로 기업인의 활동과 월급쟁이의 노동이 스님의 참선과 다르지 않다고 했다. 회사원도 맡은 일에 빠지면 깨달음의 경지에 도달할 수 있다는 말이다.

5 시련을 기회로 여기는 사람이 잘 풀린다

이나모리는 파나소닉에 작은 부품을 납품하는 협력 업체로 출발했다. 일본 최대의 전자 회사 파나소닉은 가격, 품질, 납기를 까다롭게 따졌다.

교세라가 파나소닉에 시달리며 제품을 만들다 보니 어느덧 세계적인 기술을 갖춘 회사로 성장했다. 그 덕분에 글로벌 회사들과 대형 계약이 성사됐다. 고통스러운 시련이 교세라에 큰 선물을 제공한 꼴이었다.

누구나 편하고 쉬운 길을 달려가고 싶어 한다. 하지만 이나모리는 험난한 길을 거부하거나 불평하지 않고 그저 묵묵히 걸었다.

"인생이란 '오늘 하루'를 계속 쌓아 올린 것이고 '지금 이 순간'의 연속에 불과하다."

허황한 미래를 꿈꾸기보다는 오늘 하루만 충실하게 보내면 내일이 보일 것이라고 믿었다. 그래서 누구에게도 지지 않겠다고 다짐하며 투혼을 불살랐다.

이나모리가 CEO들에게 남긴
5가지 어록

1 회사는 CEO의 그릇 이상은 크지 못한다

종업원은 항상 '나는 누구를 위해 일하는가' '우리 회사는 어디로 가고 있는 가'라는 의문을 품고 있다. 목적지를 알지 못해 갈팡질팡하며 총수와 사장을 주시한다.

이나모리는 사원들의 중심을 잡아주는 심리적 기둥이 경영 이념이라고 했다. 총수나 사장이 뚜렷한 기업 철학을 제시하고 실제로 실천해야 한다는 것이다. 그렇지 않으면 사원들 행동이 제멋대로 튀고 위기가 닥치면 조직 전체가 흔들린다고 경고했다.

이나모리는 경영 철학과 행동 요령을 담은 필로소피 수첩을 전 사원에게 배포했다. 교세라 직원들은 아침마다 그중 한 대목을 큰소리로 읽으며 회사가 가는 방향, 사원이 가야 할 길을 되새겼다.

CEO는 매일 경영인의 그릇, 인간의 그릇을 키워야 한다. CEO 그릇이 크지 않으면 회사는 더는 성장할 수 없다고 했다.

2 자신을 희생할 용기가 없는 리더는 조직을 이끌어갈 수 없다

이나모리는 미국 서부 개척 시대에 등장하는 역마차 부대의 대장을 리더의 모범 사례로 자주 들먹였다. 한 번도 가보지 않은 황야와 사막에서는 예상치 못한 장애물과 인디언의 돌발 공격이 역마차 부대의 생존을 위협한다. 현명한 리더만이 수백 명의 식솔을 안전하고 꿈이 넘치는 목적지까지 이끌어갈 수 있다.

경영도 마찬가지다. 많은 위험과 도전이 가는 길을 막아선다. CEO는 우선 '나는 무엇을 위해 일하는가' 하는 사명감부터 확실하게 다져야 한다.

그리고선 자기희생을 행동으로 보여줘야 한다. 그래야 부하들의 신뢰와 존경을 받고 조직의 규율을 확립할 수 있다.

이나모리는 교세라 상장, KDDI 창업 때 창업자 몫으로 돌아가는 지분을 전부 포기했고 JAL에서는 무급으로 봉사했다. 총수가 사욕을 먼저 드러내면 사원 전체가 그대로 배운다.

3 기업 경영에 꼭 필요한 한 글자는 '덕德'이다

이나모리가 새로 승진한 임원들에게 한턱을 냈다. "이력서를 보니 모두 이류, 삼류 학교 출신들이구먼!" 이나모리가 이렇게 중얼거리자 "머리 좋은 놈들을 이미 다 나갔습니다"라는 대답이 돌아왔다. 서로 보며 웃을 수밖에 없었다.

이나모리는 두뇌가 명석하고 브리핑 잘하는 임원은 사장감으로 삼류라고 보았다.

"인간의 재능은 하늘이 여러 사람을 위해 쓰라고 잠시 빌려준 자질에 불과합니다."

타고난 재능을 자기 출세를 위해 쓰는 사람을 기피했다. 그 대신 묵묵히 일을 처리하며 인격적으로 존경받는 임원을 우대했다. 기업이 장기적으로 번영하려면 덕치가 필수적이라고 했다. 심지어 교토상 수상자를 결정하면서도 인품을 따졌다.

4 사람을 움직이는 유일한 원동력은 '무사無私, 이타利他의 정신'이다

교세라가 비틀거리는 미국 전자부품 회사를 인수한 적이 있다. 그쪽 경영진은 1주당 20달러씩 계산해 회사를 사달라고 했다. 이나모리는 그보다 50% 높은 30달러에 사주겠다고 역제안했다. 중개인과 변호사들은 인수 비용이 늘어나므로 그럴 필요 없다고 크게 반대했다.

이나모리는 '인수' 대신 '합병'이라는 단어를 쓰며 동등한 대접을 했다. 덕분에 계약은 우호적으로 성사됐다. 이나모리가 현지 공장을 방문하자 종업원들이 요란하게 맞아들였다. 얼마 지나 흑자가 급증하더니 7년 만에 증권 시장에 다시 상장됐다. 재상장으로 교세라는 엄청난 수익을 냈다.

이나모리는 사욕을 버리고 상대방을 배려하는 거래로 인종, 종교, 사고방식이 다른 미국인을 감동시켰다. 주식만 100% 인수한 게 아니라 사원들 마음을 100% 인수해버렸다. 이타의 경영이 반드시 손해만 보는 바보짓은 아니다.

5 사업 구상은 낙관적으로, 계획은 비관적으로, 실행은 낙관적으로

CEO가 새 사업을 시작하려고 하면 두뇌 회전이 빠른 임원들은 안 되는 이유를 먼저 늘어놓는다. 그러다 보면 좋은 프로젝트가 흔적 없이 사라져버린다.

이나모리가 휴대폰 사업에 처음 뛰어들자고 했을 때도 찬성하는 임원이 한 명뿐이었다. "그 얘기는 앞으로 당신과 둘이서만 하자."

반도체 성능이 업그레이드되는 것을 보며 휴대폰 시대가 닥칠 것이라고 믿었지만 반대 의견이 많았다. 그러자 낙관적 불꽃이 사그라지지 않도록 말이 통하는 부하를 모아 토론했다.

하지만 실행 계획을 입안할 때는 휴대폰 사업에 비판적 인물을 대거 참여시켰다. 그래서 지적과 비판을 받으며 세부 계획을 촘촘하게 다듬고 최악의 시나리오까지 그려볼 수 있었다.

계획을 실행에 옮기는 단계에서는 다시 낙관적 자세로 바꾸었다. 그래야 과감하게 투자하는 결단을 내릴 수 있기 때문이다.

이나모리가 가르친
5가지 불황 극복 비법

1 불황은 성장의 찬스다

이나모리는 불황을 대나무가 쑥쑥 커가는 과정에서 생기는 마디에 비유했다. 대나무 마디는 그다음 마디까지 성장시키는 연결 고리다.

불황을 계기로 전 사원이 결속해 노력하면 더 성장하는 마디가 된다. 원가 절감으로 기업 체질을 더 강하게 만들고 새로운 투자로 미래를 설계하는 계기다.

"경기를 파악하겠다고 분주하게 오락가락하며 서두르지 말고 물방울이 떨어지기를 끈기 있게 기다려라."

이나모리는 감상적 고민은 내던져버리고 '반드시 좋은 시절이 올 것'이라는 긍정적 신념이 무엇보다 필수적이라고 했다. 가만히 앉아 희망의 물방울을 기다리지만 말고 물방울이 떨어지는 곳으로 몸을 옮기라고 조언한다.

'이참에 기업 체질을 더 튼튼히 하겠다'는 각오가 불황에 응전하는 최상의 마음가짐이다.

2 전 사원이 영업하라

실적이 부진하면 서로 책임을 미루고 옆 부서를 탓하는 게 월급쟁이의 버릇이다. 그걸 깨려면 영업부터 생산, 개발, 경리, 홍보 등 간접 부문까지 하나가 되도록 해야 한다.

예를 들어 전 사원이 현장에 뛰어나가 영업하라고 해야 한다.

"영업을 옆에서 도와주겠다는 식의 곁다리 역할은 곤란하다. 제품을 하나라도 팔아주거나 수주를 받아오는 실적을 내야 한다."

다른 부서는 영업부를 보조하겠다는 자세를 버리고 실제 실적을 내야 한다는 말이다. 영업뿐 아니라 비용 절감은 물론 신제품 개발, 생산 효율화에도 전 사원이 참여할 수 있는 분위기를 만들어야 한다.

전원 참여 경영은 불황 국면에서 순조롭게 실천할 수 있다. 사원들의 긴장감을 쉽게 높일 수 있기 때문이다.

3 최소 인원으로 줄여 생산성을 높여라

불황 국면에서는 주문이 줄어들며 생산량이 감소한다. 일감이 줄어든 판에 인원 그대로 두고 라인을 돌리면 생산성이 더욱 하락한다. 직장 분위기가 가라앉고 규율이 흐트러지는 현상을 피할 수 없다.

이나모리는 제조 현장은 언제나 긴장감 있게 작업하는 분위기가 필요하다고 강조했다. 최소한의 인원으로 높은 생산성을 유지해야 한다. 그렇지 않으면 불량품이 나오고 사원들이 나태해지면서 부작용이 두드러진다.

생산 라인의 잉여 인력은 일단 빼내야 한다. 그렇다고 당장 감원할 수는 없다. 잉여 인력은 공장 주변의 풀을 뽑거나 청소하는 일을 시켜야 한다. 몇 달간 돌아가며 연수를 시키는 방안도 마련해야 한다.

과격 노조가 많은 한국 기업에서는 이런 실행에 어려움이 있을 수 있다. 그렇다고 최소 인원으로 최상의 생산성을 지켜야 한다는 원칙을 포기해서는 안 된다.

4 신제품 개발에 투자하라

이나모리는 불황이 오면 그동안 미뤄왔던 신제품 개발에 착수해야 한다고 권고했다. 고객 요청에 응하지 못했던 상품, 너무 바빠 손을 대지 못했던 사업에 관심을 가져야 한다는 것이다.

경기가 침체하면 거래처들도 덩달아 한가해진다. 시간 여유가 많은 고객을 만나 새로운 서비스나 신제품 대화를 차분하게 나눌 필요가 있다.

"우리 회사 제품을 한번 써본 고객은 항상 새로운 힌트와 아이디어를 제공합니다."

교세라는 오일 쇼크로 충격을 받자 태양광 사업에 투자하기 시작했다. 낚싯대 부품도 불황 시대 신상품이다. JAL에서는 경영난 속에서 이코노미석의 간격을 10센티 넓혔다. KDDI는 통신 업계의 요금 인하 경쟁으로 코너에 몰리면서도 휴대폰 사업에 투자했다.

호경기에만 신규 투자를 하라는 법은 없다. 도리어 '불황, 경영난이 새 찬스를 만들어줄 것'이라는 마음가짐을 가져야 한다.

5 좋은 인간관계를 구축하라

회사가 어려우면 인간관계에서 금이 가기 쉽다. 직장 안에서 서로 의심하고 사소한 오해가 큰 마찰을 빚는다. 부하들은 걸핏하면 불평불만을 폭발시키려고 한다. 고락을 함께해온 동료들 사이에 형성되어온 우호적인 분위기가 깨질 위험에 처한다.

그렇다고 뒤숭숭한 분위기를 탄식만 하고 있어서는 안 된다. 험한 말을 하는 동료를 책망하거나 불평하는 사람을 근거 없이 징계하는 일도 피해야 한다. CEO는 지금까지의 경영을 스스로 되돌아봐야 한다. 우리 회사의 직장 풍토가 과연 좋은지, 고생한 사원들을 제대로 평가해주었는지, 거래처와는 서로 이익을 공유하는 우호적 거래를 했는지 샅샅이 살펴보라. 내부 인간관계를 면밀하게 따져보고 거래처 관계도 점검할 필요가 있다. 불황은 반성하는 자세로 회사 안팎의 인간관계를 재구축할 수 있는 절호의 기회라고 이나모리는 강조했다.

이나모리 인생의 결정적 순간들

1932년 일본 가고시마시 출생(4남 3녀 가운데 2남)

1944년(12세) 가고시마 제1중학교 입학시험 낙방

1945년(13세) 폐질환 투병. 가고시마 제1중 재낙방(사립 가고시마중학교 입학)

1948년(16세) 시립 가고시마고교 입학. 종이봉투 행상 경험

1951년(19세) 오사카대학 의학부 약학과와 공과대학 입학시험 낙방. 가고시마대학 공학부 입학

1953년(23세) 가고시마대학 졸업. 취직 시험 계속 낙방 끝에 지도교수 소개로 쇼후공업 입사

1954년(24세) 쇼후공업에서 파인 세라믹 제품(TV 브라운관 부품 U켈시마) 일본 최초 개발에 성공

1958년(26세) 신제품 개발을 놓고 상사와 충돌, 동료 7명과 함께 독립하기로 하고 퇴사. 다음 날 우장춘 박사의 넷째 딸 아사코와 결혼

1959년(27세) 직장 상사의 소개로 엔젤 투자자들 도움을 받아 교토세라믹 (훗날 교세라로 개명) 설립. 이나모리는 등기이사 겸 기술 담당 부장에 취임

1961년(29세) 처우 개선을 요구하는 고졸 사원들의 집단 노동쟁의 발생을 계기로 사원 행복 경영을 약속하는 경영 이념을 공식 선포

1965년(33세) 시간당 채산제(아메바 경영), 회식 겸 간담회(콤파) 시작

1966년(34세) IBM에서 대형 컴퓨터용 IC 기판 대량 수주에 성공, 도약의 발판 마련. 교세라 사장에 정식 취임

1967년(35세) 사원 행복의 경영 철학을 담은 '교세라 필로소피 수첩'을 처음 제작, 전 사원에게 배포

1971년(39세) 교세라를 오사카 증시, 교토 증시에 상장(창업자 지분은 포기), 다음 해(1972) 도쿄 증시에 상장

1973년(41세) 전 사원 홍콩으로 단체 관광 여행

1975년(43세) 교세라 노조, 회사 요청 받아들여 1년간 임금 인상 동결. 태양광 기술에 투자 시작

1978년(46세) 이나모리 가족의 재산 관리를 도맡는 부동산 임대업 중심의 KI흥산 설립

1979년(47세) 엔복사에 교세라 사원 묘 조성

1980년(48세) 교세라 뉴욕 증권 시장에 상장

1983년(51세) 이나모리경영스쿨(세이와주쿠)의 전신 모임(세이유주쿠盛友塾)이 교토에서 처음 출범

1984년(52세) NTT 독점에 도전하려고 통신 사업에 투자 개시, 다이니덴덴第二電電: KDDI의 전신 회장직에 취임. 이나모리재단 발족. 다음 해(1985) 교토상 시상식 처음 개최

1992년(60세) 이나모리경영스쿨 문하생들이 모이는 전국대회 처음 시작.

이후 매년 정기적으로 개최

1993년(61세) 교세라 계열 통신 회사 도쿄 증시에 상장(창업자 지분은 포기)

1997년(65세) 교세라·KDDI 명예회장에 취임하며 경영 일선에서 물러나 경영진에게 조언하는 역할. 위암 수술. 엔복사에서 스님으로 정식 출가

2002년(70세) 니혼게이자이신문사에서 자서전을 출판, 베스트셀러가 됨. 이후 자신의 경영 철학을 본격적으로 설파하기 시작

2004년(72세) 인생철학, 사업 철학을 담은 『카르마 경영』 출간 이후 일본·중국 등 14개국에서 장기 베스트셀러 등극. 이후 이나모리 저서의 전 세계 판매량은 2019년까지 1500만 부를 초과

2005년(73세) 교세라 등기이사직에서 사임. 퇴직금 전액(2억 8000만 엔)을 가고시마대학에 기부해 이나모리아카데미 설립

2010년(78세) 민주당 정권 출범 후 부실기업 JAL 경영 회생을 위해 회장직에 취임. JAL은 첫해부터 흑자로 전환

2011년(79세) 사원 행복의 경영 철학을 담은 'JAL 필로소피 수첩'을 모든 사원에게 배포하고 아메바 경영 본격 시행. JAL은 도산 2년 8개월 만에 2012년 도쿄 증권 시장에 재상장

2013년(81세) JAL 등기이사에서 물러나 명예회장으로 퇴진

2017년(85세) 교세라 주식 100만 주를 가고시마대학에 기부

2018년(86세) 이나모리재단이 수여하는 교토상 상금을 1인당 5000만 엔에서 노벨상과 같은 1억 엔으로 증액

2019년(87세) 이나모리재단 이사장직을 큰딸에게 이양. 중국 이외의 지역에서는 이나모리경영스쿨 폐쇄

참고도서

이나모리 가즈오 저서

『ごてやん-私を支えた母の教え』, 小學館, 2015

『ど眞劍に生きる』, NHK出版, 2010[『인생에 대한 예의』, 장은주 옮김, 비즈니스맵, 2011]

『京セラフィロソフィ』, サンマーク出版, 2014[『바위를 들어올려라』, 유윤한 옮김, 서울문화사, 2015]

『敬天愛人-ゼロからの挑戰』, PHP研究所, 1997[『이나모리 가즈오의 왜 사업하는가』, 김지영 옮김, 다산북스, 2017]

『稻盛和夫のガキの自敍傳』, 日本經濟新聞社, 2002[『좌절하지 않는 한 꿈은 이루어진다』, 홍성민 옮김, 더난출판사, 2011]

『稻盛和夫の経営問答-高収益企業のつくり方』, 日本經濟新聞社, 2005[『남겨야 산다』, 양준호 옮김, 한국경제신문, 2014]

『稻盛和夫の實學』, 日本經濟新聞社, 2000[『이나모리 가즈오의 회계 경영』, 김욱송 옮김, 다산북스, 2010]

『働き方』, 三笠書房, 2009[『왜 일하는가』, 신정길 옮김, 서돌, 2009]

『生き方』, サンマーク出版, 2004[『카르마 경영』, 김형철 옮김, 서돌, 2005]

『成功への情熱』, PHP연구소, 1996[『불패경영의 원칙』, 김혜성 옮김, 황금지식, 2015]

『實學-經營問答, 人を生かす』, 日本經濟新聞社 , 2008[『이나모리 가즈오에게 경영을 묻다』, 정택상 옮김, 비즈니스북스, 2009]

『心を高める, 經營を伸ばす』, PHP研究所, 2004[『일심일언』, 양준호 옮김, 한국경제신문, 2013]

『燃える鬪魂』, 每日新聞社, 2013[『불타는 투혼』, 양준호 옮김, 한국경제신문, 2014]

『魂の言葉108』, 宝島社, 2018

한국어 서적

노성환, 『임란포로-끌려간 사람들의 이야기』, 박문사, 2015

노성환, 『임란포로-일본의 신이 되다』, 민속원, 2014

모리타 나오유키, 『아메바 경영 매뉴얼』, 김진연 옮김, 도서출판 예문, 2015

미나기 가즈요시, 『이나모리 가즈오』, 김윤경 옮김, 카시오페아, 2015

미야 히로시·타니 타케유키·카고노 타다오, 『아메바 경영』, 신근수 옮김, 2000

야나기다 히로아키, 『파인 세라믹스』, 박순자 옮김, 전파과학사, 1988

양준호, 『교토기업의 글로벌 경쟁력』, 삼성경제연구소, 2008

전영달, 『4차 산업혁명에서 꼭 필요한 아메바 경영』, 이모션티피에스, 2018

홍하상, 『어떻게 지속 성장할 것인가』, 클라우드나인, 2016

일본어 서적

アメーバ經營學術研究會(編),『アメーバ經營の進化』,中央經濟社, 2017

プレジデント社 編輯部,『無私,利他-西鄕隆盛の敎え』, 2017

加藤靖慶,『松下幸之助と稻盛和夫に學ぶリーダーシップの本質』,中央經濟社, 2014

皆木和義,『稻盛和夫のようになる50の心得』,宝島社, 2015

皆木和義,『松下と稻盛-經營の神樣の原點』,綜合法令出版, 1998

谷口正和,『京都の發想』,德間書店, 1992

宮本又郎·企業家研究FORUM,『企業家學のすすめ』,有斐閣, 2014

金子寛人,『JALの現場力』,日經BP, 2017

大西康之,『稻盛和夫-最後の鬪い』,日本經濟新聞社, 2013[오니시 야스유키,『이나모리 가즈오-1155일간의 투쟁』, 송소영 옮김, 한빛비즈, 2013]

大田嘉仁,『JALの奇跡』,致知出版社, 2018

童門冬二,『私塾の研究』,PHP研究所, 1993

林廣茂,『日本經營哲學史』,筑摩書房, 2019

北康利,『思い邪なし』,每日新聞出版, 2019[기타 야스토시,『마음에 사심은 없다』, 양준호 옮김, 한국경제신문, 2019]

北方雅人·久保俊介,『稻盛流コンパ-最强組織をつくる究極の飮み會』, 日經BP, 2015[홋포 마사토, 쿠보 순스게,『이나모리 가즈오의 인이관지』, 김진연 옮김, 예문, 2016]

森功,『腐った翼-JAL 65年の浮沈』,講談社, 2016

澁澤和樹,『獨占に挑む』,日經ビジネス, 2012[시부사와 가즈키,『이나모리

가즈오-도전자』, 이춘규 옮김, 서돌, 2010]

上田滋, 『西鄕隆盛の思想』, PHP硏究所, 1990

城山三郞·堺屋太一, 『經營者の品格』, プレジデント社, 2009

小倉榮一郎, 『近江商人の經營』, サンブライト出版, 1988

永野健二, 『經營者-日本經濟生き殘りをかけた闘い』, 新潮社, 2018

引頭麻實, 『JAL再生-高收益企業への轉換』, 日本經濟新聞社, 2013

日經トップリーダー(編), 『經營者とは-稻盛和夫とその門下生たち』, 日
經BP, 2013

齊藤貴男, 『カルト資本主義』, 筑摩書房, 2019

千本倖生, 『挑戰する經營-千本倖生の起業哲學』, 經濟界, 2008

下村滿子(編), 『稻盛和夫と福島の子どもたち』, KKロングセラーズ, 2014

주요 홈페이지

교세라 www.kyocera.co.jp

교세라커뮤니케이션시스템 www.kccs.co.jp

세이와주쿠(盛和塾, 이나모리경영스쿨) www.seiwajyuku.gr.jp

오레노주식회사 www.oreno.co.jp

이나모리 가즈오(official site) www.kyocera.co.jp/inamori/index.html

이나모리재단 www.inamori-f.or.jp

JAL www.jal.com

KDDI www.kddi.com

KI신서 9140

이나모리 가즈오

1판 1쇄 인쇄 2020년 5월 13일
1판 1쇄 발행 2020년 5월 20일

지은이 송희영
펴낸이 김영곤
펴낸곳 (주)북이십일 21세기북스

출판사업본부장 정지은 **서가명강팀장** 장보라
서가명강팀 강지은 안형욱
서가명강사업팀 엄재욱 이정인 나은경 이다솔
디자인 제이알컴 **교정** 제이알컴
영업본부이사 안형태 **영업본부장** 한충희 **출판영업팀** 김수현 오서영 최명열
마케팅팀 배상현 김윤희 이현진
제작팀 이영민 권경민

출판등록 2000년 5월 6일 제406-2003-061호
주소 (10881) 경기도 파주시 회동길 201(문발동)
대표전화 031-955-2100 **팩스** 031-955-2151 **이메일** book21@book21.co.kr

(주)북이십일 경계를 허무는 콘텐츠 리더

21세기북스 채널에서 도서 정보와 다양한 영상자료, 이벤트를 만나세요!

페이스북 facebook.com/jiinpill21 **포스트** post.naver.com/21c_editors
인스타그램 instagram.com/jiinpill21 **홈페이지** www.book21.com
유튜브 youtube.com/book21pub

서울대 가지 않아도 들을 수 있는 명강의! 〈서가명강〉
유튜브, 네이버 오디오클립, 팟빵, 팟캐스트, AI 스피커에서 '서가명강'을 검색해보세요!

ISBN 978-89-509-8825-8 03320